船舶与海洋结构物焊接

主　编　张雪彪

编　者　宋晓杰

大连理工大学出版社

图书在版编目(CIP)数据

船舶与海洋结构物焊接 / 张雪彪主编. — 大连：
大连理工大学出版社，2014.2
现代远程教育系列教材
ISBN 978-7-5611-8737-1

Ⅰ. ①船… Ⅱ. ①张… Ⅲ. ①造船—焊接工艺—远程
教育—教材 Ⅳ. ①U671.83

中国版本图书馆 CIP 数据核字(2014)第 028564 号

大连理工大学出版社出版
地址：大连市软件园路 80 号　邮政编码：116023
发行：0411-84706041　传真：0411-84707403　邮购：0411-84706041
E-mail：dutp@dutp.cn　URL：http://www.dutp.cn
大连理工印刷有限公司印刷　　大连理工大学出版社发行

幅面尺寸：185mm×260mm　　印张：11.5　　字数：273 千字
2014 年 2 月第 1 版　　　　　2014 年 2 月第 1 次印刷

责任编辑：孙　楠　　　　　　　　　　责任校对：康　宁
封面设计：戴筱冬

ISBN 978-7-5611-8737-1　　　　　　　　定　价：29.00 元

出版说明

　　基于计算机网络条件下的远程教育,即网络教育,亦称现代远程教育,已经成为当今推进我国高等教育大众化的新途径。经批准,大连理工大学于 2002 年 2 月成为全国 68 所现代远程教育试点高校之一。大连理工大学现代远程教育以"面向社会、服务社会"为宗旨,以"规范管理、提高质量、突出特色、创建品牌"为指导思想,在传承大连理工大学优秀的教育传统与文化的同时,依托校内外优秀的教育资源,借助于现代教育技术手段,在国家终身教育体系中为社会提供了多层次、高质量的教育服务,已形成具有大连理工大学特色的现代远程教育品牌。

　　为了进一步提高现代远程教育的教学质量,我院在继续做好现代远程教育网络资源建设、开展好网上学习支持服务的同时,积极组织编写具有远程教育特色的高水平纸介教材。大连理工大学自 2007 年开始将现代远程教育系列纸介教材的编辑出版工作列入"现代远程教育类教学改革基金项目"加以实施。

　　现代远程教育系列纸介教材建设立足于现代远程教育的特色,为培养应用型人才服务。现代远程教育系列纸介教材以网络课程的教学大纲为基础进行编写,在内容取舍、理论深度、文字处理上适合现代远程教育学生的实际接受能力,适应现代远程教育学生自主学习的需要。现代远程教育系列纸介教材的编者要求具有较高的学术水平,丰富的教学经验,有较好的文字功底,原则上优先选聘本课程网络课件的主讲教师担任编写工作。

　　目前,经过不断的努力,现代远程教育系列纸介教材已陆续出版问世,特向各位编者及审稿专家表示感谢,同时敬请社会各界同行对不足之处给予批评指正。

大连理工大学远程与继续教育学院

2013 年 8 月

前　言

焊接在造船中的应用引起了造船工业的革命，促进了造船事业的发展。船舶焊接技术已成为现代船舶制造业的主要工程技术，它涉及船舶结构材料、船舶结构设计、船舶焊接材料、船舶焊接设备、焊接工艺、焊接质量控制等众多技术领域。

材料和焊接技术几乎在所有工业部门中都要应用，知识面广，内容也极为丰富。考虑到本课程主要是为船舶海洋工程专业的远程教育的本科生开设的，因此本书主要介绍船舶与海洋工程结构焊接的基础知识，包括焊接电弧、焊接工艺、焊接质量检验过程以及焊接应力与变形等。使学生了解船舶与海洋工程结构建造时焊接技术方面的一般原理、船厂常见的焊接工艺以及船级社焊接检验的一般规程。

本书编写力求通俗易懂，强调焊接和船舶与海洋工程的交叉，着重体现焊接在船舶与海洋工程结构建造方面的应用。其目的旨在培养学生具有焊接和船舶与海洋工程建造方面的复合型知识结构。

本书主要为船舶与海洋结构物焊接这门课程而编写的配套教材。虽然目前国内"船舶与海洋结构物焊接"类教材已经有很多种，但这些教材主要是面向全日制本科生，缺乏针对现代远程高等教育学生的相应教材。根据现代远程教育学生在职学习特点，同时确保学生达到教学的基本要求，结合大连理工大学网络教育学院《关于加强现代远程教育文字教材建设的意见》，本教材理论与实践相结合，突出应用性与实用性，因此本书既可用于现代远程教育学生的船舶焊接教材，也可作为本科生的参考用书。

本书参考、摘录了相关文献，参考文献已经在书末予以列出，在此表示感谢！

本书由大连理工大学船舶工程学院张雪彪和网络教育学院宋晓杰编写，张雪彪编写第1章到第7章，宋晓杰编写第8章和第9章。大连船舶重工集团有限公司焊接室的于立新高工（研究员级）对全书进行了审阅，并提出了许多宝贵意见，在此表示衷心感谢！在编写过程中得到了大连理工大学网络教育学院的资助，在此表示感谢。由于编者水平有限，时间仓促，书中错误和疏漏之处在所难免，希望各位同行、专家和学生批评指正。

编　者
2013 年 10 月

目　录

第1章 绪 论

1.1 焊接技术的发展历程

1800年迪威(Humphry Davy)发现了电弧放电现象,这是近代焊接技术的起点。19世纪中叶人们提出了利用电弧熔化金属并进行材料连接的思想,许多年后真正出现了达到实用程度的电弧焊接方法。1881年法国人De Meritens发明了最早期的碳弧焊机。最初可以称作电弧焊接的是1885年俄国人发明的碳弧焊,该方法以碳电极作为阳极产生电弧,被用在铁管及容器的制造及蒸汽机车的修理中。

瑞典人Oscar Kjellberg在1907~1914年间发明了带药皮或涂层的焊条,并于1912年开发出保护性能良好的厚涂层焊条,确立了焊条电弧焊技术的基础。从"利用电弧进行金属的熔化焊接"这一新思想产生开始,经历了50多年的岁月,焊接技术的基础才得以确立。与当时使用的螺钉机械连接法相比,电弧焊接能够减少使用材料、确保连接强度、缩短作业时间,因此很快被产业界所采用,1920年第一艘全焊接船体的汽船"Fulagar"号在英国下水。

由于焊条电弧焊采用了有限长度的焊条,所进行的焊接是不连续的,不能满足连续焊接的要求。为克服这个难点,1930年开发了埋弧焊。埋弧焊方法是向颗粒状焊剂中连续送进钢制焊丝,电弧放电所需电流从导电嘴供给,这种电流供给方式成为现在自动焊的原形。

20世纪40年代,为适应铝、镁合金和合金钢焊接的需要,对电弧及焊接金属进行保护,使其同空气隔绝开,1930年后以美国为中心,把钨电极与氩气相结合,进行了惰性气体保护钨电极电弧(Gas Tunsten Arc-GTA)焊接方法的研究。对于铝合金,由于表面氧化膜的存在,焊接困难。1945年前后发现了电弧放电的阴极具有去除氧化膜的作用,1948年发明了熔化极惰性气体保护电弧焊技术,随后出现了以铝合金为对象的交流GTA焊接法,在氩气保护气氛中采用铝焊丝的直流金属极(Gas Metal Arc)焊接法,即GMA焊接法。

1951年苏联巴顿电焊研究所创造电渣焊,成为大厚度工件的高效焊接法。1953年,苏联的柳巴夫斯基等人发明二氧化碳气体保护焊,促进了气体保护电弧焊的应用和发展,如出现了混合气体保护焊、药芯焊丝气渣联合保护焊和自保护电弧焊等。60年代又出现激光焊、电子束等焊接方法,使许多难以用其他方法焊接的材料和结构得以焊接。

如上所述,焊接技术是人们经过多年的反复探索、不断改进而建立起来的。到现在,由于其技术先进、经济效益高、可靠性好而为社会所接受,从桥梁、建筑、船舶、飞机、汽车等大型构造,到电子机械、电子封装等小型结构,焊接技术是不可缺少的。

1.2 焊接方法的分类与特点

焊接是一门材料连接技术,通过加热或加压,或两者并用,并且视情况采用填充材料,使焊件达到原子间结合的一种方法。

焊接在造船中的应用引起了造船工业的革命,促进了造船事业的发展。在现代造船中,焊接是一项很关键的工艺,它不仅对船体的建造质量有很大的影响,而且对提高生产率、缩短造船周期起着很大的作用。船舶焊接技术已成为现代船舶制造业的主要工程技术,它涉及船舶结构材料、船舶结构设计、船舶焊接材料、船舶焊接设备、焊接工艺、焊接质量控制与管理等众多技术领域。船舶焊接技术作为一门系统工程正日益广泛地应用于现代船舶制造业。

目前船舶焊接技术已进入到一个崭新的发展阶段。

一方面在焊条电弧焊、埋弧焊、气体保护焊的基础上发展成功能众多的高效机械化、自动化焊接方法;另一方面已将当代计算机、微电子、信息传感、机器人、激光、搅拌摩擦焊等技术领域的最新成果广泛应用于船舶焊接技术,从而将船舶焊接技术推进到了现代造船科学的前沿。

20 世纪 70 年代以来,随着船体建造量的增加,世界各造船国家的主要船厂都陆续地进行了现代化改造,分别建立了平面分段流水生产线,实现了平面分段装配焊接的机械化、自动化,形成了由数十种焊接工艺方法组成的,以节能、高效为特征的造船焊接技术体系,大大加快了船舶的建造速度。

近年来,我国的造船工业有了很大的发展。造船焊接的新技术、新工艺不断涌现,如适合船用的交流弧焊机、硅整流焊机、CO_2 气体保护焊机、逆变式焊机、气电垂直自动焊机等,在我国很多船厂得到了应用。

目前,在船舶工业生产中应用的焊接方法已达 40 多种,主要分为熔焊、压焊和钎焊三大类。每大类又可按不同的方法细分为若干小类,如图 1-1 所示。

1. 熔焊

将待焊处的母材金属熔化以形成焊缝的焊接方法称为熔焊。熔焊是在焊接过程中将工件接口加热至熔化状态,不加压力完成焊接的方法。熔焊时,热源将待焊两工件接口处迅速加热熔化,形成熔池。熔池随热源向前移动,冷却后形成连续焊缝而将两工件连接成为一体。按所使用热源的不同,熔焊可分为以下一些基本方法:电弧焊、气焊、激光焊等十多种基本方法。在熔焊时,为了避免焊接区的高温金属与空气相互作用而使性能恶化,在焊接区要实施保护。保护的方法通常有造渣、通保护气和抽真空三种,保护形式常常是区分熔焊方法的另一个特征。

气焊

等离子弧焊

电弧焊 ── 焊条电弧焊

埋弧焊

气体保护电弧焊 ── 氩弧焊

CO_2气体保护焊

电子束焊

激光焊

熔焊

电阻焊

摩擦焊

超声波焊

爆炸焊

扩散焊

焊接 ── 压焊

烙铁钎焊

火焰钎焊

电阻钎焊

高频钎焊

真空钎焊

钎焊

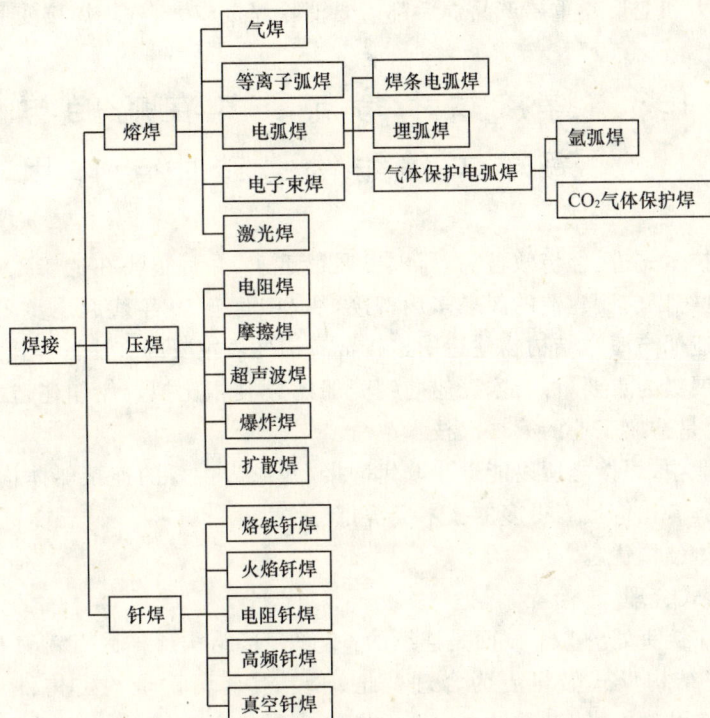

图 1-1 焊接的分类

2. 压焊

焊接过程中,必须对焊件施加压力(加热或不加热)以完成焊接的方法称为压焊。压焊是在加压条件下,使两工件在固态下实现原子间结合,又称固态焊接。常用的压焊工艺是电阻焊,当电流通过两工件的连接端时,该处因电阻很大而温度上升,当加热至塑性状态时,在轴向压力作用下连接成为一体。压焊的基本方法可分为:电阻焊、摩擦焊、超声波焊等。各种压焊方法的共同特点是在焊接过程中施加压力而不加填充材料。多数压焊方法如扩散焊、高频焊、冷压焊等都没有熔化过程,因而没有像熔焊那样有益合金元素的烧损和有害元素侵入焊缝的问题,从而简化了焊接过程,也改善了焊接安全卫生条件。同时由于加热温度比熔焊低、加热时间短,因而热影响区小。许多难以用熔化焊焊接的材料,往往可以用压焊焊成与母材同等强度的优质接头。

3. 钎焊

钎焊是使用比工件熔点低的金属材料作钎料,将工件和钎料加热到高于钎料熔点、低于工件熔点的温度,利用液态钎料润湿工件,填充接口间隙,并与工件实现原子间的相互扩散,从而实现焊接的方法。常见的钎焊方法有烙铁钎焊、火焰钎焊等。

焊接时形成的连接两个被连接体的接缝称为焊缝。焊缝的两侧在焊接时会受到焊接热作用影响而发生组织和性能变化,这一区域被称为热影响区。焊接时因工件材料、焊接材料和焊接电流的不同,焊后在焊缝和热影响区可能产生过热、脆化、淬硬或软化现象,也使焊件性能下降,恶化焊接性。这就需要调整焊接条件,在焊前对焊件进行接口处预热、焊时保温和焊后热处理,这样可以改善焊件的焊接质量。另外,焊接是一个局部的迅速加热和冷却过程,焊接区由于受到四周工件的拘束而不能自由膨胀和收缩,冷却后在焊件中便产生焊接应力和变形。重要产品焊后都需要消除焊接应力,矫正焊接变形。

1.3 焊接技术特点及其在船舶与海洋工程结构建造中的作用

由于焊接技术先进、经济效益高,所以发展很迅速,并且很快在造船工业中得到广泛应用。在 20 世纪以前所建造的船舶多用铆接,从 20 世纪 30 年代起逐步采用了焊接,现在焊接已成为造船与海洋结构物建造中连接金属构件最主要的方法。焊接对船舶与海洋工程事业的发展极为重要,可与木壳船向钢壳船的过渡相比拟。船舶建造工艺从铆接变为焊接,可以说是造船工业的第二次技术革命。

在造船工业中,焊接之所以能迅速取代铆接,并成为主要的连接船体构件的方法,根本原因在于它具有比铆接高得多的技术经济指标。

1. 焊接船体结构优越

(1)结构形式合理

焊接结构在接头处的整个截面是连续的,不像铆接结构那样因有铆钉孔而破坏了连续性,同时可使结构形式做得更为合理。此外,熔敷金属重量约占构件重量的 1% ～ 1.5%,但在铆接结构中,铆钉重量占构件重量的 3.5% ～ 4%,再加上接头处的重叠板条,使同样排水量的焊接船比铆接船减轻重量约 20%,因而提高了载重量。而且,一般铆接船比焊接船多消耗材料约 10% ～ 20%。省去了用来加工铆钉、搭接垫板和钻孔的人力、物力和时间,使成本大大降低。从图 1-2 中所示的几个基本接头可以看出焊接要比铆接省金属,而且接头既简单又美观。

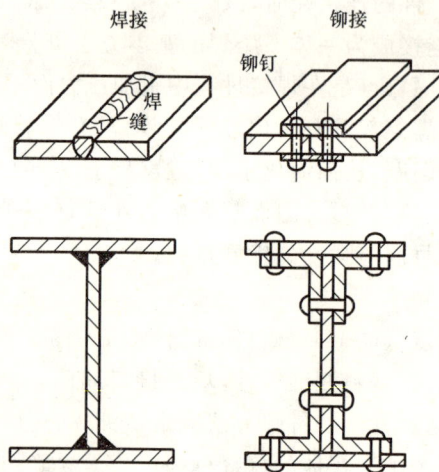

图 1-2 铆接与焊接的比较

(2)结构强度高

焊接船体可根据设计需要制成不同的线型,外形连续光顺。而铆接船在接头处不连续,会产生较大的应力集中。焊缝的力学性能可与母材相等或稍高,而铆接接头仅靠铆钉传递载荷,同时铆接接头在使用过程中易产生腐蚀和接头松动,降低连接强度和密性。因此,焊接船体结构强度比铆接船高,且结构更为合理。

(3)焊接接头的密性好

由于焊缝致密,使结构形成整体,所以油密性和水密性高。即使结构因碰撞或过载而发生残余变形时,焊接接头仍能保持不渗漏,所以焊接船体设置的隔离舱比铆接的少。而铆接接头由于发生铆接缝崩裂,会很快进水。

(4)投资省、劳动条件好、生产率高

焊接船体构件的加工量较铆接的少,加工机床也较少,因而投资省。焊接船体可采用分段建造、预舾装以及区域建造等先进工艺,使船体焊接装配工作量的 $60\%\sim70\%$ 在车间内进行,因而改善了劳动条件,扩大了施工作业面,同时分段在装配胎架上施工,有利于实现流水线生产方式等。分段建好后在船台合拢,车间又开始第二条船的建造。同时,各种高效焊接技术如气体保护焊、埋弧焊、电渣焊、下行焊、重力焊、铁粉焊条高效焊等的应用使焊接生产效率大大提高。所有这些都有利于提高劳动生产率和生产过程的自动化,从而大大缩短船舶建造周期。

事物都是一分为二的,从焊接船的使用经验和焊接船的破损事故中,人们总结了焊接船体结构的一些特点。其中突出的是焊接结构的刚性较大,整体性较强。正因为这个特点,所以遇有结构应力集中的区域,往往容易产生裂纹,而且当一个构件产生裂纹后,就会迅速蔓延和扩展。

因此在设计船舶时,就要根据焊接船体结构的特点,合理地设计其结构,在船体下料、切割、分段焊接时必须充分考虑焊接变形;并且保证构件的力线婉顺,消除有可能产生应力集中的节点,在建造中就要运用正确的焊接工艺参数、合理的焊接顺序,减少焊接缺陷、焊接应力与变形。

焊接结构整体性强、刚性大。焊接船体结构比铆接船整体性强,使其具有良好的不渗透性。但整体性强使船体结构刚性大,对应力集中敏感,焊接船的舱口、舷窗如果像焊接船那样设计成方的,就会在尖角处产生裂纹。同时整体性强、刚性大使焊接船止裂性能比铆接船差,一旦开裂就很容易扩展到整个船体,而铆接船开裂一般会在铆接接头处止住。解决这个问题需要研究合理的船体结构设计和选材,并在制造工艺方面采取一定的措施。

焊接接头存在性能的不均匀性。大多数情况下,焊缝的化学成分与母材存在差异;焊接热过程会使热影响区内部组织呈现为性能不均的条带区,形成局部脆化;焊接工艺过程会使焊缝或熔合区甚至热影响区产生宏观或显微缺陷;焊跟、焊趾等截面突变处会产生应力集中等。在进行焊接设计和结构制造时,应充分考虑焊接接头不均匀性对结构使用性能的影响。

总之,扬长避短,这样才能真正发挥焊接这一先进技术的作用,造出优质船舶。

2. 海洋平台建造与船舶建造的关系

海洋平台、导管架等都是海上钢质结构物,这些海洋结构物无论从设计原理、建造工艺、技术特点、材料选用以及对制造厂生产设备、地理位置条件、生产场地诸方面要求而言,都和船舶建造有很多相似之处。因此,海洋结构物的建造一般也是在造船厂内进行。

当然,海洋平台和船舶还是有一定区别的,海洋工程结构工作环境比较恶劣,结构设计不同于普通钢结构。正确、合理地选材能够保证海洋钢结构的性能、寿命、使用安全和经济性。选材上必须满足海洋工程对钢材的特殊要求。海洋钢结构对焊缝综合机械性能要求比较高，要求母材必须具有良好的可焊性，并满足 Z 向性能、塑性疲劳和低温韧性等特殊性能要求。采用自动化焊接技术能明显提高海洋结构件的焊接质量。就焊接方面讲，海洋平台焊接比船舶焊接质量要求更高，技术管理要求更细致，由于工程庞大，附件较多，需要更合理地组织施工，同时船东和验船师对海洋平台建造过程的监督也更为严格。

3. 我国造船焊接技术的发展

在船体建造中，焊接工时约占船体建造总工时的 30%～40%，焊接成本约占船体建造总成本的 30%～50%。船舶焊接质量是评价造船质量的重要指标，焊接生产效率是影响造船产量与生产成本的主要因素之一。因此，船舶焊接技术的进步对推动造船生产的发展具有十分重要的意义。

在我国，从 20 世纪 50 年代中期开始，焊接造船逐步取代了铆接造船。在这一阶段，造船焊接技术得到了迅速发展，并使船体放样、加工、装配及焊接工艺都进行了相应的改变；焊接结构的渔船、快艇已成批实现分段建造。

从 20 世纪 60 年代开始到 20 世纪 70 年代，开发应用了双丝埋弧焊、垂直气电焊、耐磨及耐腐蚀合金堆焊、各种衬垫单面焊双面成型等高效焊接工艺。20 世纪 80 年代初是高效焊接探索阶段。在这一阶段由于船厂大量焊接设备是手弧焊机，主要是大面积推广应用铁粉焊条，立向下角焊、重力焊和手工单面焊，这些工艺施工简便，焊工容易掌握，投资少，见效快。1985 年之后到 1990 年是高效焊接的巩固发展阶段。主要完成了高效铁粉焊条、重力焊条、重力焊接器、立向下角焊专用焊条及陶质衬垫的研制，实现了国产化并全面推广应用，各种单面焊工艺开始应用，保护焊也从实心焊丝向药芯焊丝过渡。1990年后的十年间，我国开发研制了全位置 CO_2 药芯焊丝、垂直气电自动焊机、自动角焊机，并普遍推广使用，CO_2 气体保护焊应用率有了显著提高。各大型船厂相继引进国外先进的平面分段生产线，个别船厂还引进先进的管子加工生产线，机械化、自动化水平有了飞跃的发展，造船生产能力成倍增长，国际市场竞争能力明显增强。到 20 世纪末，我国各主要船厂的焊接效率可达 80% 左右。

进入 21 世纪以来，我国的船舶行业中又出现了十几种新的焊接工艺和新的焊接装备，如 LNG 船的殷瓦钢焊接工艺及装备，超大型集装箱船的厚板焊接技术及专用的国产焊接材料，海洋工程的大厚齿条的切割技术及装备，海洋工程高强度钢的埋弧焊接技术及装备，船台大合拢的自动横向焊接技术及装备，船舶管子切割、装配、焊接成形的集成技术及装备等。

我国海洋平台从向外国购买到自行设计制造，到目前已有一定规模。从 1972 年建成第一座工作水深为 30 m 的自升式平台（渤海一号）之后，渤海石油公司在"渤海一号"的基础上，设计了 40 m 自升式钻井平台："渤海 5 号"和"渤海 7 号"。1983 年又建造设备更为完善的自升式平台。1984 年首建半潜式平台。同时从 1982 年开始建造了一批用于采油的固定式导管架平台。21 世纪以来，我国在海洋工程装备制造方面取得了一些突破性的进展，目前已具备了 300 m 以内水深油气田勘探、开发和生产的全套海洋工程装备制造能力，成功建造了多艘浮式生产储存卸货装置和自升式钻井平台。2010 年 2 月 26 日，第六代 3000 m 深水半潜式钻井平台全套装备——"海洋石油 981"在上海外高桥造船有限公司顺利出坞,填补了中国在深水装备领域的空白。同时还建造了一定数量的钻井船、固井船、物探船、海洋平台供应船、海洋浮码头等钻井设施或其配套设施。这不仅说明我国已具备设计制造各种类型的平台及其配套设施的能力,同时也反映了我国造船焊接技术已发展到一个更高的水平。

1.4 本课程的内容

焊接技术几乎在所有工业部门中都要采用,涉及面甚广,内容也极为丰富,但本课程不可能包括焊接技术的全部内容,主要介绍一些与造船和海洋工程结构建造有关的焊接方法、焊接工艺、焊接质量检验以及焊接应力与变形等,特别是在船舶与海洋工程结构领域应用时的焊接工艺制定和执行方面的一般过程,船级社焊接质量检验的内容。

1. 绪论

介绍焊接技术的历史发展过程、焊接技术的特点、焊接技术与船舶与海洋工程结构建造的相互关系。

2. 船舶与海洋工程材料基础

介绍涉及焊接技术应用的材料学方面的基础知识,包括金属学基础、铁碳合金相图、钢的热处理、船舶与海洋工程结构的常用金属材料。本章特别介绍船级社对于船舶与海洋工程材料分类的等级划分,以及在选择船体结构材料时的一般规定。

3. 焊接电弧基础

主要讲述焊接电弧、焊缝的形成过程和焊接接头的金相组织及性能。

4. 焊条电弧焊

讲述造船行业中使用最早、最简便的焊条电弧焊法(手工电弧焊)。包括焊条电弧焊工艺、焊接冶金、焊接接头形式、焊接坡口形式等方面的内容。

5. 造船常用焊接方法

主要讲述船厂常用的埋弧焊、CO_2 气体保护焊、氩弧焊和水下焊接方法,主要内容为它们的焊接工艺、焊接材料和焊接设备,对造船厂常用的高效焊接技术也进行简单介绍。

6. 船舶与海洋工程材料的焊接性

这部分内容是在讲述金属材料焊接性概念及其试验方法之后,重点讲述低合金结构钢及其合金的焊接,其中重点讲述了金属材料焊接中常出现的裂纹问题。

7. 船舶与海洋工程结构焊接质量及检验

本章首先介绍船舶与海洋工程结构焊接的焊接工艺评定试验,以及船级社焊接工艺认可在造船焊接中的重要作用;然后讲述焊接接头质量及其检验意义,船级社焊接质量检验的一般过程,焊接接头的常见缺陷,以及船舶焊接质量检验中常用的方法。

8. 船舶焊接变形及应力

这部分内容讲述焊接残余应力与变形产生的原因、影响焊接变形的因素、焊接应力对焊接结构的影响、减少焊接应力与变形的措施。

9. 船舶与海洋工程焊接结构的脆性断裂

本章在简要介绍焊接船舶及其他焊接结构出现的断裂事故（包括脆性断裂、疲劳断裂和应力腐蚀开裂）的基础上，重点讲述影响金属材料断裂的主要因素、金属材料及其结构断裂的基本理论、抗裂性试验和预防船体结构脆性断裂的措施。

思考题

1-1　船舶建造模式与焊接的关系？

1-2　常用的材料连接方法都有哪些？

1-3　焊接的定义？

1-4　焊接的分类？

第2章　船舶与海洋工程材料

纯金属和合金在固态下通常都是晶体。不同金属材料其内部具有不同的组织结构，当金属由液态转变为固态时，不同的结晶条件会影响着不同内部组织的形成，而不同的内部组织结构则使得金属材料表现出不同的力学性能。本章围绕金属材料内部的组织结构，介绍了晶体原子的相互作用和结合方式、有关晶体学的一些基本知识、典型金属理想晶体的结构、常用钢铁材料的热处理过程以及船舶与海洋工程中常用的金属材料等方面的内容。

2.1　金属学基础

2.1.1　晶体中原子间的结合

目前已经知道，晶体中原子间的结合方式主要有四种：(1)分子结合，又称范德瓦尔斯结合；(2)离子结合；(3)共价结合；(4)金属结合。

1.范德瓦尔斯结合

这种结合往往产生于原来具有稳定的电子结构的原子及分子之间，例如具有满壳层结构的惰性气体元素，或已结合成共价结合的分子等等。它们结合成晶体时，每个原子或分子基本上保持着原来的电子结构。

2.离子结合

靠这种形式结合的晶体成为离子晶体或极性晶体。最典型的离子晶体是由元素周期表中 IA 族的碱金属(如 Li、Na、K、Rb、Cs)和 VII 族的卤族元素(如 F、Cl、Br、I)组成的化合物。

离子结合的实质是金属原子将自己最外层的价电子给非金属原子，使自己成为带正电的正离子；而非金属原子得到价电子后使自己成为带负电的负离子，这样，正负离子依靠它们之间的静电引力结合在一起。这种结合的基本特点是以离子而不是以原子为结合单元。具有这种结合的晶体，其硬度较高，塑性较差，韧性较脆。

3.共价结合

共价结合是靠相邻的两个原子各贡献一个电子形成的。这两个电子的自旋取向应相反，这样便可在两个原子核间形成较强的引力。

4.金属结合

金属结合的基本特点是电子的"共有化"。当金属原子结合成晶体时，价电子不再被束缚在各个原子上，而是在整个晶体内运动，形成电子气。它们遍及整个晶体，那些失去价电子、"浸"在电子气中带正电的粒子叫作原子实，依靠电子气和正离子之间的库仑作用,金属原子便结合在一起,成为晶体。

金属结合与前三种结合相比,有一重要特点,即金属结合对原子在晶体中排列的晶体形式无特殊要求。这样,由于原子排列得越紧凑,体系的能量越低,晶体也就越稳定,所以金属晶体中的原子排列都比较紧密。

2.1.2 空间点阵

在实际晶体中,原子排列总的来说是有规则的。但晶体中每个原子都在围绕着它的平衡位置不停地振动着,而且这种振动随温度的升高而加剧。此外,晶体中还存在着局部破坏原子排列完整性的各种缺陷。为了方便,这里先把晶体看成是由不动的原子所组成的,而且不含各种缺陷的理想晶体。

为了便于研究晶体中的原子排列,可以抽象出一些几何点。这些几何点可以是原子或分子的中心,也可以是相同原子群的中心,但所有几何点的周围环境必须相同。这样得到的几何点构成的阵列叫作空间点阵。这些几何点叫作阵点。为了表达空间点阵的几何规律,可以用许多平行的直线将阵点连结起来,构成一个三维的几何格架,如图 2-1 所示。这种格架叫作空间格子或晶格。

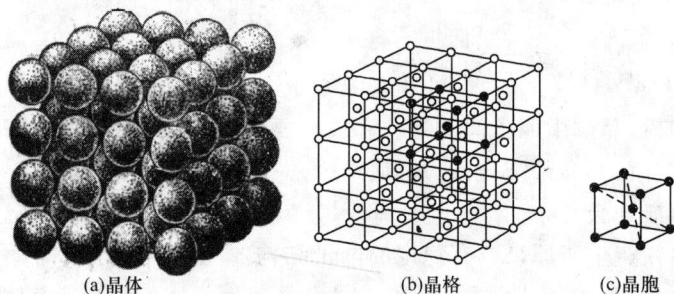

(a)晶体　　　　　　　(b)晶格　　　　　　　(c)晶胞

图 2-1　晶体结构

2.1.3　晶胞、晶系与布拉菲点阵

当用适当的直线把点阵描绘成空间格子时,便可以认为点阵是由具有代表性的基本单元组成的,如图 2-1 中用加粗线画出的平行六面体所示。将这一基本单元在三维空间重复堆砌,即可构成空间点阵。这个基本单元叫作晶胞,它反映了点阵中阵点排列的方式。

以晶胞角上某一阵点为原点,以晶胞上过原点的三个棱为坐标轴建立坐标系,见图 2-2。三个棱边可作为描述点阵的基本矢量,简称基矢。三个基矢的长度 a、b、c 和三个基矢间的夹角 α、β、γ 是描述这个点阵的基本参数。前者通称为点阵常数。

以任一阵点为原点,在三个基矢方向上作平移,就可得到整个点阵。点阵中任一阵点的位置均可用基矢表示。

$$r_{uvw} = ua + vb + wc$$

式中 r_{uvw} 为由原点到某一阵点的矢量,u、v、w 分别表示沿三个基矢方向平移的基矢数,它们均为整数。

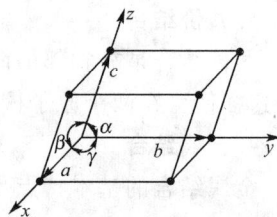

图 2-2　基胞和基矢

在晶体学中根据晶胞中三个基矢的长度及它们之间的夹角将晶体进行分类,可将所有晶体分成七种类型,或者叫七个晶系。1848 年布拉菲用数学分析方法证明晶体中的空间点阵只能有 14 种。这 14 种空间点阵叫做布拉菲点阵,它们的晶胞如图 2-3,它们的名称与七个晶系的关系以及七个晶系的几何特征见表 2-1。

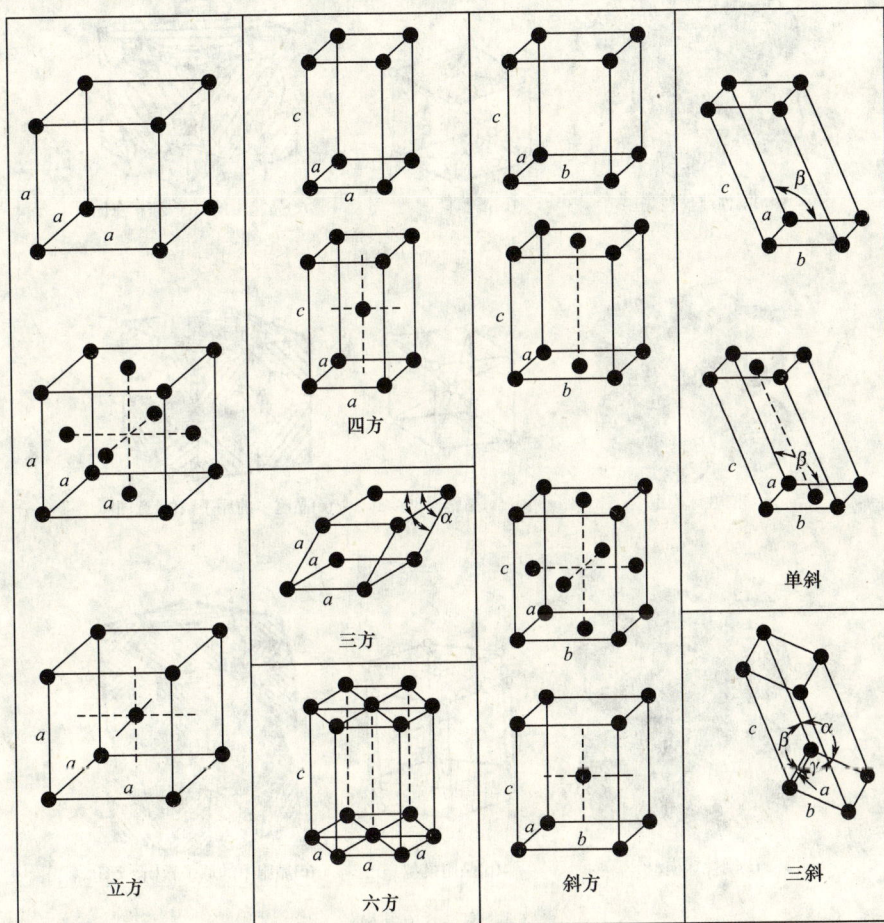

图 2-3　14 种布拉菲点阵的晶胞

表 2-1　　　　　　　　　布拉菲点阵与七个晶系

晶系	晶轴	夹角
立方	$a=b=c$	$\alpha=\beta=\gamma=90°$
六方	$a=b\neq c$	$\alpha=\beta=90°,\gamma=120°$
四方	$a=b\neq c$	$\alpha=\beta=\gamma=90°$
三方	$a=b=c$	$\alpha=\beta=\gamma\neq90°$
斜方	$a\neq b\neq c$	$\alpha=\beta=\gamma=90°$
单斜	$a\neq b\neq c$	$\alpha=\gamma=90°,\beta\neq90°$
三斜	$a\neq b\neq c$	$\alpha\neq\beta\neq\gamma\neq90°$

2.1.4　典型金属的晶体结构

晶体结构是指晶体中原子排列的具体方式。这里先不考虑晶体缺陷,只考虑金属的理想晶体结构。

绝大多数典型金属都具有高对称性的简单晶体结构。最典型的是面心立方结构、体心立方结构和密排六方结构。这几种晶体的晶胞如图 2-4 至图 2-6 所示。

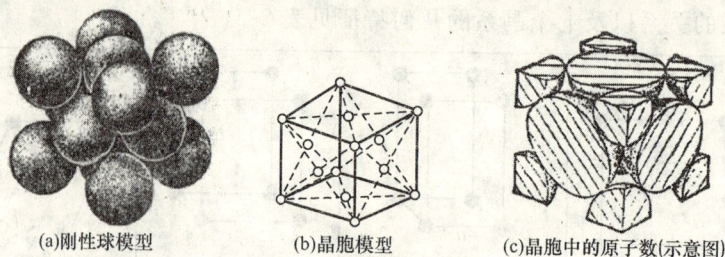

(a)刚性球模型　　　　　(b)晶胞模型　　　　　(c)晶胞中的原子数(示意图)

图 2-4　面心立方结构

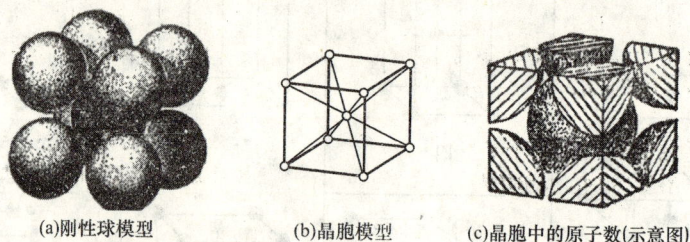

(a)刚性球模型　　　　　(b)晶胞模型　　　　　(c)晶胞中的原子数(示意图)

图 2-5　体心立方结构

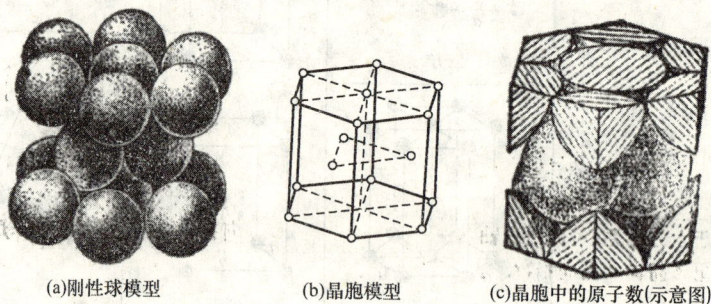

(a)刚性球模型　　　　　(b)晶胞模型　　　　　(c)晶胞中的原子数(示意图)

图 2-6　密排六方结构

应该指出,密排六方结构中各原子周围环境不同。在十四种布拉菲点阵中没有密排六方。将密排六方晶体中两个原子抽象为一个阵点,这样抽象出来的空间点阵属于简单六方。

2.1.5　金属的实际结构

1.多晶体结构

一个晶粒构成的晶体叫做单晶体,由许多晶粒构成的晶体叫做多晶体。金属中这种不规则的颗粒状结晶称作晶粒,各晶粒间相互接触的晶面称作晶界。单晶体被敲碎时常沿一定晶面发生解理断裂,受化学试剂浸蚀后,周围表面都是密排晶面,沿单晶体的不同方向施加应力时,它将表现出不同的力学性能,沿不同方向测量其各种物理性能时也将得到不同的数据。单晶体所具有的这种各向异性的特点,是由于在不同晶向上原子间距不同所造成的。

一般情况下,我们经常使用的金属材料却表现不出各向异性的特征,这是因为常用金属材料都是多晶体。多晶体中每个晶粒相当于一个单晶体,虽然它们都具有各向异性的特征,但它们晶胞的基矢在空间的指向不同,即它们的位向不同,因而不管在哪个方向对多晶体进行宏观性能测量,得出的结果将大致相同。

实际使用的一般金属材料不但没有明显的各向异性特征,而且局部区域的原子排列常偏离理想状态。实际晶体中这种偏离理想结构的区域叫做晶体缺陷。

2.晶体缺陷

按照晶体缺陷的几何特征,可将它们分为三类:

(1)点缺陷　其特征是在三维空间的各个方向上尺寸都很小,尺寸范围约为一个或几个原子间距,亦称零维缺陷。空位、间隙原子等都属于点缺陷,如图 2-7 所示。

空位和间隙原子的形成与温度密切相关,随着温度的升高,空位和间隙原子的数目也增多。因此,点缺陷又称为热缺陷。但是,晶体中点缺陷并非都是通过原子的热振动产生的,冷变形加工、高能粒子(例如粒子、高速电子、中子)轰击以及氧化等也可以造成点缺陷。

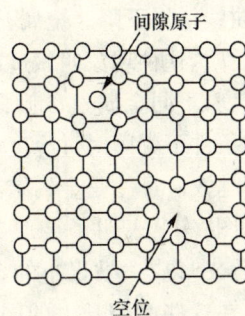

图 2-7　点缺陷示意图

(2)线缺陷　其特征是在两个方向上尺寸很小,一个方向上尺寸较大,亦称一维缺陷。线缺陷也就是各种类型的位错,常见的有刃形位错和螺形位错,如图 2-8 和图 2-9 所示。

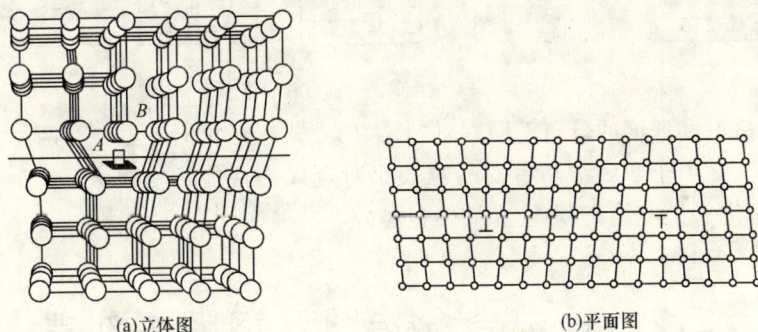

(a)立体图　　　　　　　　　　　(b)平面图

图 2-8　刃型位错

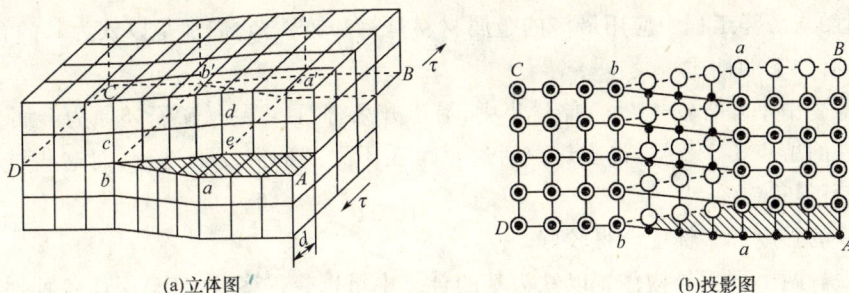

(a)立体图　　　　　　　　　　　(b)投影图

图 2-9　螺型位错

(3)面缺陷　其特征是一个方向上尺寸很小,另外两个方向上尺寸较大,亦称二维缺陷。晶体表面晶界、孪晶界、相界和层错等都属于面缺陷。

常用金属材料都是晶体,由液态金属凝固为固体状态,就是金属的结晶过程。图2-10就是纯金属的冷却曲线,它的最低点所对应的温度 T_n 被看作在该冷却条件下开始结晶的温度。金属凝固时放出潜热,初始阶段,放出的热量超过向环境散失的热量,因而曲线上升。随着放热与散热逐渐接近平衡,曲线出现接近水平的线段。后期放热慢于散热,曲线缓慢下降。金属开始凝固的温度 T_n 低于其熔点 T_m,这种现象叫做过冷。T_m 与 T_n 的差值叫作过冷度,不同金属过冷倾向不同。同一金属在不同冷却条件下凝固时过冷度也不同,冷却速度越大,过冷度越大。过冷是金属结晶时必然出现的现象。

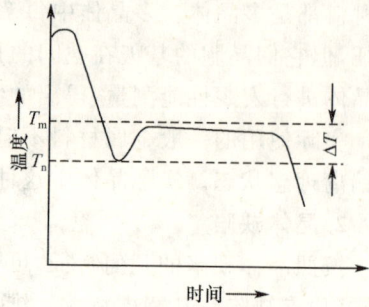

图 2-10　纯金属的冷却曲线

　　图 2-11 表明了金属凝固的基本过程。将液态金属过冷至某一温度,停留一段时间后,首先形成一批很小的金属晶体,它们随着时间的延续不断长大,这样的小晶体叫做晶核。在这些晶核长大的同时,剩余的液态金属中还要不断产生新晶核并同样不断长大。这一过程一直延续到液体耗尽为止。形成晶核和晶核的长大就是金属凝固的基本过程。各晶核长大至互相接触后形成的外形不规则的小晶体便是晶粒。

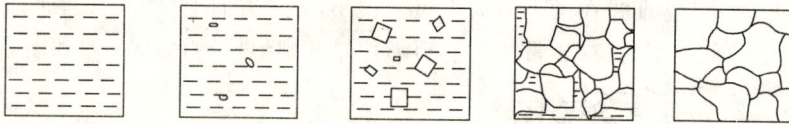

图 2-11　纯金属的凝固过程示意图

　　由于过冷度和温度的分布不同,晶体长大的方式也不相同。主要有两种方式:平面长大和树枝长大。由于金属结晶后的晶粒大小对金属的性能影响很大,一般来讲,晶粒越细,材料的强度和硬度越高,塑性和韧性也越好。

2.2　铁碳合金相图及钢的热处理

　　在船舶与海洋工程中应用最广的金属材料是钢和铸铁,它们都是以铁为基的合金,铁基合金具有如下的性质:

　　(1)地壳中平均含铁 4.2%,储量集中,易于开采,而且容易从矿石还原为金属。

　　(2)铁的熔点 1 538 ℃,许多热激活过程可在不太高的温度下进行,而这些过程在室温下却进行得很慢。

　　(3)铁的强度和塑性配合得较好。

　　(4)铁有两个同素异构体。以铁为基的合金中可以获得多种组织,因而各种性能的变化范围很宽。

　　(5)铁在 770 ℃以下具有铁磁性。

　　钢和铸铁除含铁以外,还含有许多有意或无意加入的其他元素,这些元素中最重要的是碳。学习铁碳相图对于了解钢和铸铁这类重要的金属材料是十分必要的。本节简略的讨论铁碳相图及其应用,并适当介绍有关钢的热处理方面的基本知识。

2.2.1　碳与铁碳合金中的相

1. 纯铁

铁是元素周期表上的第 26 个元素,属于过渡族金属,原子量为 55.85,20 ℃时的密度是 7.87 g/cm³,纯铁在 1 538 ℃时凝固为体心立方的 δ 铁,继续冷却时,在 1 394 ℃转变为 γ 铁,然后在 912 ℃又转变为体心立方的 α 铁。

纯铁的这三种同素异构体中,α 铁和 δ 铁都具有体心立方结构,而且 δ 铁的性能数值都位于 α 铁的性能——温度曲线的外延线上,因此通常把 α 铁和 δ 铁看作是同一个相。

根据杂质含量和晶粒度的不同,纯铁的力学性能大致在下列范围内: $\sigma_b = 176 \sim 274$ MPa, $\sigma_{0.2} = 98 \sim 166$ MPa, $\delta = 30\% \sim 50\%$, $\psi = 70\% \sim 80\%$。 $HB = 50 \sim 80$, $\alpha_k = 150 \sim 200$ J/cm²。纯铁很少用作结构材料,一方面是由于它强度不高,另一方面是制取纯铁的成本远大于钢。纯铁的用途主要是作为电工材料,因为它具有较高的磁导率。

2. 碳与铁碳合金中的相

(1)碳　碳的原子序数是 6,原子量为 12.01,自然界中以石墨和金刚石两种形态存在。铁碳合金中碳不会以金刚石形态存在,只能以石墨形态存在,铁碳合金中的石墨常用符号 G 或 C 表示。

(2)碳在铁中的固溶体　碳的原子半径较小,在 α 铁和 δ 铁中均可进入铁原子的间隙形成间隙固溶体。碳在 α 铁中形成的间隙固溶体叫做铁素体,常用符号 F 或 α 表示。它的性能与纯铁相差无几,居里点也是 770 ℃。

γ 铁的原子间隙较 α 铁大,因此碳在 γ 铁中的溶解度也较大,这种固溶体叫做奥氏体,常用符号 A 或 γ 表示,奥氏体塑性很好,具有顺磁性。

(3)渗碳体　在铁碳合金中,铁和碳可以形成间隙化合物 Fe_3C,其中含碳 6.69%,称为渗碳体,也可用符号 C_m 表示。作为一种中间相,渗碳体具有很高的硬度, $HV = 950 \sim 1 050$,而塑性几乎为零。它在常温具有铁磁性,居里点为 230 ℃。

2.2.2　铁碳合金相图

铁碳合金相图表示在缓慢冷却条件下铁和碳的成分、温度与相结构之间平衡关系的图形,是研究铁碳合金各种组织形成和变化规律的主要依据,在船舶构件的加工制造以及其他工艺领域用途很大。

铁碳合金相图比较复杂,工业上有实用价值的是亚稳定的铁—渗碳体合金相图,如图 2-12 所示,它实际上是含碳量在 0～6.69% 之间的铁端部分。

这个相图的液相线为 $ABCD$,固相线为 $AHJECF$。

五个单相区是:

$ABCD$ 以上——液相区; $AHNA$——δ 固溶体区; $NJESGN$——奥氏体区; $GPQG$——铁素体区; $DFKL$——渗碳体区。

七个两相区是:

$ABJHA$——液相+δ 固溶体区; $JBCEJ$——液相+奥氏体区; $DCFD$——液相+渗碳体区; $HJNH$——δ 固溶体+奥氏体区; $GSPG$——铁素体+奥氏体区; $ECFKSE$——奥氏体+渗碳体区; $QPSKL$ 以下——铁素体+渗碳体区。

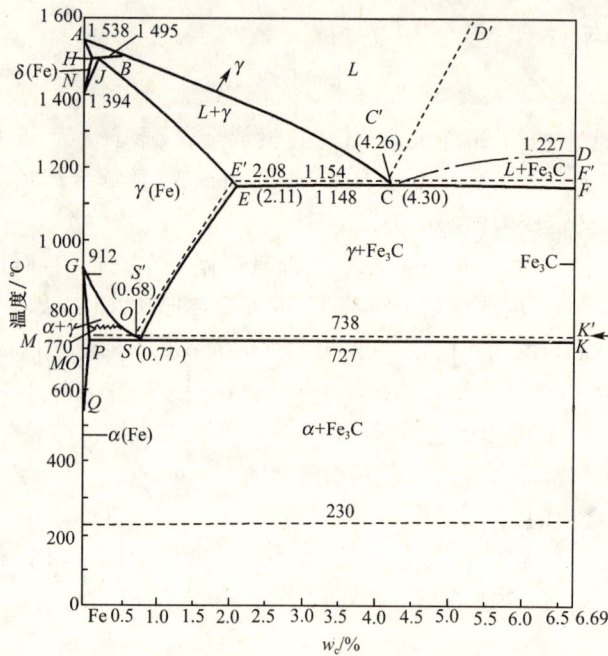

图 2-12 铁—碳合金相图

两条磁性转变线:

MO——铁素体的磁性转变线;过 230 ℃ 的虚线——渗碳体的磁性转变线。

三条水平线分别为:

HJB——包晶转变线;ECF——共晶转变线;PSK——共析转变线。

1. 包晶转变线

在 1 495 ℃ 发生的包晶转变为

$$L_{0.53} + \delta_{0.09} \xrightarrow{1\,495\,℃} A_{0.17}$$

由相图不难看出,凡是含碳量在 0.09％～0.53％ 的合金,都将经历这一转变,包晶转变后得到的组织都是单相奥氏体。

含碳量小于 0.09％ 的合金在按匀晶转变凝固为单项固溶体后,继续冷却时将在 NH 与 NJ 线之间发生固溶体同素异构转变,变为单相的奥氏体。

含碳量在 0.53％～2.11％ 的合金,在 BC 和 JE 线之间按匀晶转变凝固后得到的组织也是单相奥氏体。

总之,含碳量小于 2.11％ 的合金在冷却的历程中,都可在一个温度区间得到单相的奥氏体组织,这类合金叫做钢。

2. 共析转变线

$$A_{0.77} \xrightarrow{727\,℃} F_{0.0218} + C_{m6.69}$$

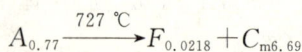

共析点是相图上的 S 点,转变产物共析体是铁素体与渗碳体的两相层片状机械混合物。这种组织在制成金相试样后,经过腐蚀的磨面呈现珍珠的光泽,所以叫做珠光体。珠光体常用符号 P 表示。

含碳量在 0.0218％～0.77％的合金叫做亚共析钢,含碳量在 0.77％～2.11％的合金叫做过共析钢。

3. 共晶转变线

在 1 148 ℃发生的共晶转变为

$$L_{4.30} \xrightarrow{\text{1 148 ℃}} A_{2.21} + C_{m6.69}$$

转变产物共晶体的形态是短棒状的奥氏体分布在渗碳体基体上,叫做莱氏体,用 L_d 表示。碳含量在 2.11％～4.30％范围内的合金按亚稳系统冷却时,都会发生这种共晶转变,这类合金叫做铸铁,因断口呈银白色而叫白口铸铁。

图 2-13 是按照组织标注的铁碳相图。

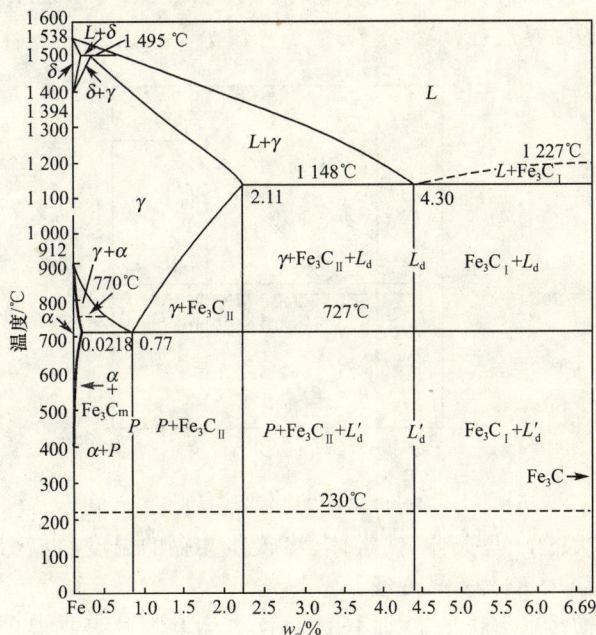

图 2-13　按组织标注的铁碳相图

铁碳合金的力学性能与其组织形态有直接关系。工业纯铁的组织为单相铁素体,强度低、塑性良好,不适于制造金属结构及机械零件。而白口生铁因其组织中有硬脆的莱氏体,其硬度很高而塑性很低,属于脆性材料,同样不适于制造金属构件,但其熔点低,液态时具有良好的流动性,适宜于制造各种铸造件。

钢的组织由塑性良好的铁素体和强度较高的珠光体为主,以及少量渗碳体组成,因而具有适合于制造金属结构以及各种机械零件、工具等所需的力学性能。而且,钢在高温时,其组织是单项的奥氏体,具有很好的塑性,适用于各种锻造、轧制。因此它是铁碳合金中最重要的、应用最广泛的金属材料,而船舶与海洋工程中所用结构钢主要是亚共析钢,一般含碳量在 0.20％左右。

2.2.3　钢的热处理

由于钢在固态条件下存在相的转变,因此可在一定的介质中通过各种不同的加热、保温和冷却方式,使钢的内部组织结构发生预期的变化,从而获得所需性能的工艺方法,这种工艺方法称为热处理。

热处理在工业上是一种十分重要的工艺方法,一般来说,热处理并不改变钢的内部化学成分,只是钢的组织从一种状态转变为另一种状态。其工艺过程一般是:将钢加热到一定的温度,在这个温度下保持一定的时间,然后用不同的速度和方式进行冷却。

这里需要简要叙述下钢的临界点和临界温度。钢在加热和冷却时发生的相转变的温度叫临界点和临界温度。在实际加热和冷却时,钢的相变与平衡状态不一样。它并不按照相图所示的温度进行,而往往是在一定的过热度或者过冷情况下进行。这样就使得加热冷却时的实际临界点不在同一温度上。通常把加热时的临界点用字母"c"表示,如 Ac_1、Ac_3、Ac_{cm} 等,把冷却时的临界点用字母"r"表用,如 Ar_1、Ar_3、Ar_{cm} 等,如图 2-14 所示。对钢而言常见的临界点有:

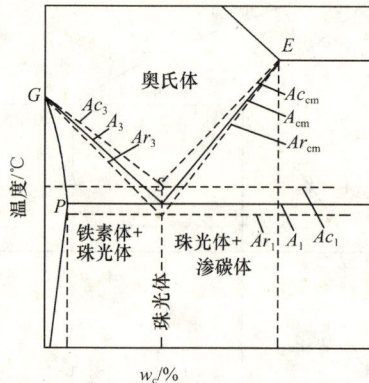

图 2-14 钢加热和冷却时各临界点的实际位置

A_1——在平衡状态下,奥氏体、铁素体、渗碳体共存的温度,也就是一般所说的临界点。在铁碳相图上为 PSK 共析转变线。

A_3——亚共析钢在平衡状态下,奥氏体和铁素体共存的最高温度,也就是一般所说上临界点。在铁碳相图上为 GS 线。

Ac_m——过共析钢在平衡状态下,奥氏体和渗碳体共存的最高温度,也就是过共析钢的上临界点。在铁碳相图上为 ES 线。

Ac_1——钢加热时所有珠光体都转变为奥氏体的温度。

Ac_3——亚共析钢加热时,所有铁素体都转变为奥氏体的温度。

Ac_{cm}——过共析钢加热时,所有铁素体都转变为奥氏体的温度。

Ar_1——高温奥氏体化的钢冷却时,奥氏体转变为珠光体的温度。

Ar_3——高温奥氏体化的亚共析钢冷却时,铁素体开始析出的温度。

Ar_{cm}——高温奥氏体化的过共析钢冷却时,渗碳体开始析出的温度。

Ac_1、Ac_3 和 Ac_{cm} 随加热速度的提高而升高。Ar_1、Ar_3 和 Ar_{cm} 随冷却速度的提高而降低,当冷却速度超过临界冷却速度时,这些转变将不发生,奥氏体将直接转变为马氏体、贝氏体等。

一般 $Ac_1 > A_1 > Ar_1$、$Ac_3 > A_3 > Ar_3$、$Ac_{cm} > Ac_m > Ar_{cm}$,因为 Ac_{cm} 与 Ar_{cm} 非常接近,所以常用 Ac_m 代替。

1.钢的退火

(1)退火:将钢件加热到 A_3 (对亚共析钢)或 A_1 (对过共析钢)线以上某一温度范围,保温一段时间后,在炉中或埋入导热性较差的介质中,使其缓慢冷却的热处理方法。

(2)退火的目的:

①降低硬度,以利于切削加工;

②细化晶粒,改善组织,提高力学性能;

③消除内应力(加热到 A_1 线以下即可)。

2.钢的正火

(1)正火:正火是将钢加热到 A_3 或 A_{cm} 线以上某一温度范围,保温一段时间后,从炉中取出在空气中冷却的热处理方法。正火是置于空气中冷却。晶粒变细,韧性可显著提高。

(2)正火的目的:

①对低碳钢,可细化晶粒,提高硬度,改善加工性能;

②对中碳钢,可提高硬度和强度,作为最终热处理;

③对高碳钢,可为球化退火作准备。

另外,正火是炉外冷却,不占用设备,生产效率高,所以正火工艺应用广泛。铸、锻件切削加工前一般进行退火或正火。

3.钢的淬火

(1)淬火:将钢加热到 A_3 或 A_1 线以上某一温度范围,保温一段时间,在水中或油中急剧冷却的热处理方法。淬火可使钢获得马氏体组织。马氏体是钢的基体组织中强度与硬度最高的组织。

(2)淬火的目的:

①对于工具或耐磨零件来说,提高硬度和耐磨性;

②对于一般结构零件来说,能使强度和韧性得到良好的配合,以适应不同工作条件的需要。

4.钢的回火

(1)回火:将淬火后钢件再加热到 Ac_1 以下的某一温度,保温一定时间后,然后冷却到室温的热处理工艺。

(2)回火的目的:

①是为了消除因淬火冷却速度过快而产生的内应力,防止工件变形和开裂,并减小脆性;

②回火可使淬火组织趋于稳定,使工件获得适当的硬度、稳定的组织和较好的综合力学性能等,故回火总是伴随在淬火后进行。

(3)回火的种类

按回火温度的不同,回火可分以下三种:

①低温回火(150~250℃)

目的:保持淬火钢的高硬度和高耐磨性,降低淬火应力,减少钢的脆性。硬度为58~64HRC。

主要用于:刃具、量具、模具、滚动轴承、渗碳淬火件和表面淬火件。

②中温回火(350~500℃)

目的:获得高的弹性极限、屈服点和较好的韧性,又称弹性处理。硬度为35~45HRC。

主要用于:弹性零件及热锻模具等。

③高温回火(500～650℃)

目的:获得良好的综合力学性能,又称调质处理。硬度为25～35HRC。

主要用于:各种重要结构零件,如螺栓、齿轮及轴承。

5. 钢的表面热处理

(1)表面淬火:表面淬火是将工件的表面层淬硬到一定深度,而心部仍保持未淬火状态的一种局部淬火方法。它主要是改变零件的表面层组织。

常用的表面淬火方法有:①火焰表面淬火;②感应加热表面淬火。

(2)钢的化学热处理:化学热处理是将钢件放在某种化学介质中,通过加热、保温,使介质中的某些元素渗入工件表面,以改变表面层的化学成分和组织,从而改变工件表面层性能的热处理方法。常见的化学热处理有:渗碳、渗氮、渗铝和渗铬等,其中以渗碳和渗氮应用最多。

2.3　船舶与海洋结构物常用金属材料

2.3.1　钢的分类和牌号

钢是以铁为主要元素,含碳量一般在2%以下,并含有其他元素的金属(铬钢的含碳量可能大于2%)。

钢的种类很多,为便于工程设计中的选用和工业生产的管理,有必要对钢进行归类,如图2-15。

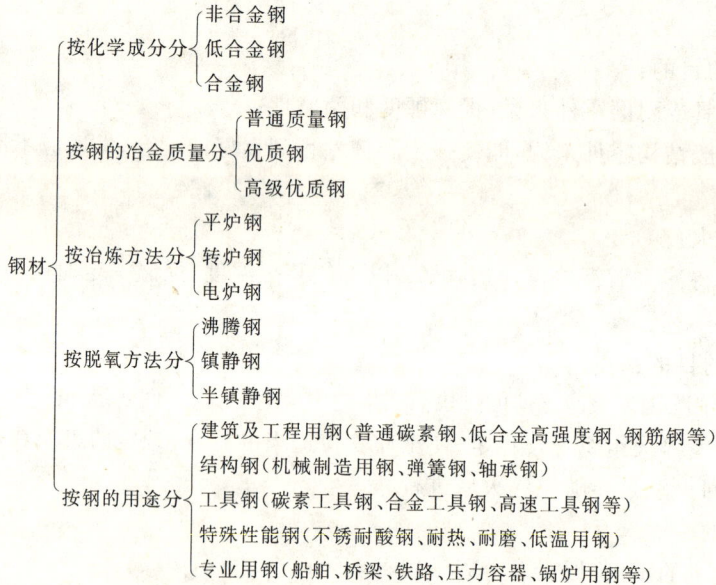

$$
\text{钢材}\begin{cases}
\text{按化学成分分}\begin{cases}\text{非合金钢}\\\text{低合金钢}\\\text{合金钢}\end{cases}\\[2mm]
\text{按钢的冶金质量分}\begin{cases}\text{普通质量钢}\\\text{优质钢}\\\text{高级优质钢}\end{cases}\\[2mm]
\text{按冶炼方法分}\begin{cases}\text{平炉钢}\\\text{转炉钢}\\\text{电炉钢}\end{cases}\\[2mm]
\text{按脱氧方法分}\begin{cases}\text{沸腾钢}\\\text{镇静钢}\\\text{半镇静钢}\end{cases}\\[2mm]
\text{按钢的用途分}\begin{cases}\text{建筑及工程用钢(普通碳素钢、低合金高强度钢、钢筋钢等)}\\\text{结构钢(机械制造用钢、弹簧钢、轴承钢)}\\\text{工具钢(碳素工具钢、合金工具钢、高速工具钢等)}\\\text{特殊性能钢(不锈耐酸钢、耐热、耐磨、低温用钢)}\\\text{专业用钢(船舶、桥梁、铁路、压力容器、锅炉用钢等)}\end{cases}
\end{cases}
$$

图 2-15　钢的分类

1. 钢的分类

(1)传统的分类方法

①按钢的用途

可分为建筑及工程用钢、结构钢、工具钢、特殊性能钢、专业用钢等,每一大类又可分为许多小类。

②按钢的冶金质量(有害杂质硫、磷含量)

可分为普通质量钢、优质钢、高级优质钢。

③按冶炼方法

可分为平炉钢、转炉钢、电炉钢。

④按炼钢时所用脱氧方法

可分为沸腾钢、镇静钢和半镇静钢。

⑤按钢中含碳量

可分为低碳钢($\omega_C \leqslant 0.25\%$)、中碳钢($\omega_C = 0.25\% \sim 0.60\%$)、高碳钢($\omega_C > 0.60\%$)。

⑥合金钢按钢中合金元素总含量

可分为低合金钢($\omega_{Me} \leqslant 5\%$)、中合金钢($\omega_{Me} = 5\% \sim 10\%$)、高合金钢($\omega_{Me} > 10\%$)。

⑦根据钢中合金元素的种类

可分为锰钢、铬钢、硼钢、硅锰钢、铬镍钢等。

⑧按合金在空气中冷却后所得到的组织

可分为珠光体钢、贝氏体钢、马氏体钢、奥氏体钢、莱氏体钢等。

⑨工业用钢按最终加工方法

可分为热轧材或冷轧材、拉拔材、锻材、挤压材、铸件等。

(2)新的钢分类方法

国家标准 GB/T13304-91《钢分类》是参照国际标准制定的钢的分类,分为"按化学成分分类""按主要质量等级、主要性能及使用特性分类"两部分。

①按化学成分分类

根据各种合金元素规定含量界限值,将钢分为非合金钢、低合金钢、合金钢三大类。

②按主要质量等级、主要性能及使用特性分类

a.普通质量钢　对生产过程中控制质量无特殊规定

b.优质钢　在生产过程中需要按规定控制质量

c.特殊质量钢　在生产过程中需要严格控制质量和性能

2.工业用钢牌号表示方法

按 GB/T221-2000 的规定,我国钢铁产品采用汉语拼音字母、化学元素符号与阿拉伯数字相结合的原则表示钢的牌号。

(1)非合金结构钢和低合金高强度结构钢的牌号

①碳素结构钢和低合金高强度结构钢

牌号用"Q+数字"表示,其中"Q"为"屈"字的汉语拼音字头,数字表示屈服强度值。若牌号后面标注 A、B、C、D,则表示钢材质量等级不同,其中 A 级最低,D 级最高。在牌号后标注字母表示为:F(沸腾钢)、b(半镇静钢)、Z(镇静钢)、TZ(特殊镇静钢)。例如:Q235-AF 表示屈服强度为 235 MPa 的 A 级沸腾钢。

用途:薄板,铁丝,钉,小轴,螺栓等。

②优质碳素结构钢

牌号开头的两位数字表示钢的平均含碳量,以平均含碳量×100 表示,Mn 含量较高的优质碳素结构钢数字后面应标出"Mn"。例如:45Mn 表示钢中平均含碳量为 0.45%,且 Mn 含量较高的优质碳素结构钢。

用途:用作各种较重要的机器零件,如:齿轮、主轴等。

③易切削结构钢

牌号冠以"Y",以区别优质碳素结构钢,后面的数字表示平均含碳量×100;

例如 Y30 表示平均含碳量为 0.30% 的易切削结构钢。

用途:主要用在自动机床上加工大批量的零件,如螺钉,螺母等。

④碳素工具钢

牌号冠以"T",后面的数字表示平均含碳量×10;

例如 T8,表示平均含碳量为 0.80% 的碳素工具钢。Mn 含量较高者在钢号的数字后标出"Mn",高级优质碳素工具钢钢号后加注"A"。

用途:用来制作各种刀具、量具和模具。

(2)合金钢的牌号

一般牌号的首部用数字标明碳质量分数:结构钢以万分之一为单位的数字(两位数),工具钢和特殊性能钢以千分之一为单位的数字(一位数)来表示碳质量分数,而工具钢的碳质量分数超过 1% 时,碳质量分数不标出。

在表明碳质量分数数字之后,用元素的化学符号表明钢中主要合金元素,质量分数由其后面的数字标明:平均质量分数少于 1.5% 时不标数,平均质量分数为 1.5%～2.49%、2.5%～3.49%……时,相应地标以 2、3……

专用钢用其用途的汉语拼音字首来标明。

如 GCr15 表示碳质量分数约 1.0%、铬质量分数约 1.5% 的滚珠轴承钢。Y40Mn 表示碳质量分数为 0.4%、锰质量分数少于 1.5% 的易切削钢。

①合金结构钢。主要用于制造重要的机械零件和工程结构。

两位数字＋合金元素符号＋数字

前两位数字表示平均含碳量的万分数,后面数字表示合金元素含量,大于 1.5% 时为白分数,小于 1.5% 时不标。如:20CrMnTi 钢,表示含碳量为 0.2%,铬、锰、钛的含量小于 1.5% 的合金钢。又如 60Si2Mn,表示平均含碳量为 0.6%、含硅量为 2%、含锰量小于 1.5% 的合金弹簧钢。

②合金工具钢的牌号。主要用于制造重要的刃具、量具和模具。

其牌号表示方法与合金结构钢类似,但其平均含碳量不小于 1% 时不标出;当含碳量小于 1% 时,前面数字表示含碳量的千分数。如 9SiCr 表示平均含碳量为 0.9%、含硅铬量小于 1.5% 的低合金刃具钢;又如 CrWMn,表示平均含碳量大于 1%,含铬、钨、锰量小于 1.5% 的低合金刃具钢,因为含碳量大于 1%,所以不标。

③特殊性能钢。具有特殊的物理、化学性能的钢。

表示方法与合金工具钢相同。只是当碳的含量小于 0.1% 时,用"0"表示,含碳量不大于 0.03% 时,用"00"表示,例如:0Cr19Ni9、00Cr30Mo2 等。

(3)铸钢的牌号

①工程用铸造碳钢 牌号前面是字母 ZG("铸钢"二字汉语拼音字首),后面第一组数字表示屈服点,第二组数字表示抗拉强度,若牌号末尾标字母 H(焊),表示该钢是焊接结构用碳素铸钢,例如:ZG230-450 表示屈服强度为 230 MPa、抗拉强度为 450 MPa 的工程用铸钢。

②GB/T5613-1995《铸钢牌号表示方法》规定,以化学成分表示的铸钢牌号中"ZG"后面一组数字表示铸钢的名义万分碳含量,其后排列各主要合金元素符号及名义百分含量,例如:ZG15Cr1Mo1V,表示平均 $\omega_C = 0.15\%$, $\omega_{Cr} = 0.9\% \sim 1.40\%$, $\omega_{Mo} = 0.9\% \sim 1.4\%$, $\omega_V = 0.9\%$ 的铸钢。

2.3.2　船体结构钢的性能要求

船用金属材料主要以钢为主。船舶用钢为工业用钢中的一种专用钢。由于船体结构的要求,船舶用钢主要采用低碳钢和低合金高强钢,在特定的使用条件下,可采用特殊性能钢种,并按国际标准表示钢号。

对船体结构的钢材各项技术性能要求,如强度、塑性、韧性、抗脆性、破坏性能、耐疲劳性能、耐海水腐蚀性能以及其他某些特殊性能,同时还应有良好加工工艺性能,如冷热弯曲工艺性能和焊接工艺性能等。

1. 对强度和塑性的要求

(1)对屈服强度的要求

船体结构设计如果选用屈服强度较高的钢材,可减少结构的截面积,降低材料消耗,减轻船体重量,提高船舶装载能力和航行速度;但如果选用的强度过高,应按强度计算选择结构剖面时,可能造成结构的稳定性不足,船体刚性较差。

(2)对抗拉强度的要求

海船建造规范中规定,一般强度船体结构用钢的抗拉强度为 $400 \sim 490 \text{ N/mm}^2$,高强度船体结构用钢的抗拉强度为 $440 \sim 550 \text{ N/mm}^2$ 和 $490 \sim 620 \text{ N/mm}^2$。

(3)对屈强比 σ_s / σ_b 的要求

屈强比是钢材强度储备的一个指标,它与钢材的屈服强度和形变强化性能有关。形变强化是指钢材经过塑性变形而引起的强度升高的现象。在金属整个变形过程中,当应力超过屈服强度之后,塑性变形并不像屈服平台那样连续流变下去,而需要继续增加外力才能继续下去。这说明金属有一种阻止继续塑性变形的抗力,即塑性变形能。因此,屈强比反映了金属结构具有一定的抗偶然超载的能力,也反映了金属均匀塑性变形和冷变形加工工艺性能。

屈强比在船舶结构承受塑性超载的情况下是有意义的。例如特异海况、触礁、在战时遭受爆炸冲击等而发生局部结构塑性超载,结构和材料将发生较大的塑性变形,由于形变强化,材料承受的应力将超过屈服强度。在这种情况下,钢材的屈强比越小,延缓结构损坏的潜力越大,结构的可靠性越高。但也不能过度要求太小的屈强比。一般强度船体结构钢用的屈强比为 $0.48 \sim 0.59$,高强度的船体结构钢用的屈强比为 $0.53 \sim 0.71$ 或 $0.57 \sim 0.72$。

(4)对伸长率和断面收缩率的要求

①伸长率

我国在海船建造规范中,对一般强度船体结构钢要求 $\sigma_s > 22\%$,高强度船体结构钢中 A32、D32、E32 等级的 $\sigma_s \geqslant 22\%$,A36、D36、E36 等级的 $\sigma_s \geqslant 22\%$。

②断面收缩率

局部断面收缩率表示钢材承受局部塑性变形的能力。经验证明大于或等于 50% 的断面收缩率数值对于船体钢来说足够了。

2. 对疲劳性能的要求

金属结构在交变应力作用下破坏的过程叫做疲劳。通常船体结构承受的是工作应力较低而交变频率较高的高周疲劳。低应力高周疲劳抗力的评定常用的指标有疲劳极限过负荷持久值和疲劳缺口敏感度等。

3. 对冲击韧性的要求

船舶用钢应具有良好的冲击韧性，以防止脆性断裂。特别是应具有较低的脆性转变温度，以防止低温脆断。

4. 对船舶用钢工艺性能的要求

（1）冷加工对钢材性能的要求

船体构件大多数用冷加工方法成型，如船体外板、肋骨、肋板，为确保船体结构件具有良好的冷加工工艺性能，船体结构钢的含碳量限制在较低的范围内，一般船体结构钢的含碳量在 0.22% 以下。塑性好即冷加工性能好。考核标准采用宽板作冷弯试验，冷弯角为120°不裂，认为钢材冷加工性能良好。

（2）热加工对钢材性能的要求

曲率较大或具有双向曲度的船体构件，如船舶首尾部分的双曲度板和首柱、尾柱等需要进行水火弯板加工；另外，船体建造过程中，为了消除部件在装焊过程中产生的各种变形，也要用火工消除变形。这些都需要进行热加工，随着热加工温度的提高，强度降低、塑性提高，易于成型，但不可避免地要产生氧化和脱碳，当钢加热到相变点以上温度时，晶粒会发生剧烈长大，机械性能大大下降。因此，在热加工时一定要注意加热温度。

（3）钢材冷、热加工性能的评价

冷弯，试样在室温的情况下试验；热弯，试样在弯曲前均匀加热到某一温度下，在试验机上做弯曲试验。弯曲试验是把试样放在压力机上进行，弯曲的角度和弯心直径，视材料的特性和厚度而定。

（4）钢的可焊性

金属材料的焊接性是指金属材料对焊接加工的适应性，即在一定的焊接工艺条件下，获得优质焊接接头的难易程度。焊接性评定有间接判断法和直接试验法，详细内容见第六章。

（5）良好的耐腐蚀性能

船体结构用金属材料在海水中要具有较高的耐腐蚀性能，而目前的一般强度结构钢和高强度船体结构用钢还不能完全满足要求，在海水中腐蚀比较严重，据统计碳素钢腐蚀度为 0.1 mm/年，含镍合金钢为 0.08 mm/年。因此，船舶设计时必须增放腐蚀余量，这就增加了船体自重和材料消耗。

2.3.3 船用钢材的分类

随着冶金工业的发展，船体结构钢逐渐得到改进和提高，船体结构钢的研究工作也相应地开展起来，目前已形成了较完善的船体结构钢系列。我国船级社所颁布的《钢质海船入级规范》（2012）将船用碳素结构钢称为"一般强度船体结构钢"，对于船用合金钢则称为

"高强度船体结构用钢"。

对于船体结构钢的要求,各国制定了相应的规范。由于国际交往增多,各国规范的要求大致相同,都将船体结构钢按强度划分为一般强度钢和高强度钢两类。一般强度钢屈服强度为 235 MPa,高强度钢屈服强度为 315 MPa、355 MPa 和 395 MPa 三个等级。

船体结构钢每个强度等级又按韧性再分级别。一般强度船体结构钢分为 A、B、D、E 四个等级,适用于厚度不超过 100 mm 的钢板和宽扁钢以及厚度不超过 50 mm 的型钢和棒材;高强度船体结构钢按其最小屈服强度划分强度级别,每一强度级别又按其冲击韧性的不同分为 A、D、E、F 四个等级,即厚度不超过 100 mm 的 AH32、DH32、EH32、FH32、AH36、DH36、EH36、FH36、AH40、DH40、EH40 和 FH40 等级的钢板和宽扁钢;还适用于上述等级的厚度不大于 50 mm 的型钢和棒材。

现代船舶的船体结构制造所用的材料主要是一般强度船体结构用钢、高强度船体结构用钢、奥氏体不锈钢和双相不锈钢、复合钢板、Z 向钢等。

1. 一般强度船体结构钢

一般强度船体结构钢通常都是低碳钢,它包括普通碳素钢和造船专用热轧碳素结构钢两类。

(1)造船用普通碳素钢

由于造船工业对钢材需求量大,所以在一定情况下,允许把普通碳素钢的甲类钢或特类钢作为专用船体结构碳素钢的代用品,不过一般主要用于制造内河船的壳板、肋骨、纵梁、横梁、栏杆等,或制造港口船和沿海船及远洋船的上层建筑等次要构件。

钢中仅含有一定量的、为脱氧而加入的 Si、Mn,不含其他元素的钢称为碳素钢,又按其含 S、P 量的不同,可分为普通碳素钢和优质碳素钢及造船专用碳素钢。

S 含量不大于 0.5%,P 含量不大于 0.45% 的称为普通碳素钢;在冶炼时采用一定的工艺措施,除去有害杂质及气体,使 S、P 含量不大于 0.35%,脱氧程度更完全的称为优质碳素钢;含碳量不大于 0.22% 的低碳碳素钢,称为船用碳素钢。

碳素钢的牌号由代表屈服点的字母、屈服点数值、质量等级符号、脱氧方法等四部分按序组成。例如 Q235-A.F(见 GB700-88),其含意表示屈服点为 235 MPa 的 A 级沸腾钢。

Q—钢材屈服点的"屈"字汉语拼音字首

"235"—屈服点数值(MPa)

A、B、C、D—表示钢材质量等级不同,即 S、P 含量不同,A、B、C、D 质量依次提高。

F—沸腾钢的"沸"字汉语拼音字首

b—半镇静钢的"半"字汉语拼音字首

Z—镇静钢的"镇"字汉语拼音字首

TZ—特殊镇静钢的"特镇"两汉字拼音字首

在牌号组成表示法中,"Z"、"TZ"可省略。船用碳素结构钢的化学成分与脱氧方法见表 2-2,其力学性能见表 2-3。

表 2-2　　　　　　　　　船用碳素结构钢的化学成分和脱氧方法

牌号	等级	化学成分(%)					脱氧方法
		C	Mn	Si	S	P	
				不大于			
Q195	—	0.06~0.12	0.25~0.50	0.30	0.050	0.045	F、b、Z
Q215	A	0.09~0.15	0.25~0.55	0.30	0.050	0.045	F、b、Z
	B				0.045		
Q235	A	0.14~0.22	0.30~0.65	0.30	0.050	0.045	F、b、Z
	B	0.12~0.20	0.30~0.70		0.045		
	C	≤0.18	0.35~0.80		0.040	0.040	Z
	D	≤0.17			0.035	0.035	TZ
Q255	A	0.18~0.28	0.40~0.70	0.30	0.050	0.045	F、b、Z
	B				0.045		
Q275	—	0.28~0.38	0.50~0.80	0.35	0.050	0.045	b、Z

表 2-3　　　　　　　　　船用碳素结构钢的力学性能

牌号	等级	拉伸试验													V形冲击功(纵向)(J) 不小于
		屈服强度 σ_s(MPa)						抗拉强度 σ_b (MPa)	伸长率 δ_s(%)					温度(℃)	
		钢材厚度(mm)							钢材厚度(mm)						
		≤16	>16~40	>40~60	>60~100	>100~150	>150		≤16	>16~40	>60~100	>60~100	>100~150	>150	
		不小于							不小于						
Q195	—	195	185	—	—	—	—	315~430	33	32	—	—	—	—	—
Q215	A	215	205	195	185	175	165	335~450	31	30	29	28	27	26	— —
	B														20 27
Q235	A	235	225	215	205	195	185	375~500	26	25	24	23	22	21	— —
	B														20
	C														0 27
	D														−20
Q255	A	255	245	235	225	215	205	410~550	24	23	22	21	20	19	— —
	B														20 27
Q275	—	275	265	255	245	235	225	490~630	20	19	18	17	16	15	— —

(2)造船专用热轧碳素结构钢

造船专用碳素钢,我国国家标准 GB712-89《船体用结构钢》规定由平炉、氧气顶吹转炉或电炉冶炼。此外,国家标准对造船专用结构钢的交货状态、力学性能和工艺性能也都进行严格规定。这类钢是按照船体结构的要求专门生产的,不论钢材与型材的规格怎样,都是供制造船体结构用。

A 级钢:要求＋20 ℃的冲击试验性能;

B 级钢:要求 0 ℃的冲击试验性能;

D 级钢:要求－20 ℃的冲击试验性能;

E 级钢:要求－40 ℃的冲击试验性能;

下面介绍《材料与焊接规范》(2012 年)对一般强度船体结构钢的有关规定。

① 一般强度船体结构用钢的化学成分和脱氧方法如表 2-4 所示。

表 2-4　　　　　　　　　一般强度船体结构用钢的化学成分和脱氧方法

钢材等级		A	B	D	E
脱氧方法及厚度 t(mm)		t≤50,除沸腾钢外任何方法[①];t>50,镇静处理	t≤50,除沸腾钢外任何方法;t>50,镇静处理	t≤25,镇静处理;t>25,镇静和细晶处理	镇静和细晶处理
化学成分(%)[⑦⑧⑨]	C[②]	≤ 0.21[③]	≤ 0.21	≤ 0.21	≤ 0.18
	Mn[②]	≥ 2.5C	≥ 0.80[④]	≥ 0.60	≥ 0.70
	Si	≤ 0.50	≤ 0.35	≤ 0.35	≤ 0.35
	S	≤ 0.035	≤ 0.035	≤ 0.035	≤ 0.035
	P	≤ 0.035	≤ 0.035	≤ 0.035	≤ 0.035
	Al(酸溶)			≥ 0.015[⑤⑥]	≥ 0.015[⑥]

注:①凡经船级社和订货方同意,t≤12.5 mm 的 A 级型钢可采用沸腾钢,但应在材料证书上注明。

　　②所有等级的钢均应符合:C%＋1/6Mn% ≤0.40%。

　　③对于型钢,最大含碳量可为 0.23%。

　　④当 B 级钢作冲击试验时,其最低含锰量可降低至 0.6%。

　　⑤对 t>25 mm 的 D 级钢适用。

　　⑥对 t>25 mm 的 D 级钢和 E 级钢,可采用总铝含量来代替酸溶铝含量的要求;此时,总铝含量应不大于　　0.02%。经船级社同意后,也可使用其他细化晶粒元素。

　　⑦若采用温度—形变控制轧制(TMCP)状态交货,经船级社同意后,化学成分可以不同于表中规定。

　　⑧钢中残余铜含量应不大于 0.35%;铬、镍的残余含量各应不大于 0.30%。

　　⑨在钢材的冶炼过程中添加的任何其他元素,应在材料证书上注明。

② 一般强度船体结构用钢的力学性能如下表 2-5。

表 2-5　　　　　　　　　一般强度船体结构用钢的力学性能

钢材等级	屈服强度 σ_s 不小于(MPa)	抗拉强度 σ_b(MPa)	伸长率 δ_s 不小于(%)	夏比 V 形缺口冲击试验钢材						
				试验温度(℃)	平均冲击功不小于(J)					
					厚度 t(mm)					
					t≤50		50<t≤70		70<t≤100	
					纵向[②]	横向[②]	纵向	横向	纵向	横向
A	235	400～520[①]	22	20	—	—	34[④]	24[④]	41[④]	27[④]
B				0	27[③]	20[③]				
D				－20						
E				－40						

注:①经船级社同意后,A 级型钢的抗拉强度的上限可以超出表中所规定的值。

　　②除订货方或船级社要求外,t≤50 mm 时冲击试验一般仅做纵向试验,但钢厂应采取措施保证钢材的横向冲击性能。

　　③对厚度不大于 25 mm 的 B 级钢,经船级社同意可不做冲击试验。

④厚度大于 50 mm 的 A 级钢,如经过细化晶粒处理并以正火状态交货,可以不做冲击试验;经船级社同意,以温度—形变控制轧制状态交货的 A 级钢亦可不做冲击试验。

⑤型钢一般不进行横向冲击试验。

③一般强度船体结构用钢的交货状态如表 2-6 规定

表 2-6　　　　　　　　　　　　**一般强度船体结构用钢的交货状态**

钢材等级	脱氧方法	产品形式	交货状态①②				
			厚度 t(mm)				
			$t \leq 12.5$	$12.5 < t \leq 25$	$25 < t \leq 35$	$35 < t \leq 50$	$50 < t \leq 100$
A	沸腾钢	型材	A(—)	不适用			
	$t \leq 50$ mm,除沸腾钢外任何方法;	板材	A(—)				N(—),TM(—),CR(50),AR*(50)
	$t > 50$ mm,镇静处理	型材	A(—)				不适用
B	$t \leq 50$ mm,除沸腾钢外任何方法;	板材	A(—)		A(50)		N(50),TM(50),CR(25),AR*(25)
	$t > 50$ mm,镇静处理	型材	A(—)		A(50)		不适用
D	镇静处理	板材	A(50)		N(50),CR(50),TM(50)		N(50),TM(50),CR(25)
	镇静和细化晶粒处理	型材	A(50)		N(50),CR(50),TM(50),AR*(25)		不适用
E	镇静和细晶处理	板材	N(每件),TM(每件)				
		型板	N(25),TM(25),AR*(15),CR*(15)				不适用

注:①交货状态:A:任意;N:正火;CR:控制轧制;TM(TMCP):温度—形变控制轧制;

AR*:经船级社特别认可后,可采用热轧状态交货;CR*:经船级社特别认可后,可采用控制轧制状交货。

②括号中的数值表示冲击试样的取样批量(单位为 t),(—)表示不作冲击试验。每一批量应取 1 组 3 个夏比 V 形缺口冲击试样进行试验。

2. 高强度船体结构钢

随着船舶吨位的不断提高,新型船舶的出现,以及海洋工程结构的发展,对钢材性能要求越来越高,碳素钢已不能满足要求,因此就提出了使用高强度船体结构钢的要求。于是人们在炼钢时有意识地向钢中加入一种或几种合金元素,改善钢的组织和性能,明显提高钢的屈服强度,并具有良好的焊接性和耐腐蚀性的专用钢种,这便是合金钢,又称高强度钢。由于合金钢具有高的强度和优良的性能,因此可以大大地减轻船体自重,从而提高船舶的装载量,它在军用舰艇及海洋工程结构中得到了广泛的应用。所以,在造船中已被广泛采用的高强度船体结构钢是普通低合金高强度结构钢的一个重要钢种。

按中国船级社《钢质海船入级规范》(2012)规定:高强度船体结构钢号后均加"H"来表示高强度,以示与一般强度船体结构钢的区别。高强度船体结构钢的化学成分如表 2-7 所示,力学性能如表 2-8 所示。

表 2-7		高强度船体结构钢的化学成分	
等级		AH32，AH36，AH40，DH32，DH36，DH40，EH32，EH36，EH40	FH32，FH36，FH40
化学成分（%）⑤⑥	C	≤0.18	≤0.16
	Mn	0.90～1.60①	0.90～1.60
	Si	≤0.50	≤0.50
	S	≤0.035	≤0.025
	P	≤0.035	≤0.025
	Al（酸溶）	＞0.015②③	≥0.015②③
	Nb④	0.02～0.05③	0.02～0.05③
	V④	0.05～0.10③	0.05～0.10③
	Ti④	≤0.02	≤0.02
	Cu	≤0.35	≤0.35
	Cr	≤0.20	≤0.20
	Ni	≤0.40	≤0.80
	Mo	≤0.08	≤0.08
	N	—	≤0.009（如含铝时，≤0.012）

注：①对厚度不大于 12.5 mm 的钢材，其锰含量最低可为 0.70%。

②可以采用总铝含量来代替酸溶铝含量的要求，此时，总铝含量应不小于 0.02%。

③钢厂可以将细化晶粒元素（Al、Nb、V 等）单独或以任一组合形式加入钢中。当单独加入时，其含量应不低于表中数值；若混合加入两种以上细化晶粒元素时，则表中对单一元素含量下限的规定不适用。

④铌、钒、钛的含量还应符合：Nb%＋V%＋Ti%≤0.12%。

⑤若采用 TMCP 状态交货，化学成分应满足材料与焊接规范的规定。

⑥在钢材的冶炼过程中添加的任何其他元素，应在材料证书上注明。

表 2-8					高强度船体结构用钢的力学性能					
钢材等级	屈服强度 σ_s 不小于（MPa）	抗拉强度 σ_b 不小于（MPa）	伸长率 δ_s 不小于（%）	试验温度（℃）	夏比 V 形缺口冲击试验①					
					平均冲击功不小于（J）					
					厚度 t（mm）					
					$t≤50$		$50<t≤70$		$70<t≤100$	
					纵向	横向	纵向	横向	纵向	横向
AH32	315	440～570	22	0	31②	22②	38	26	46	31
DH32				−20						
EH32				−40						
FH32				−60						
AH36	355	490～630	21	0	34②	24②	41	27	50	34
DH36				−20						
EH36				−40						
FH36				−60						
AH40	390	510～660	20	0	39	26	46	31	35	37
DH40				−20						
EH40				−40						
FH40				−60						

注：①除订货方或船级社有要求外，冲击试验一般仅做纵向试验，但钢厂应采取措施保证钢材的横向冲击性能。型钢一般仅做纵向冲击试验。

②如钢厂能保证冲击试验抽查合格，经船级社同意，AH32 和 AH36 级钢验收时冲击试验的批量可予以放宽。

船体结构用钢材的化学成分和力学性能应符合船级社《材料与焊接规范》中的相关规定。在进行船舶结构设计和材料选用时要查阅《钢质海船入级规范》中的具体要求。

3. 奥氏体不锈钢和双相不锈钢

能够抵抗大气腐蚀的钢叫做不锈钢，通常不锈钢包括耐酸钢和耐热钢。耐酸钢能抵抗某些酸性介质的腐蚀，耐热钢在高温下具有良好的抗氧化性和高温强度。由于耐酸钢和耐热钢同时能抵抗大气的腐蚀，故习惯上也包括在不锈钢内。按化学成分的不同，不锈钢可分为铬不锈钢和铬镍不锈钢两大类。铬不锈钢常见的牌号有 1Cr13、2Cr13、3Cr13、4Cr13 的 Cr13 型不锈钢。镉镍型不锈钢的牌号有 0Cr18Ni9、1Cr18Ni9 等，通称为 18-8 型不锈钢。

不锈钢中，奥氏体不锈钢（构件使用温度不低于 $-165\ ℃$）和奥氏体-铁素体型的不锈钢（双相不锈钢，构件使用温度 $0\ ℃\sim300\ ℃$ 之间）比其他不锈钢具有更优良的耐腐蚀性、耐热性和塑性，可焊性良好，是化学品船和液化气体船的液货舱和油、气、水处理用受压容器或其他构件应用的材料，船用不锈钢的显著特点是超低碳。

4. 船体结构用其他钢材

（1）复合钢板

复合钢板指由基体材料和在其单面或双面上整体结合的薄层（覆层金属）所组成的板材。适用于化学制品运输船的容器和液货舱。凡适合采用轧制或爆炸复合方法结合的碳钢或碳锰钢均可作为基体材料。凡适合于预定用途的材料，均可作为覆层金属，如奥氏体不锈钢、铬钢、铝合金或铜镍合金等。基体材料和覆层金属都应满足《材料与焊接规范》（2012）的规定。

（2）Z 向钢

Z 向钢又称"抗层状撕裂钢"，是在某一等级结构钢（称为母级钢）的基础上，经过特殊冶炼、镇静处理和适当热处理的钢材。由于厚度方向承受拉伸载荷而对厚度方向有性能要求的厚度不小于 15 mm 的板材与扁钢，故简称 Z 向钢。Z 向钢除符合本规定外，还应符合其母级钢的所有要求。

Z 向钢的标记是在母级钢的标记后面加上 Z 向钢等级的后缀 Z25 或 Z35。其中 Z 后面的数字为 Z 向钢规定最小厚度方向断面收缩率指标值。如标记 EH32-Z35 表示为具有最小厚度方向断面收缩率为 35% 的 EH32 级船体结构用钢。

Z 向钢的化学成分除应符合其母级钢规定外，其含硫量应不大于 0.008%。

2.4　船体结构用钢匹配的焊接材料

船体结构用钢所需焊接材料（焊条、焊丝、焊剂）根据中国《钢质海船入级规范》（2012）规定必须经船级社认可。建造出口船舶还须经有关国家船级社认可。焊接材料按其抗拉强度可分为 $400\ MPa\leqslant\sigma_b\leqslant490\ MPa$ 和 $\sigma_b\geqslant490\ MPa$ 两个强度等级。每一等级强度又按其冲击韧性进一步分为 3 个级别。400 MPa 级的以 1、2、3 表示，490 MPa 级的以 1Y、2Y、3Y 表示。各个等级的焊接材料所适用的钢级别见表 2-9 所示。

表 2-9　　　焊接材料等级与母材钢级匹配

焊接材料等级	钢板级别
1	A
2	A、B、D
3	A、B、D、E
1Y	A32、A36
2Y	A32、D32、A36、D36
3Y	A32、D32、E32、A36、D36、E36

一般对每一强度级别的船体结构钢选用焊接材料时必须符合相应的钢级要求。凡符合用于较高韧性钢级的也适用于较低的钢级。对于焊条在焊接船体外板和重要受力结构时,应采用碱性低氢型焊条。

思考题

2-1　晶体中原子间的结合方式都有哪些?

2-2　试述晶胞、晶系与布拉菲点阵。

2-3　试述典型金属的晶体结构。

2-4　试画铁碳合金相图。

2-5　常见的热处理工艺都有哪些?

2-6　船级社划分船用碳素结构钢为"一般强度船体结构钢"和"高强度船体结构钢",其划分标准是什么?

2-7　在船舶与海洋工程结构用钢中,钢的强度等级是怎么制定的?

第3章　焊接电弧基础

任何一种焊接都借助能量的作用。在电弧焊中,焊接电弧是作为能量源在焊接中对被焊件起到加热和加压的作用,使被焊件熔化并形成焊缝。本章主要讲述电弧的产生、电弧的结构及特性、焊缝的形成过程以及焊接接头的组织和力学性能。

3.1　焊接电弧机理

3.1.1　气体放电与焊接电弧

电弧是在一定条件下电荷通过两个电极间的气体空间的一种导电过程(如图 3-1),电弧在本质上则是一种气体放电现象,所谓气体放电指的是气体在电场和热场作用下产生电离。电弧产生的条件就是气体要成为导电体,但是通常气体是不导电的,气体成为导电体则需要两个条件,即气体电离和阴极电子发射。

在一般情况下,气体是不导电的,表现为电中性。要使气体导电,则必须将气体中原来是电中性的气体分子或原子分离为一个电子和一个带正电的离子。在一定条件下,气体分子或原子中的电子能够从外界获得足够的能量,摆脱原子核的束缚成为自由电子,而失去电子的原子则成为正离子。这种使中性气体分子或原子变成电子和离子的过程叫做"电离"。与通常状态下的气体比较而言,电离气体的性质有所不同,被称为等离子体。物理学中的等离子体是一种由自由电子和带电离子为主要成分的物质形态,常被视为是除固体、液体、气体外,物质存在的第四种状态,具有高导电性特征。气体介质电离需要能量,使电子与原子核分离,这种能量被称为电离功。表 3-1 是常见气体粒子的电离功。

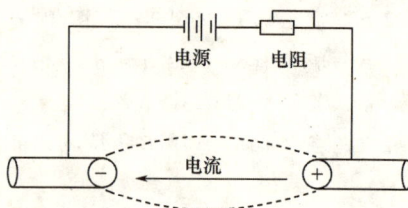

图 3-1　电弧示意图

表 3-1				常见气体粒子的电离功								
元素	H	He	Li	Be	C	Fe	Cu	F	Ne	Na	Mg	Al	Si
电离功 (eV)	13.60	24.59	5.39	9.32	11.26	7.90	7.73	17.42	21.56	5.139	7.646	5.986	8.152
元素	S	Cl	Ar	K	Ca	Ti	V	Cr	Mn	N	O	O_2	CO_2
电离功 (eV)	10.36	12.97	15.76	4.34	6.11	6.83	6.75	6.77	7.43	14.53	13.62	12.20	13.70

阴极电子发射是电源持续向电弧供给能量的唯一途径。电源通过阴极向电弧空间提

供电子,经过电弧空间的复杂行为,再从阳极接收电子,从而形成电流回路。阴极所发射电子中的相当一部分消耗在电弧中,比如复合成中性粒子,或再次被电离,或散失到电弧以外的空间。而阳极所接收电子中的相当一部分是由电弧中中性粒子的电离所产生的。阴极电子发射是电弧产热及中性粒子电离的初始根源,电弧中的一切现象都与阴极电子发射有密切的联系。

阴极电子发射是阴极中的电子脱离阴极材料的束缚,逸出电极表面进入电弧空间。给电子提供能量,把电子从阴极中释放出来的方式有光电发射、热发射、场致发射、二次电子发射等。只有当电子得到足够的能量时才能逸出阴极表面,电子克服原子核的束缚,从表面逸出所需要的最小能量叫做"逸出功",逸出功的单位是电子伏特。不同物质材料的构成不同,它们的逸出功也就不同,如表 3-2 所示。物质的逸出功越低,它的热发射能力越强。

表 3-2   几种金属及其表面氧化物的逸出功

金属种类		Wu	Fe	Al	Cu	K	Ca	Mg
逸出功	纯金属	4.54	4.48	4.25	4.36	2.02	2.12	3.78
(eV)	氧化物	—	3.92	3.90	3.85	0.46	1.80	3.31

从表中可以看出,当金属表面具有氧化物时,元素的逸出功有所降低,热发射的能力有所增加。

电弧焊就是利用焊接中电弧放电时产生的热量来加热、熔化焊条(焊丝)和焊件的,使之形成焊接接头。图 3-2 为焊条电弧焊接回路示意图。虽然从现象上看,焊接电弧仿佛是在焊条与焊件接触又拉开的一刹那形成的,但实际上,这一过程可以被分为"短路－空载－燃弧"三个极短的阶段。

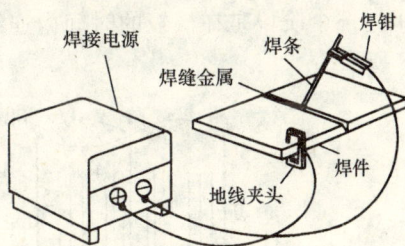

图 3-2 焊条电弧焊接回路示意图

1. 短路

焊件与焊条接触形同短路。无论焊件表面还是焊条表面都不是绝对平整的,因此两者间只是有几个凸出的地方相接触,电流就从这些接触点流过。由于焊件和焊条间的接触点的面积非常小,所以流经这些接触点的电流密度非常大,就会在接触点上产生大量电阻热;在电阻热的作用下,接触点的温度骤然升高,导致部分金属熔化和蒸发,并使焊条药皮中某些易分解或低沸点的物质(如钾、钠等元素)变成蒸气,使两极间充满金属元素蒸气,从而为即将发生的电离创造了物质条件;同时,在电阻热的作用下,阴极表面的温度很高,阴极中的电子获得了能量,运动速度加快,当电子的动能大于阴极内部正电荷的吸引力时,电子会逸出阴极表面,产生热发射。阴极表面获得的热量越多,温度越高,则热发射作用越强烈,发射出来的电子数量也就越多。

总之,在短路过程中产生的短路电流比正常焊接电流大得多,在这种作用下产生大量电阻热,从而使阴极表面的电子迅速进行热发射,与此同时还生成大量金属元素的蒸气。

2. 空载

空载是指焊条与焊件短路并随之将焊条拉开,并且电弧尚未形成时的瞬间,此时电源处于空载状态。空载时的电压较高,这个电压完全加载在焊条端面与焊件之间的很短距离内,在焊件与焊条之间形成很大的电场强度。在这个强大的电场作用下,电子脱离原子核的束缚而从阴极表面逸出,此为电子的场致发射。空载时由于强电场的作用而引起的场致发射是相当强烈的,但由于热发射和场致发射都只是刚刚开始,还不能使两极间的气体充分电离,因此电弧尚未产生,但已为燃弧创造了条件。

3. 燃弧

由阴极发射出来的电子在电场作用下产生加速运动,以很高的速度射向阳极;电子在通过两极空间时,又与极间的气体中性质点碰撞,而将其中的电子撞出轨道,形成所谓撞击电离。此时自由电子数和正离子数逐渐增多起来。极间气体的电离程度与阴极电子发射及电场强度有关。阴极电子发射越强烈,则碰撞电离的作用越剧烈。当电弧长度不变,两极间的电压越高,电场力的作用就越大,带电质点的运动速度也越大,则碰撞电离的作用也越强烈。

在电弧高温(弧柱中心温度达 4 730~7 730 ℃)作用下,原子核外电子获得热能并以很高速度运动,并从距离原子核较近的轨道上跃迁到较远的轨道上,当电子获得的能量使其产生的离心力大于原子核对它的吸引力时,便脱离轨道形成自由电子,原子因失去电子而成为正离子,这就是气体的热电离。温度越高,热电离的作用越大。电子与正离子分别跑向两极,进行中和放电,于是产生了电弧。

上述三个阶段是在极短的时间内连续进行的,通常称为引弧,其引弧过程的示意图如图 3-3 所示。

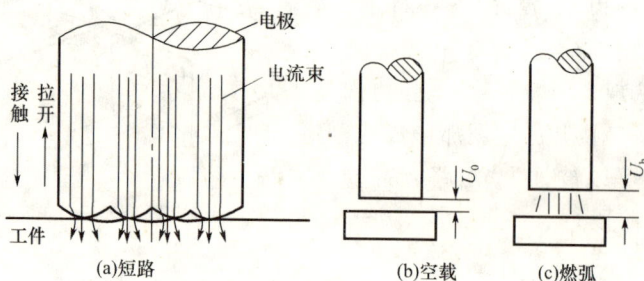

U_0—空载电压;U_h—电弧电压

图 3-3　焊接电弧的引弧过程

维持电弧放电的条件:一方面,存在于放电间隙中的电子受电极电场的作用向阳极运动,到达阳极后进入阳极并通过导线形成电子流;另一方面,阳离子向阴极移动,在阴极表面与从阴极发射出来的电子复合,这样就在回路上形成了电流流动。为稳定地维持这一状态所需的条件是:①放电间隙内带电粒子的生成;②保持阴极、阳极与电弧间电流的连续性。

3.1.2　焊接电弧的构造及其特性

1. 焊接电弧的构造

焊接电弧由阴极区、阳极区和弧柱区三部分组成,如图 3-4。由于各个区域的电过程特点不同,因此各区域所放出的能量及温度的分布也是不相同的。

(1)阴极区

电弧紧靠负电极的区域称为阴极区,阴极区的长度很小,为 $10^{-5}\sim10^{-6}$ cm。在这个区域中电压降较大,约为电弧介质的电离电位。阴极被认为是电子之源,它向弧柱提供 99.9%的带电粒子(电子)。阴极发射电子的能力对电弧稳定性影响极大。在阴极区的阴极表面有一个明显的光斑点,它是电弧放电时,负电极表面集中发射电子的微小区域,称为阴极斑点。阴极斑点的温度很高,通常为 2 430~4 730 ℃,一般和电极材料的沸点相当。

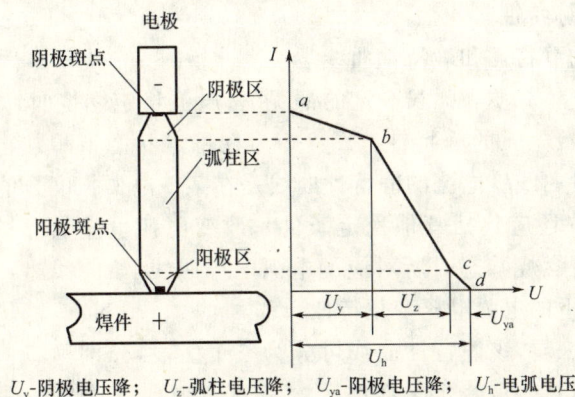

U_y-阴极电压降;　U_z-弧柱电压降;　U_{ya}-阳极电压降;　U_h-电弧电压

图 3-4　电弧构造与电弧电压分布

(2)阳极区

电弧紧靠正电极的区域称为阳极区,阳极区稍长,通常阳极区的长度为 $10^{-2}\sim10^{-4}$ cm。在阳极区的阳极表面也有光亮的斑点,它是电弧放电时,正电极表面上集中接收电子的微小区域,称为阳极斑点。阳极区不发射电子,主要是接受电子,但还应向弧柱提供 0.1%的带电粒子(正离子)。阳极不发射电子,消耗能量少,因此在和阴极材料相同时,阳极区的温度略高于阴极区。阳极区的温度一般达 2 330~3 930 ℃,放出的热量占 43%左右。

阳极区的电压降小,而它的长度又比阴极区大,所以它的电场强度比阴极区小得多。

(3)弧柱区

电弧阳极区和阴极区之间的部分称为弧柱区。它的长度比阴极区和阳极区大得多,占弧长的绝大部分,因此弧柱区的长度基本等于电弧长度。

弧柱区呈电中性;它是由分子、原子、受激的原子、正离子、负离子及电子所组成,其中带正电荷的离子与带负电荷的离子几乎相等,所以又称为等离子体。带电的粒子在等离子体内定向移动,基本上不消耗能量,所以才能够在低电压条件下传输大电流。传输电流的主要带电粒子是电子,大约占带电粒子总数的 99.9%,其余为正离子。

弧柱中所进行的电过程较复杂,而且它的温度不受材料沸点的限制,因此弧柱中心温度可达 5 730~7 730 ℃,发出热量占 27%左右(焊条电弧焊)。弧柱的温度与弧柱中气体介质、焊接电流的大小等因素有关;电流越大,弧柱中电离程度也越大,弧柱温度也越高。

电弧电压是指产生电弧时两电极之间的电压,是上述三个部分的电压降之和,与电弧电流和电弧长度有关,由下式表示:

$$U_h=U_y+U_{ya}+U_z=a+bl_h$$

式中　U_h——电弧电压（V）；

　　　U_y——阴极电压降（V）；

　　　U_{ya}——阳极电压降（V）；

　　　U_z——弧柱电压降（V）；

　　　a——阴极电压降与阳极电压降之和，即 $a=U_y+U_{ya}$（V）；

　　　b——单位长度的弧柱压降，一般为 $20\sim40$ V/cm；

　　　l_h——电弧长度（cm）。

2. 焊接电弧的静特性

（1）焊接电弧的静特性和静特性曲线

在电极材料、气体介质和弧长一定的情况下，电弧稳定燃烧时，焊接电流与电弧电压变化的关系称为焊接电弧的静特性。图 3-5 为在稳定状态下焊接电弧的电流—电压特性，称作电弧静特性曲线。电流的静特性曲线是在某一电弧长度数值下，在稳定的保护气流量和电极条件下（还应包括其他稳定条件），改变电弧电流数值，在电弧达到稳定燃烧状态时所对应的电弧电压曲线，该曲线反应的是一定条件下的电弧电压变化特征。

从一般性特征来看，该静特性曲线可分为三个区段，分别称为下降特性区（负阻特性区）、水平特性区、上升特性区。三个特性区的特点是由于电弧自身性质所确定的，主要和电弧自身形态、所处环境、电弧产热与散热平衡等有关。

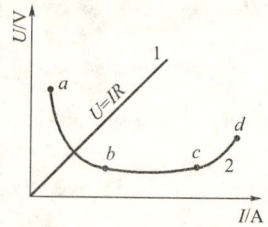

图 3-5　电弧的静特性曲线

①在电流较小时，即图中曲线 ab 段，随着电流的增加，电弧电压急剧下降，因此被称为下降特性区，也称为负阻特性区。在这个阶段，因为电流较小，弧柱的电流密度基本不变，弧柱断面将随电流的增加而增加，若电流增加 4 倍，弧柱断面也增加 4 倍，而弧柱周长只增加 2 倍，使电弧向周围空间散失热量只增加 2 倍。减少了散热，提高了电弧温度和电离程度，因电流密度不变，必然使电弧电场强度下降。因此，在此区段内，随着电弧电流的增加，电弧电压下降。

②当电流稍大时，即图中曲线 bc 段，焊丝金属将产生金属蒸气的发射，同时要消耗电弧的能量。此时电弧的能量不仅有周边上的散热损失，而且还有金属蒸气能量的消耗。这些能量消耗将随电流的增加而增加，因此在某一电流区间可以保持电场强度不变，即电弧电压不变，使本区段基本呈水平直线，因此被称为水平特性区。

③当电流从曲线 c 点继续增加时，金属蒸气的发射作用进一步加强，同时因电磁收缩力的作用，电弧断面不能随电流的增加成比例的增加，电弧的电导率将减小，要保证一定的电流则要求较大的电场强度。所以在大电流区间，随着电流的增加，电弧电压升高，本区段呈上升曲线，因此被称为上升特性区。

（2）影响焊接电弧静特性的因素

①电弧长度的影响。电弧长度改变时，主要是弧柱区长度发生变化，而阴极区和阳极区的长度并不发生显著变化，整个弧柱的压降增加时，电弧电压当然也将增加，电弧静特性曲线的位置将提高。另外，当电流一定时，电弧长度增加，电弧电压将随之增加。

②周围气体种类的影响。周围气体对电弧静特性有显著的影响，这种影响也是通过对弧柱的电场强度的影响表现出来的。气体种类对电弧电压的不同影响主要有两个方面

的原因:一是气体的电离能不同;二是气体的热物理性能不同。但是实际的结果说明,第二个原因往往是主要的。气体的导热系数、气体的解离及解离能等对电弧电压起决定性的影响。

③周围气体介质压力的影响。其他参数不变,气体介质压力的变化将引起电弧电压的变化,即引起电弧静特性的变化。气体压力增加,意味着气体粒子密度的增加,气体粒子通过散乱运动从电弧带走的总热量增加,因此,气体压力越大,冷却作用就越强,电弧压力就越高。

(3)焊接电弧的稳定性

焊接电弧的稳定性是指电弧电压和焊接电流能否保持相对稳定,同时在电弧燃烧过程中,电弧能否保持一定的弧长,不偏吹、不摇摆、不熄灭。电弧燃烧稳定与否对焊接的质量影响很大,从而也影响到产品质量。影响焊接电弧稳定性的因素除操作技术外,主要有以下几个方面:

①焊接电源

焊接电源种类和极性都会影响电弧的稳定性。使用直流电焊接的电弧要比使用交流电焊接的电弧稳定;空载电压较高的焊接电源其电弧燃烧比空载电压低的稳定;有良好动特性的焊剂容易保证电弧稳定燃烧。

采用直流电焊接时,由于焊机有正、负两极,因而有两种不同的接法:将焊件接到电焊机的正极,焊条接至负极,这种方法叫作正接极,又称正极性。反之将焊件接至负极,焊条接至正极,这种方法叫作反接极,或称反极性,如图 3-6 所示。通常应根据焊条性质和焊件厚度来选用不同的接法。如用碱性焊条时,必须采用直流反接极,这样才能使电弧燃烧稳定。

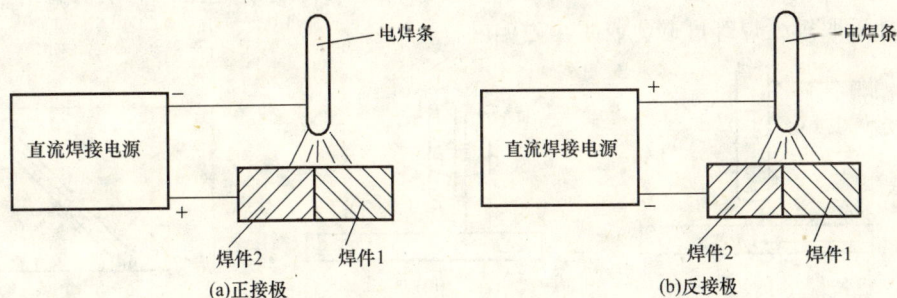

图 3-6　用直流电焊机时极性的不同接法

②焊条药皮

通常厚药皮焊条的稳定性比薄药皮的好。药皮受潮的焊条电弧稳定性很差。当焊条药皮偏心(即焊条药皮薄厚不均匀)时,容易引起电弧偏吹,并且药皮局部剥落的焊条其电弧偏吹较之偏心焊条更为严重。

当焊条药皮中含有较多氟化物时,由于在气体电离过程中容易获得电子而形成负离子,使自由电子大量减少,而且负离子还能与正离子结合成中性质点,使电弧的导电性变差,因而降低了电弧的稳定性。当焊条药皮中含有较多低电离电位元素(如钾、钠等)或它们的化合物时,容易保证电弧燃烧稳定。

③气流

在大风或狭小的缝隙以及露天（如室外船台）的环境中进行焊接时，会产生较大的气流，引起电弧偏吹，使焊接困难。为了防止气流的影响，应使用屏板、帐幕等来掩护焊接处，保证焊接电弧的稳定性。

④焊接处不清洁

当焊接处有油漆、铁锈、水及油污时，这些物质在焊接过程中会使气体电离程度降低，并且会吸热分解，严重影响焊接电弧稳定燃烧。

⑤电弧的磁偏吹

正常状态下，电弧的轴线与焊条轴线是一致的，但有时发现电弧会偏离焊条中心线而形成磁偏吹。磁偏吹是由电弧周围不平衡的磁场引起的，而磁场的不平衡情况大部分是由于电弧周围导磁物质的不对称，或离地线接入点距离的变化所造成，如图 3-7（a）所示。这种不平衡因电流方向（从电极流出通过电弧进入工件）的变化而时刻存在。直流电通过导体（焊条或焊条和焊缝之间的离子气流）在导体周围产生磁场或磁力线，磁力线的密度随着与导体距离的增加而减小。如果改变介质，比如从金属到空气，磁力线将因为在金属中的磁阻较小而偏向金属一边，在钢材边缘与空气交接处产生压缩变形，对焊接电弧产生推力，电弧为了保持磁力平衡而向着磁场较弱的一方发生偏移。此外，当电弧附近有铁磁物质存在时，也会发生磁偏吹。如图 3-7（b），部分磁力线通过铁磁物质，使近铁磁物质一侧的磁力线减少，也会出现不平衡的磁力，使电弧偏向铁磁物质一侧。

在焊接过程中，为了防止和减少电弧的磁偏吹现象，可以从工艺方面采取以下方法：a.适当减小焊接电流，焊接电流越大，磁偏吹越严重，减小电流能够减小磁偏吹；b.在焊缝的两端及沿焊缝的方向进行点焊，尤其是在夹具对焊件的装夹不紧固时；c.适当调整焊条的倾斜角度，使焊条朝电弧偏吹方向倾斜（如图 3-8）；d.尽可能使弧柱周围的磁力线分布均匀；e.采取短弧焊等可避免或减少磁偏吹。

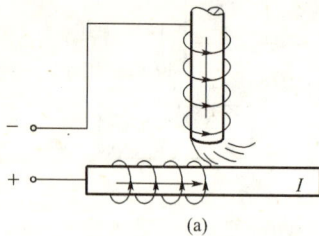

图 3-7 接地线和磁铁物质对电弧偏吹的影响   图 3-8 倾斜焊条抵消电弧的磁偏吹

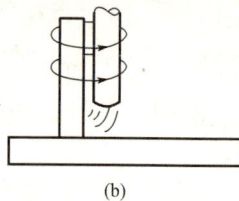

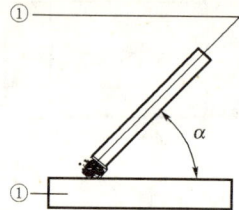

3.2 焊缝的形成过程

评价焊接质量的好坏主要依据焊接接头中焊缝的质量。焊缝的形成是指在焊接电弧的高温作用下，焊条端部金属熔化形成熔滴，母材（或焊件）也局部熔化，形成熔池，熔池经熔滴填满，冷却后形成焊缝。在熔池上部充满大量气体和熔渣，使熔池金属得到保护，也使焊缝金属的性能得到改善。电弧焊过程示意图如图 3-9 所示。从焊缝形成的过程可见，焊接电弧的热功率、焊条金属的熔化和过渡以及焊缝金属的形成等都会对焊缝质量产生影响。

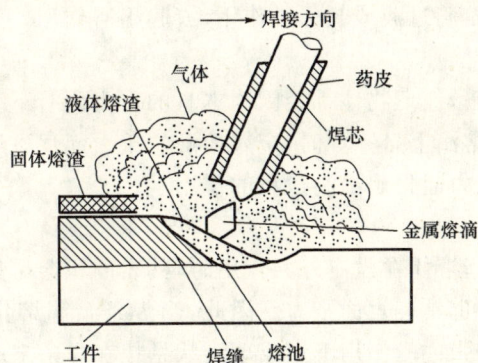

图 3-9　电弧焊过程示意图

3.2.1　焊接电弧的有效热功率

形成焊缝的首要条件是电弧放电，产生热量。单位时间内（秒）焊接电弧所产生的热量叫做焊接电弧的热功率，可用 q_0 来表示。

$$q_0 = 0.24 U_h I_h (\text{cal/s})$$

式中　U_h——焊接电弧电压（V）；

I_h——焊接电流强度（A）。

但是电弧的热功率不是全部有效地用来加热焊件和焊条，而是有相当一部分损失掉了，例如周围空间损失、飞溅损失、母材吸收等，真正用于焊接的热能仅为电弧热功率的一部分，这一部分成为焊接电弧的有效热功率 q，即

$$q = q_0 \cdot \eta_u = 0.24 U_h I_h \eta_u$$

式中　q——单位时间内作用于焊件的有效热量（cal/s）；

η_u——热效率。

使用不同的焊接方法时，电弧热量损失有所不同，因此焊接电弧热效率因焊接方法不同而不同，表 3-3 列举了不同焊接方法的热效率值。

表 3-3　　　　　　　　　　　　不同焊接方法的热效率值

焊接方法	埋弧自动焊	氩弧自动焊	金属极手弧焊	碳弧焊
热效率（%）	80～95	70～80	70～85	50～70

3.2.2　焊条金属的熔化和过渡

在焊接过程中，焊条的焊芯本身熔化，作为填充金属与液体母材金属熔合而形成焊缝，焊芯金属占整个焊缝金属的一部分。因而焊条金属的熔化和过渡是焊缝形成过程中的一个重要影响因素。

1. 熔滴过渡的作用力

焊接时，电流通过焊芯产生电阻热，使焊芯预热（通常可达 $600～700\ ℃$ 以上），同时在电弧的直接作用下，焊条端部受热迅速熔化。在这两部分热量中，电弧热是使焊条熔化的主要热源。焊条端部金属熔化形成熔滴，并在各种力的作用下脱离焊丝进入熔池，这个过程称为熔滴过渡。熔滴过渡现象十分复杂，对焊接过程的稳定性、焊缝成形、飞溅及焊接接头的质量有很大影响，因而了解熔滴过渡的规律，才能掌握好焊接工艺。

如上所述，焊条端部金属熔化形成熔滴，并在各种力的作用下脱离焊丝进入熔池，发

生熔滴过渡。这些力对熔滴过渡或起促进作用,或起阻碍作用,下面分别加以分析。

（1）熔滴的重力

在地心引力的作用下,任何物体都会因为本身的重力而有下垂的倾向,这种情况也同样发生在焊接时的金属熔滴上。平焊时,金属熔滴的重力起促进熔滴过渡的作用,但是在仰焊和立焊时,熔滴的重力起阻碍熔滴过渡的作用。

（2）表面张力

液体的表面张力是指液体在没有外力作用时,其表面积会尽量减小,聚集成球形。液体金属像其他液体一样,也具有表面张力。因此,当焊条金属熔化后,其液体金属并不会马上掉下来,而是在表面张力的作用下形成球滴状悬挂在焊条末端,只有当其他力超过表面张力时,才能使熔滴过渡到熔池中去。所以,表面张力不利于平焊时的熔滴过渡。但在仰焊或其他位置焊接时,却有利于熔滴过渡。原因是:其一,熔滴金属不易滴落;其二,当焊条末端的熔滴与熔池液体金属接触时,会由于表面张力的作用将熔滴拉入熔池。

表面张力的大小与许多因素有关,如焊条直径越大,熔滴尺寸也越大,熔滴表面张力也增加;液体金属温度越高,其表面张力越小;在焊丝内加入一定的活性物质或在保护气体中加入氧化性气体,可以显著降低液体金属的表面张力,有利于形成细颗粒熔滴向熔池过渡。

（3）电弧气体的吹力

在焊条电弧焊时,焊条药皮的熔化稍微落后于焊芯的熔化,因此在焊条末端形成一小段未熔化的喇叭形套管(如图 3-10 所示),套管内有大量药皮造气剂生成的气体。这些气体因受热而急剧膨胀,顺着套管方冲出,喷向焊件,将熔滴吹送到熔池,即气体吹送力。所以不论焊缝的空间位置怎样,这种气流都有利于熔滴金属的过渡。

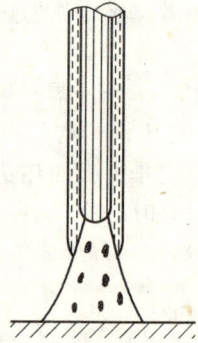

图 3-10　沿套管形成的气体吹送力

（4）电磁力

焊接时焊条上通过很大的电流,由于电流可以看成是许多同向平行的小电流,根据电磁学中平行电流磁场的原理,同向平行电流是彼此吸引的,即对通电导体有一个径向收缩力(磁缩力),使焊条横截面具有缩小的倾向(如图 3-11 所示),这个电磁力对焊条未熔化部分没有什么影响,但对熔化的金属则有显著的压缩作用。特别是在焊条末端与熔滴之间的细颈部分,电流密度最大,电磁力也最大,它能够促使熔滴脱离焊条端部向熔池过渡。

另外,因为焊条金属的电流密度大于焊件的电流密度,所以在焊条上所产生的磁场强度要大于焊件产生的磁场强度,因此产生了一个沿焊条纵向的电磁力,作用方向是从磁场强度大的方向向磁场强度小的方向作用。所以这个纵向的力无论焊缝的空间位置如何,始终有利于熔滴向熔池过渡。

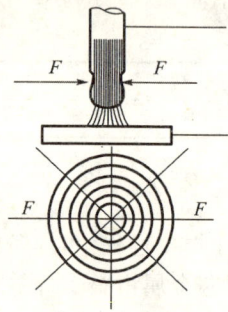

图 3-11　电磁线在焊条上的收缩作用

（5）极点压力

焊接电弧中的带电粒子主要是电子和阳离子。在电场作用下,电子向阳极运动,阳离子向阴极运动,这些带电质点撞击在两极的斑点上,便产生了机械压力,称为极点压力。

它是阻碍熔滴过渡的力,在直流正接时,阻碍熔滴过渡的是阳离子引起的极点压力,在直流反接时,阻碍熔滴过渡的是电子引起的极点压力。由于阳离子的质量比电子大,所以阳离子流的压力要比电子流的压力大,因此,反接时容易产生细颗粒过渡,而正接时则不容易产生细颗粒过渡。

综上所述,熔滴的过渡及其粒度大小受上面五种力的制约,而这些力又与许多因素有关,例如:

①焊接电流。在几个主要作用力中,除了重力外,其余都受电流的影响。当焊接电流增加时,熔滴表面张力减小,同时电磁力和气体吹送力增加,熔滴就会变细,从而使过渡频率和速度加快。

②焊丝直径。在其他条件保持不变的情况下,焊丝直径增大,则熔滴尺寸增大,表面张力也增大,而电磁力相对减小,因此,熔滴脱离焊丝末端就越困难,从而使熔滴过渡频率和速度相对降低。

③药皮成分。在高温时,焊条药皮中一些活性金属元素被氧化成熔渣包围在熔滴表面,这些氧化物降低熔滴表面张力,致使熔滴变小。

2. 熔滴过渡形式

电弧焊中,熔滴的过渡有四种形式,即短路过渡、颗粒过渡、射流过渡和旋转射流过渡。

(1)短路过渡

短路过渡是焊条末端的熔滴与熔池短路接触,由于强烈过热和磁收缩作用而使熔滴爆断,直接向熔池过渡的形式。短路过渡时,熔化金属首先集中在焊条下端,并开始形成熔滴,然后熔滴加大,顶部变细拉长,这时颈部电流密度加大,电磁力促进颈部继续下延。当熔滴与熔池接触时发生短路,电弧熄灭,短路电流迅速增长,并在重力、表面张力和气体吹力等共同作用下,颈缩部分爆断,熔滴落入熔池。在颈缩断开的瞬间,电源电压很快恢复到引弧电压,于是电弧又重新引燃,焊条末端又出现熔滴,重复上述过程(如图 3-12 所示)。

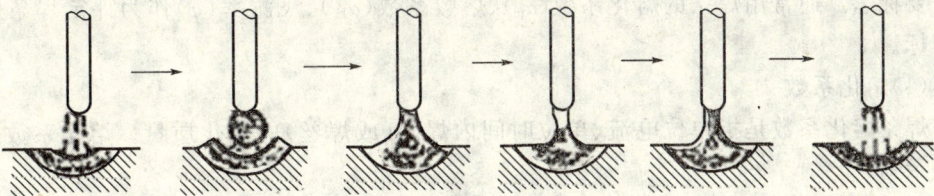

图 3-12　短路过渡过程图

(2)颗粒过渡

颗粒过渡是在弧长超过一定值时,熔滴呈颗粒状自由地向熔池过渡的一种形式(如图 3-13)。根据过渡熔滴的大小,颗粒过渡又可以分为粗颗粒过渡和细颗粒过渡。粗颗粒过渡电弧不稳,飞溅大,焊缝成形不好,焊接时不宜采用。焊接时过渡熔滴的大小主要取决于焊接电流,电流越大,熔滴越细小。此外,熔滴的大小还受电流极性、保护气体、焊剂和药皮成分的影响。

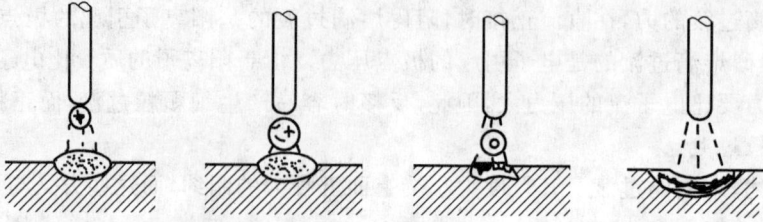

图 3-13　颗粒过渡过程图

（3）射流过渡

射流过渡是熔滴呈细小颗粒并以喷射状态快速通过电弧空间向熔池过渡的形式（如图 3-14）。当电流增大到某一数值后，熔滴就从颗粒过渡转为射流过渡，这个电流值称为临界电流。射流过渡时，极微小熔滴以喷射状态如水流般冲向熔池，完成焊接过程。射流过渡具有电弧稳定、飞溅少、熔深大、焊缝成形好及生产率高等优点。在熔化极氩弧焊中，当采用大电流反接的情况下，熔滴常呈射流形式过渡。

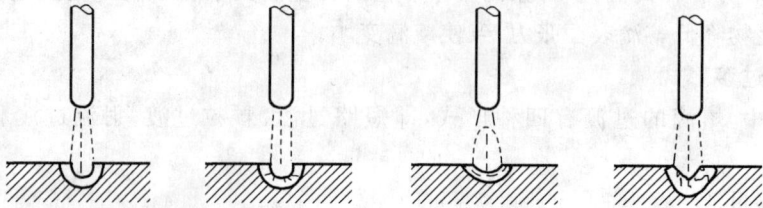

图 3-14　射流过渡过程图

（4）旋转射流过渡

在惰性气体保护焊和熔化极等离子焊时，获得射流过渡后继续增加电流到某临界值会产生一种新的过渡形式，即旋转射流过渡。其特点是熔滴作高速螺旋运动，过渡频率高达每秒 3 000 多滴，熔滴极细。

3. 焊条的熔化、熔敷和飞溅

焊条金属在焊缝所占的比例在 30%～80% 范围，所以焊条的熔化速度是焊接生产率的重要标志。通常用焊条的熔化系数（α_p）、熔敷系数（α_H）、飞溅率（φ）作为评定焊条质量的指标。

（1）熔化系数

焊条熔化系数是指单位电流、单位时间内焊芯（或焊丝）的熔化质量。熔化系数（α_p）可表示为

$$\alpha_p = \frac{G_p}{I_h t} \times 3\ 600\ (g/A \cdot h)$$

式中　t——焊条熔化时间（s）；

　　　I_h——焊接电流（A）；

　　　G_p——在 t 时间内，焊芯（或焊丝）金属熔化的质量（g）。

影响焊芯（或焊丝）熔化系数的因素主要是焊条药皮成分、电弧电压和直流焊接中的极性。

（2）熔敷系数

焊芯（或焊丝）熔化的金属并非全部进入熔池里面，其中一部分向周围飞溅损失掉了。

实际落入熔池中的焊条金属量用熔敷系数(α_H)表示。熔敷系数指单位电流、单位时间内焊芯(或焊丝)熔敷到焊件上的金属质量,即

$$\alpha_H = \frac{G_H}{I_h t} \times 3\ 600\ (g/A \cdot h)$$

式中　　t——焊条熔化时间(s);

　　　　I_h——焊接电流(A);

　　　　G_H——在 t 时间内,实际熔敷到焊件上的焊芯(或焊丝)金属质量(g)。

熔敷系数的大小同熔化系数一样,主要受药皮类型的影响。

(3)飞溅率

飞溅率(φ)表示焊芯(或焊丝)熔敷过程中,因飞溅损失的金属质量与熔化的焊芯(或焊丝)的金属质量的百分比,用下面的式子表示:

$$\varphi = \frac{G_p - G_H}{G_p} \times 100\%$$

上述三个系数中能够反映生产率的是熔敷系数。表 3-4 为几种常用焊条的熔化系数、熔敷系数和飞溅率值。

表 3-4　　　　　　　　　　几种常用焊条的 α_p、α_H 和 φ 值

焊条牌号	α_p(g/A·h)	α_H(g/A·h)	φ(%)
E4303	9.16	8.25	9.9
E4301	10.1	9.7	4.0
E4322	9.1	8.2	9.9
E5015	9.06	8.49	6.3

3.2.3　焊缝金属的形成

1.焊缝金属的结晶过程

通常把液态金属或合金冷却至熔点以下时转变为固体的过程称为结晶。由焊接熔池形成焊缝的结晶过程可以具体分为焊接熔池的一次结晶过程和焊缝金属的二次结晶过程。

(1)一次结晶

在焊接热源的作用下,熔化的母材和熔融的填充金属混合在一起,形成焊接熔池,与此同时进行了短暂而复杂的冶金反应。当热源离开以后,熔池金属便开始结晶。熔池金属从液态转变成固态金属时的结晶过程叫一次结晶。一次结晶是通过生成晶核及晶核长大两个过程进行的。晶核的生成和长大与冷却速度有关,冷却速度越大,金属的过冷度越大,生成的晶核就越多。一次结晶首先从熔池与焊件未熔化的交界面(即熔合线)开始。因为在这个交界面处温差较大,焊缝金属结晶以现成的晶核为核心,液体金属以这些晶粒表面为基础,成长为"束状"的金属晶体,此种结晶叫做联生结晶,如图 3-15 所示。

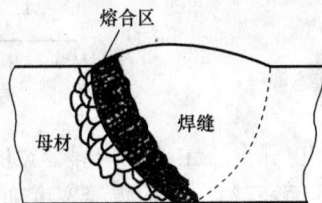

图 3-15　联生结晶

从焊缝横断面来看,由于熔池的散热方向垂直于熔合线,焊缝金属结晶方向也垂直于熔合线,并指向焊缝中心,最后树枝状结晶汇集于焊缝中心。

在焊接时离焊缝不同距离的母材上的各点,它们被加热的最高温度不同,与热处理类

似,对母材的组织和性能有所影响。焊缝两侧受焊接热作用,发生了组织变化和机械性能变化的母材部分称为热影响区。即一次结晶结束,熔池就转变为固态的焊缝。

以低碳钢为例,一次结晶结束时形成含碳量小于 0.07% 的 δ-Fe 组织。当焊缝金属继续冷却到温度低于 $1\,486\,℃$ 时,开始发生 δ-Fe→γ-Fe 的转变,即形成奥氏体组织。一次结晶由于冷却速度较快,结晶速度快,因此会产生合金元素来不及扩散而使成分不均匀,这种成分不均匀的现象就是晶内偏析。晶内偏析由于化学成分不均匀而导致性能发生变化。一次结晶过程中也很容易造成杂质元素(S、P)偏聚在焊缝中心,形成低熔点共晶物而产生热裂纹或弧坑裂纹。

(2)二次结晶

熔池金属凝固后,高温的固态焊缝金属冷却到室温还要经过一系列的相变过程,这种相变过程就称为焊缝金属的二次结晶。焊缝熔池金属一次结晶后的组织基本是柱状的奥氏体。随着温度的降低,奥氏体发生转变,转变的结果与化学成分、冷却速度及热处理规范有关。当温度达到 Ac_3 时发生了 γ-Fe→α-Fe 的转变,温度再降低至 $723\,℃$ 时,余下的奥氏体转变分解为珠光体,此时钢的组织为铁素体和珠光体。低碳钢由高温冷却下来的组织变化如图 3-16 所示。

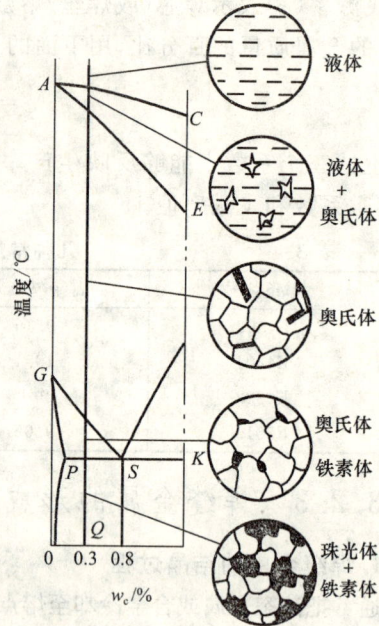

图 3-16　结晶过程中的组织变化示意图

2. 焊缝的几何参数

焊缝的几何参数指的是熔深 H、焊缝宽度 B 和余高 e,这些尺寸与焊接规范、焊接质量有密切关系。图 3-17 是焊缝的横截面图。

焊接电流主要影响熔深。焊接电流越大,电弧的热功率越大,热能增加,同时电弧吹力增加,所以熔深增大。

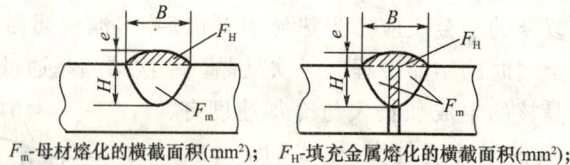

F_m-母材熔化的横截面积(mm²)；　F_H-填充金属熔化的横截面积(mm²)；

图 3-17　焊缝的横截面

电弧电压主要影响焊缝宽度。电弧越长,电压越高,电弧在焊件上的覆盖面积越大,加热面积越宽,因而焊缝宽度加大,同时焊缝余高减小,熔深也减小。

在单道焊缝横截面上,焊缝宽度与熔深之比叫做焊缝成形系数,可用公式表示为

$$\varphi = \frac{B}{H}$$

焊缝的成形系数对焊缝质量有一定影响。φ 较大时,意味着焊缝宽度大而熔深浅,而 φ 过大,则可能产生未焊透；当 φ 较小时,意味着焊缝宽度小而熔深大,焊缝截面窄而深,

这种焊缝结晶时,杂质不易全部浮出,且聚集在焊缝截面中心,往往容易出现焊接缺陷(气孔、夹渣和裂纹)。熔焊较适宜的成形系数 φ 为 $1\sim2$。

3.3　焊接接头的组织及其力学性能

3.3.1　焊接接头的组织

焊件在热能的作用下熔化形成熔池,热源离开熔池后,熔化金属(熔池里的母材金属和填充金属)冷却并结晶,与母材连成一体,即形成焊接接头。焊接接头由两个主要部分构成,即焊缝和热影响区。

焊缝金属是由焊接材料与部分母材经过熔化冷凝形成的冶金组织,经过两次结晶后,其组织为铁素体和珠光体。它是从母材开始垂直于等温线方向结晶长大的。从宏观上看,焊缝的结晶形态主要是柱状晶和少量的等轴晶,如图 3-18 所示。

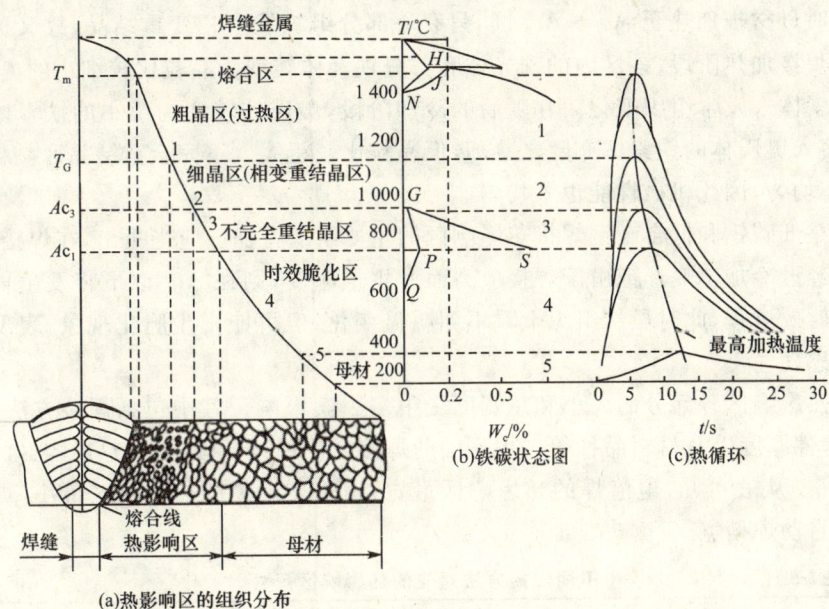

图 3-18　焊接热影响区的温度分布与状态图的关系

焊接过程中,焊缝两侧虽未熔化,但由于焊接热循环的作用,热影响区上金属经受了一次相当于热处理的过程。由于母材的成分不同,热影响区各点经受的热循环不同,所以焊后热影响区的组织和性能变化也不同。

图 3-18 所示的是焊接热影响区的温度分布与状态图的关系。根据热影响区金属经受加热温度区间的不同以及加热时组织变化的情况,热影响区可以细分为熔合区、粗晶区、细晶区和不完全重结晶区。下面介绍热影响区的组织和性能。

1. 熔合区

熔合线附近部分温度处于液相线与固相线之间,该区被加热温度高,晶粒粗大,化学成分与组织不均匀,冷却后为过热组织。熔合区区域很窄,显微镜下也不易区分。由于化学成分和组织的不均匀,所以对焊接接头的强度和韧性都有很大影响,在许多情况下熔合区是产生裂纹和脆性破坏的发源地,应当引起重视。

2. 粗晶区(过热区)

温度在 Ac_3+50 ℃至固相线以下,金属处于过热状态,奥氏体晶粒发生了严重长大现象,冷却后得到粗大晶粒组织。一般情况下,低碳钢焊后晶粒度为 1~2 级,造船材料晶粒度要求为 5 级,在电渣焊和气焊条件下,常形成魏氏组织。粗晶区韧性很低,通常冲击韧性要降低 20%~30%,但强度变化不大,因此,焊接刚度较大的结构时,常在此区产生脆化和裂纹。

3. 细晶区(相变重结晶区)

焊接过程中,当母材金属被加热至 Ac_3+30 ℃~Ac_3+50 ℃时,珠光体和铁素体全部转变为奥氏体,由于焊接时加热速度快,高温停留时间短,所以奥氏体晶粒还未长大。而在随后的冷却过程中,因奥氏体的分解便得到均匀细小的铁素体和珠光体,相当于热处理的正火组织,故也称为正火区或相变重结晶区。此区的塑性和韧性都比较好。

4. 不完全重结晶区(部分相变区)

焊接时母材被加热至 Ac_1~Ac_3 间,只有一部分组织发生相变重结晶,故又称部分相变区。在焊接加热阶段,该区内的珠光体和部分铁素体转变为晶粒比较细小的奥氏体,但有部分铁素体未发生组织变化。在随后的冷却阶段,奥氏体转变为细小的铁素体和珠光体,而未溶入奥氏体的铁素体亦随之冷却,但晶粒比较粗大。不完全重结晶区晶粒大小不一,组织不均匀,因此机械性能也不均匀。

以上是低碳钢和低合金钢焊接热影响区的主要组织特征。应当指出,在焊接过程中,如果母材经过冷加工变形或由于焊接应力而产生了应变,则在 Ac_1 以下将发生再结晶过程和应变时效过程,此时虽然组织上看不到明显变化,但可能发生脆化现象,表现出较强的缺口敏感性。

焊接热影响区各部分的大小和总宽度受很多因素影响。其中包括焊接方法、焊接工艺参数、焊件厚度以及材料品种等。用不同的焊接方法焊接低碳钢时,热影响区的尺寸可参照表 3-5。从表可知,电渣焊的热影响区最宽,埋弧自动焊的热影响区最小,焊条电弧焊比埋弧自动焊稍宽。

表 3-5 不同焊接方法对应的热影响区尺寸

焊接方法	各区的平均尺寸(mm)			总宽度(mm)
	粗晶区	细晶区	不完全重结晶区	
焊条电弧焊	2.2~3.0	1.5~2.5	2.2~3.0	6.0~8.5
埋弧自动焊	0.8~1.2	0.8~1.7	0.7~1.0	2.3~4.0
电渣焊	18.0~20.0	5.0~7.0	2.0~3.0	25.0~30.0
氧乙炔气焊	21.0	4.0	2.0	27.0
真空电子束焊	—	—	—	0.05~0.75

3.3.2 焊接接头的力学性能

由于焊接热影响区的组织分布不同,所以各区的性能也必然不同。焊接热影响区的性能主要是指硬度分布、常温机械性能及在腐蚀条件下的疲劳性能等。

焊接热影响区金属的力学性能与母材的化学成分和焊接工艺有关。图 3-19 为低碳钢和合金高强钢模拟焊接热循环试样的力学性能变化。由图 3-19 可见，当加热温度在 Ac_3 以上，直至生成粗晶区段中，强度显著升高，而塑性降低。但在部分相变区内，由于晶粒大小极不均匀，故屈服强度有所下降。在细晶区内，由于组织均匀细小，故有较高强度，又有相当塑性，所以该区综合力学性能最好。晶粒粗大的粗晶区因有魏氏组织，塑性和韧性均大大降低。

低碳钢焊接热影响区的硬度分布如图 3-20 所示，在熔合线附近的粗晶区硬度达到最高值，离熔合区稍远，硬度迅速降低，形成硬度峰。离焊缝越远，硬度越接近母材。

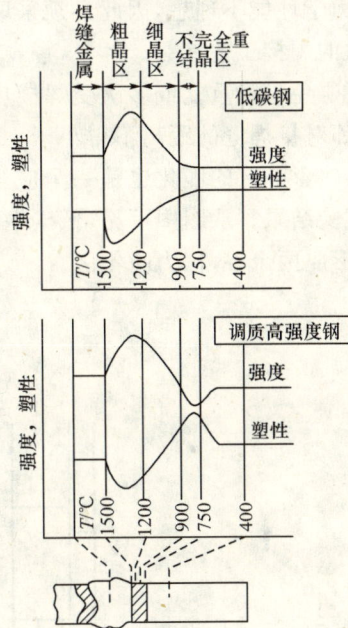

图 3-19　焊接热影响区力学性能（模拟焊接热循环试样）

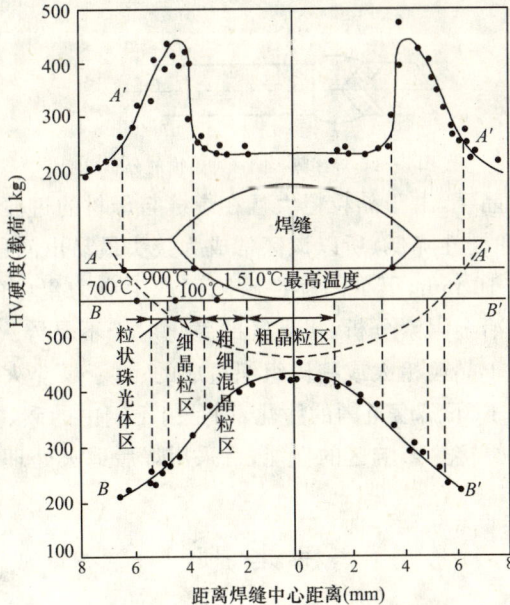

$(C=0.2\%, Mn=1.38\%, Si=0.23\%, \delta=20\ mm, E=15\ KJ/cm)$

图 3-20　低碳钢焊接热影响区硬度分布

焊接船用碳素钢时，如果焊接工艺参数控制合适，过热倾向不大，热影响区的尺寸很小，焊接接头的静力破坏试验、疲劳和冲击试验等性能都不低于母材。若焊接工艺参数选择不当，粗晶区的硬度（也包括强度指标）可升高 20%～30%，而塑性降低 1.0%～15%。

某些淬火倾向大的碳钢和合金高强钢焊接之后，在其热影响区可能产生硬脆的马氏体组织,力学性能不理想,因此必须采取一定措施。如焊接环境温度较低时应预热,或者采取较大的焊接工艺参数。

为了避免母材重复或多次受焊接热影响而使性能(塑性及韧性)降低,所以造船规范规定,相邻对接焊缝的距离不得小于 100 mm。

焊接热影响区的脆化也是一个应当引起注意的问题。图 3-21 为焊接热影响区内各段冲击试验结果。从图中可见,低碳钢粗晶区及 Ac_1 以下温度(400 ℃左右)的区域冲击值最低,形成两个谷,称为脆化区。

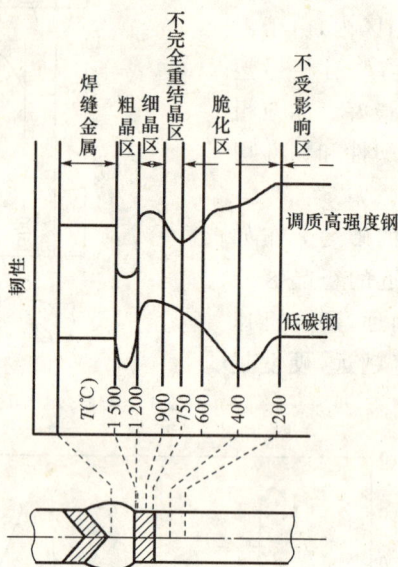

图 3-21　焊接热影响区冲击值的分布图

在熔合线附近的粗晶区,由于晶粒粗大且在焊缝与母材的过渡地带常有咬边等缺陷,导致应力集中,使塑性和韧性降低,所以该区常成为接头最易出问题的部位。而 Ac_1 以下的脆化区一般距焊缝约 10 mm,很少因存在缺陷而产生应力集中的现象,因此发生脆性破坏倾向较前者小。从冶金因素分析,粗晶区的脆化对于不易淬火钢(如低碳钢、某些低合金钢)来说,主要是由于晶粒粗大或魏氏组织造成的;对于易淬火钢来说,主要由于硬脆的淬火组织造成的,Ac_1 以下温度范围的脆化,则是由于钢中的碳、氮、氧等元素引起时效现象而造成的。为改善焊接热影响区的性能,可采用焊后退火处理。

思考题

3-1　焊接电弧的产生分为几个阶段?每个阶段的主要作用是什么?

3-2　什么叫做气体电离?产生气体电离的原因有哪些?

3-3　什么叫做阴极电子发射?引起阴极电子发射的原因有哪些?

3-4　焊接电弧的构造及温度分布如何?电弧电压由哪几部分组成?电弧电压与弧长有何关系?

3-5　焊接电弧的极性(或接法)有几种?怎样选用?

3-6　何谓焊接电弧的稳定性？影响焊接电弧稳定性的因素有哪些？

3-7　影响熔滴过渡的力有哪些？它们在焊接过程中的作用如何？

3-8　熔滴过渡的形式有哪几种？分别在什么情况下发生？

3-9　熔化系数、熔敷系数、飞溅率的含义是什么？哪个系数能真实反映生产率？

3-10　焊缝金属结晶的特征是什么？

3-11　焊缝的几何参数有几个？它们各受什么因素影响？

3-12　什么叫焊接热影响区？什么叫焊接接头？

3-13　焊接热影响区又细分为几个小区？各小区的金相组织及力学性能怎样？

第4章 焊条电弧焊

焊条电弧焊法是一种用手工操作焊条进行焊接的电弧焊方法。这种焊接方法使用的设备简单,操作灵活方便,能够适用于各种条件下的焊接,所以目前仍是造船工业中一种主要的焊接方法。

本章主要介绍焊条电弧焊的焊接接头及焊缝的形式、焊接工艺、焊接材料和焊条电弧焊机等四个问题。

4.1 焊接接头和焊缝的形式

船体是由板料、轧制或焊接的型材等类型的各个构件组成的,利用焊接将这些构件连接成一个整体。目前船舶结构中大多数焊接接头已经具有十分合理的形式,这是经过一段相当长的时期演变的结果。为了正确地设计焊接接头和焊缝,选择其中最合理的形式,就必须了解它们在设计上和工艺上的特点,以及它们在保证船体工程结构的强度和严密性方面的作用。这里,需要首先明确一下焊接接头和焊缝的概念。

焊接接头是由两个或两个以上零件要用焊接组合的接点;或指两个或两个以上零件用焊接方法连接的接头,包抱焊缝、熔合区、热影响区及母材。焊缝为填充金属与熔化的母材凝固后形成的区域。

从定义看出,焊接接头就是包括焊缝和临近焊缝并能决定接头的强度、几何形状及组织变化区等一定范围内的基体金属。焊缝的定义则着重指出了在焊接过程中金属受到高热,因而不可避免地要引起焊缝区域化学成分和金相组织不同于原来基体金属的变化。

4.1.1 焊接接头的形式

船体的板与板、骨架与骨架、板与骨架的焊接接头,根据各个相连构件的相互位置,可以分为下列四种基本形式:对接接头、T形接头、角接接头和搭接接头,如图 4-1 所示。

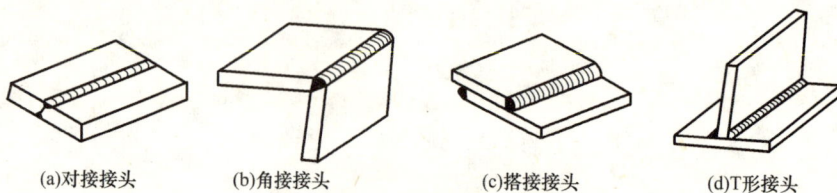

(a)对接接头　　　(b)角接接头　　　(c)搭接接头　　　(d)T形接头

图 4-1　焊接接头的基本形式

对接接头是将两块钢板的边缘相对配置,并使其表面成一直线而结合的接头。这种接头能承受较大的静力和震动载荷,所以是焊接结构中最常用的接头形式。

T 形接头是两个构件相互垂直或倾斜成一定角度而形成的焊接接头。这种接头焊接操作时比较困难,整个接头承受载荷的能力,特别是承受震动载荷的能力比较差。由于结构件组成的复杂多样性,这种接头在焊接结构中也是较为常见的形式之一。

角接接头是将两块钢板配置成直角或一定的角度,而在板的顶端边缘上焊接的接头。角接接头不仅用于板与板之间的有角度连接,也常用于管与板之间,或管与管之间的有角度连接。

搭接接头是将两块钢板相叠,而在相叠端的边缘采用塞焊、开槽焊的接头形式。这种接头的强度较低,只能用于不太重要的焊接构件中。《钢质海船入级规范》(2012)中规定,当骨材与肘板的连接采用搭接时,搭接长度应不小于骨材腹板高度的 1.25 倍,搭接的两端应施以连续角焊。

4.1.2　焊缝的形式

任何焊接接头都是利用焊缝构成的。按照焊缝结合形式不同,船体中的焊缝可归为三类:对接焊缝、角焊缝和塞焊缝,如图 4-2 所示。

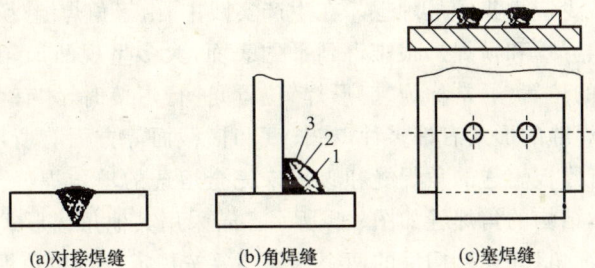

(a)对接焊缝　　　　(b)角焊缝　　　　(c)塞焊缝

图 4-2　焊缝的形式

对接焊缝是在焊件的坡口面间或一零件的坡口面与另一个零件表面间焊接的焊缝。坡口是根据设计和工艺需要,在焊件的待焊部位加工并装配成的一定形状的沟槽。在焊件待焊部位开坡口的目的一是有利于焊透,二是易于焊接。因为对接焊缝都是连续焊缝,并且是不渗透的,根据板厚及施工要求,板边常开有坡口,有卷边、I 形、V 形、X 形和 U 形等。各种坡口形状及其适用的板厚如图 4-3 所示。

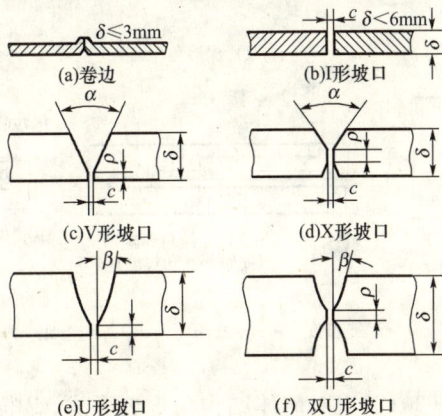

(a)卷边　　　　　　(b)I形坡口

(c)V形坡口　　　　(d)X形坡口

(e)U形坡口　　　　(f) 双U形坡口

图 4-3　对接焊缝坡口形式

坡口形状由下列要素表示:坡口面角度 α、坡口角度 β、钝边高度 ρ 和间隙 c。这些要素对于焊缝的正确成形具有重要作用。

坡口面角度 α 或坡口角度 β 的作用是便于焊条伸入,以保证根部焊透;钝边高度 ρ 的作用在于防止间隙发生变化时板材烧穿或液态金属流出;间隙 c 的作用是保证焊缝根部焊透。

对于不同厚度钢板在焊接时,除按规定采用上述接头外,当两板厚度差大于 4 mm 时,根据规定应将厚板边缘加工成斜边,斜边长度不小于厚度差的 4 倍,以使其均匀过渡,如图 4-4 所示。

在国家标准 GB985-80 和 GB986-80 中,分别对手弧焊焊缝、自动及半自动焊焊缝坡口尺寸进行了规定,设计时可以参考。

角焊缝是沿两直角或近直角零件的交线所焊接的焊缝。角焊缝的表面有平的(见图 4-2(b)之线 2)、凸的(线 3)和凹的(线 1)。从结构受力来说,平的比

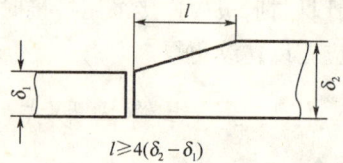

$$l \geqslant 4(\delta_2 - \delta_1)$$

图 4-4 不同厚度金属材料对接的过渡形式

凸的好,凹的对于减少应力集中最理想。在生产实践中,由于角焊缝处于各种不同的空间位置(如平焊、仰焊、立焊和横焊),很难得到平的表面,大多呈现凸形,T 形接头的角焊缝置于与铅垂面对称的位置(通常称为"船形焊"位置)进行焊接时,才有可能获得凹面的角焊缝。T 形接头角焊缝的形式有许多种,在长度和横截面等方面有所不同。有连续角焊缝和间断角焊缝,有腹板熔透的角焊缝和腹板未完全熔透的填角焊缝。船体角焊缝通常应为双面焊接,船体结构的角焊缝如图 4-5 所示。若采用其他角接形式时,应征得船级社的同意。在进行断续角焊缝时,构件的两个端部还要按规定进行包角焊,如图 4-6 所示。

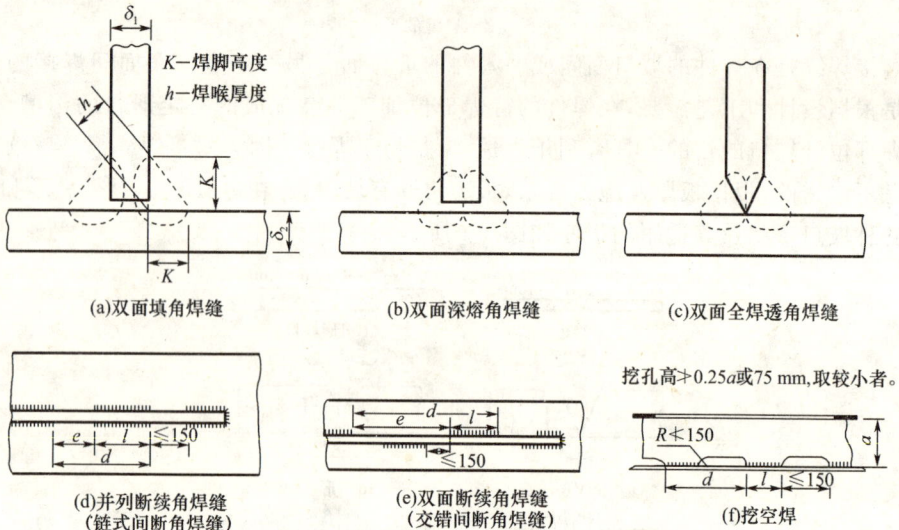

(a)双面填角焊缝   (b)双面深熔角焊缝   (c)双面全焊透角焊缝

挖孔高 $\geqslant 0.25a$ 或75 mm,取较小者。

(d)并列断续角焊缝   (e)双面断续角焊缝   (f)挖空焊
（链式间断角焊缝）   （交错间断角焊缝）

l—焊缝长度 e—焊缝间距 d—焊缝节距
图 4-5 船体结构角焊缝的形式

《钢质海船入级规范》(2012)中对船体结构角焊缝形式、焊喉尺寸 (h) 及焊脚尺寸 (K) 都进行了明确规定,设计时须根据规范的要求确定参数。

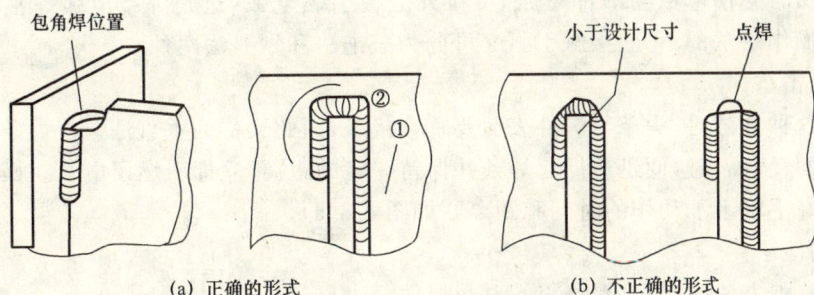

(a) 正确的形式　　　　(b) 不正确的形式

图 4-6　包角焊示意图

　　两零件相叠,其中一块开圆孔,在圆孔中焊接两板形成的焊缝叫做塞焊缝,只在孔内焊角焊缝的不是塞焊。塞焊焊缝主要根据坡口形状和尺寸而分为圆口塞焊与长孔塞焊。《钢质海船入级规范》(2012)第二篇通则规定:塞焊孔的长度应不小于 75 mm,孔的宽度应不小于板厚的 2 倍,孔的端部呈半圆形,孔的间距应不大于 150 mm。长孔塞焊通常不必在孔内填满焊肉。

　　承受高拉伸应力或压缩载荷部位的钢板一般不采用搭接焊连接。当采用搭接焊缝时,搭接的宽度 b 应不小于两块连接板中较薄板厚的 3 倍,但不大于 4 倍,见图 4-7 所示。接头应布置在便于焊接的位置,以利于得到良好的焊缝。搭接表面应紧密贴合,搭接焊缝的两个边缘应施以连续角焊。

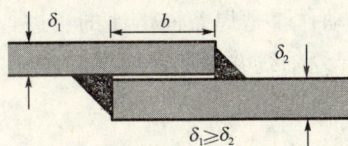

图 4-7　搭接焊缝

　　在船体结构中,甲板、外板、双层底板、舱壁、平台甲板、上层建筑及甲板室围壁板等,都用对接焊缝连接。龙骨板、肋板、壳板及面板的连接,横梁、纵桁与甲板的连接,以及纵横骨架间的连接,都用角焊缝连接。塞焊缝应用于两块钢板的叠合连接中;外板与其内侧的构架腹板当无法直接采用角焊缝连接时,可采用扁钢衬垫于构件腹板与外板之间,扁钢与外板的连接采用塞焊缝。如船尾柱与外壳板连接,舵板与其骨架面板的连接等。

4.2　焊条电弧焊焊接工艺

　　焊条电弧焊中,焊缝能否正确成形,是否产生焊接缺陷,在很大程度上取决于焊工的技术水平,其中主要包括焊接基本操作技能及焊接工艺参数的掌握。

4.2.1　基本操作技能

　　引弧、运条和收尾是焊条电弧焊的基本操作技能,分别介绍如下。

1. 引弧

引燃焊接电弧的过程叫引弧。引弧包括不接触引弧和接触引弧两类,前者是指利用高频电压使电极末端与焊件间的气体导电产生电弧,焊条电弧焊很少采用这种方法;后者是指在引弧时先使电极与焊件短路,再拉开电极引燃电弧,这是焊条电弧焊常采用的方法。根据操作手法的不同,接触引弧又可分为敲击法和划擦法两种。

(1)敲击法

使用这种方法时,焊条与焊件表面要垂直接触,因此又称为垂直法。将焊条的末端与焊件的表面轻轻一碰,便迅速提起焊条并保持一定的距离,立即引燃了电弧。操作时焊工必须掌握好手腕上下动作的时间和距离。如图4-8(a)。

(2)划擦法

使用这种方法时,先将焊条末端对准焊件,然后将焊条在焊件表面划擦一下,焊条在母材上像划火柴一样引燃电弧。当电弧引燃后趁金属还没有开始大量熔化的一瞬间,立即使焊条末端与被焊件表面的距离维持在 2~4 mm 的距离,电弧就能稳定地燃烧。如图4-8(b)。

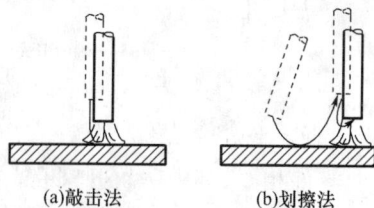

(a)敲击法　　　　　(b)划擦法

图4-8　引弧方法

2. 运条的基本动作和手法

运条是指焊接过程中焊条相对焊缝所做的各种动作。在电弧引燃以后开始的焊接过程中,为了保持电弧稳定燃烧和焊缝正确成形,焊条要进行三个方向的运动,如图4-9所示,动作1是焊条向熔池的送进,动作2是焊条沿焊接方向的纵向移动,而动作3是焊条沿焊缝轴线方向的横向摆动。

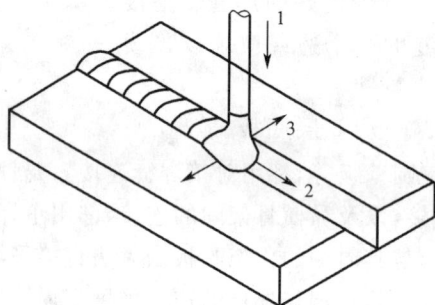

图4-9　运条的基本动作

(1)焊条向熔池的送进

随着焊芯连续被电弧熔化,弧长拉长,为保持电弧长度一致,就必须连续不断地将焊条以焊芯熔化相同的速度向熔池送进。

(2)焊条沿焊接方向的纵向移动

焊条沿焊接方向移动是为了形成一定长度、一定尺寸的焊缝,移动速度实际上就是焊接的速度。移动速度要适当,过快,则焊缝熔深浅,容易造成未焊透或未熔合;过慢,会导致焊缝过高,或造成焊件烧穿。

(3)焊条沿焊缝轴线方向的横向摆动

这个动作不仅是为了增加焊缝的宽度,而且可以根据焊缝的位置及要求,合理控制电弧对各部分的加热程度,以有利于焊缝的形成。同时焊条的横向摆动可延缓熔池金属的冷却结晶时间,有利于熔渣和气体的浮出。

焊接时,既要保持合适的焊条角度,还应该根据不同的接缝位置、接头形式、焊件厚度等条件灵活应用运条过程中的三个动作,并且要正确分清熔渣与铁水,合理控制熔池的形状与大小,这样才能保证形成合格的焊缝。

常见的运条手法如图 4-10 所示。

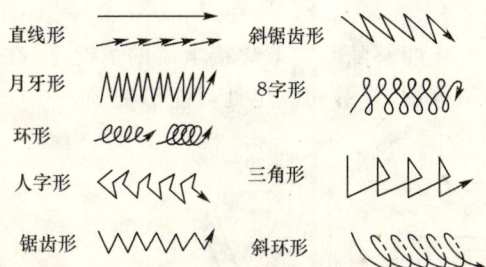

直线形	斜锯齿形
月牙形	8字形
环形	
人字形	三角形
锯齿形	斜环形

图 4-10　焊条横向摆动的形式

3.焊缝的连接与收尾

由于焊条长度有限,常常要用几根或十几根焊条才能完成一条焊缝的焊接,因此焊缝前后两段出现连接接头是不可避免的。焊缝接头的连接主要有以下四种(如图 4-11),无论采取哪种形式,都要保证焊缝接头的均匀,防止焊缝出现过高、脱节以及宽窄不一致等缺陷。

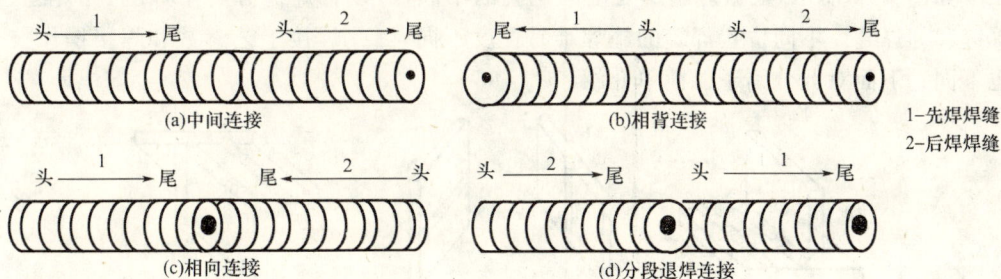

(a)中间连接　　(b)相背连接

1—先焊焊缝
2—后焊焊缝

(c)相向连接　　(d)分段退焊连接

图 4-11　焊缝连接形式

焊缝的收尾是指一条焊缝焊完后如何收弧(熄弧)。结束一条焊缝时,如果熄弧动作不当,会影响焊缝的质量。如果收尾时立即拉断电弧,则会形成比母材低的弧坑(见图 4-12),从而使焊缝强度降低,并容易引起弧坑裂纹。如果过快拉断电弧,液体金属中的气体来不及逸出,会导致焊缝中常有气孔出现。在船体结构焊接中,为避免出现弧坑,可采用下述收尾方法(见图 4-13)。

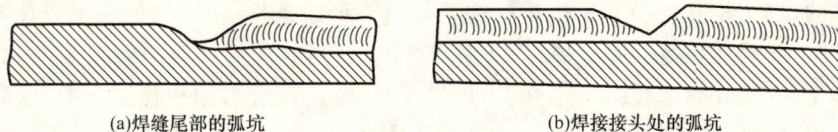

(a)焊缝尾部的弧坑　　　　(b)焊接接头处的弧坑

图 4-12　弧坑

(1)划圈收尾法。焊条移动到焊缝终点时,在焊段收尾处作圆圈运动,直到弧坑填满再拉断电弧,此方法适用于厚板。见图 4-13(a)。

(2)回焊收尾法。电弧在收尾处停住,同时改变焊条的方向角度,由位置 1 转至位置 2,等弧坑填满后再稍稍后移动到位置 3,然后慢慢拉断电弧。此法对碱性焊条较为适宜。见图 4-13(b)。

(3)反复断弧收尾法。焊条移动到焊缝收尾处时,在较短时间内,电弧反复熄灭和点燃数次,直至弧坑填满。见图 4-13(c)。此种方法多用于薄板和多层焊的底层焊,不适用于碱性焊条。

(4)减弱电流收尾法。在能够随时调节焊接电流的情况下,在熄灭电弧之前慢慢减弱电流,使焊条在熔池内稍微停留,焊缝的收尾处就能够饱满。

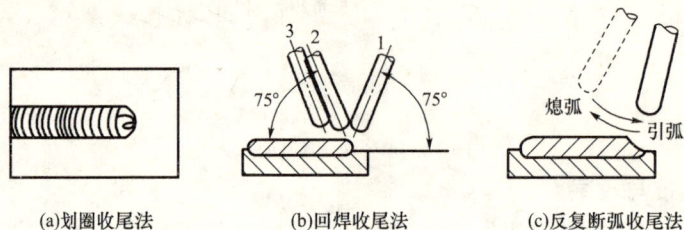

(a)划圈收尾法 (b)回焊收尾法 (c)反复断弧收尾法

图 4-13 焊缝的收尾形式

4.2.2 各种位置焊缝的焊接

如图 4-14 所示,根据焊缝所处空间位置的不同,可以将焊缝分为平焊缝、立焊缝、横焊缝和仰焊缝。不同位置焊缝的施焊难易程度不同,因此焊接工艺参数和焊接操作技术也不同。下面对此分别予以简单介绍。

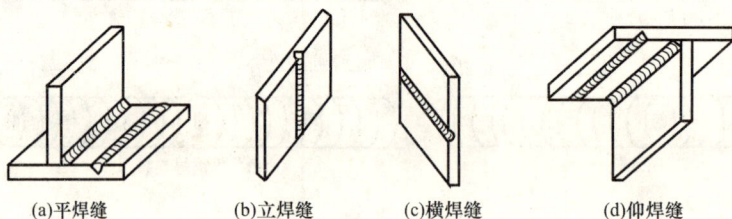

(a)平焊缝 (b)立焊缝 (c)横焊缝 (d)仰焊缝

图 4-14 焊缝的空间位置

1. 平焊

平焊是一种最有利的焊接位置,最易施焊。平焊缝是在水平位置上方施焊的焊缝,这种空间位置最有利于进行焊接,因为在平焊中熔滴容易过渡,熔渣与铁水不易流失,焊缝形状易于控制;并且平焊可以使用较粗焊条和较大焊接电流,以提高生产率;同时焊接是俯位操作的,焊工不易疲劳。所以生产中应尽可能创造条件,使焊缝处于平焊位置施焊。

图 4-15 所示是对接焊的平焊,焊条对准焊缝坡口,并向焊接方向倾斜 70°～80°。

焊接 1～6 mm 的薄板时可不开坡口,但要严格进行装配,缩小接缝间隙,以防止板材被烧穿。焊接 4～25 mm 的中厚板时,可使用 V 形坡口进行双面焊,并要求正面焊缝熔深大于焊件厚度的一半,然后将焊件反面用碳弧气刨沿焊缝根部扣槽(见图 4-16),消除其中的熔渣、气孔等缺陷,最后进行封底焊。

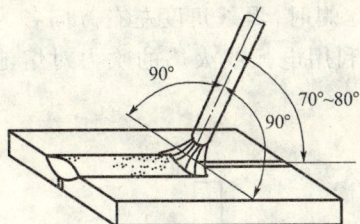

图 4-15　对接焊焊条倾角　　　　　图 4-16　焊缝反面扣槽

平焊时,根据钢板厚度不同,可选择双面单层焊、双面多层焊或多层多道焊。在多层或多层多道焊中,第一层的打底焊要用较细的焊条,以便焊透,以后各层或各道可用较粗焊条。V 形坡口因截面的非对称性,容易引起接头产生角变形。为了减少焊条变形,可采用 X 形坡口,如图 4-17 所示。

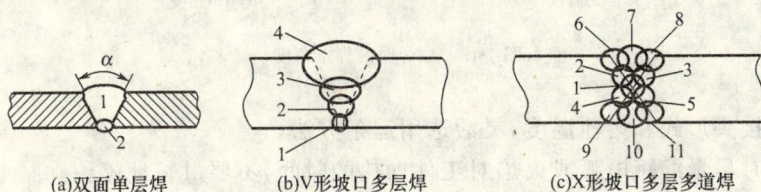

(a)双面单层焊　　　　(b)V形坡口多层焊　　　　(c)X形坡口多层多道焊

图 4-17　中厚板的对接平焊

角焊缝的焊接如图 4-18 所示。其中图 4-18(a)为平角焊,一般使焊条与两板成 45° 角,并向焊接方向倾斜,与焊接方向夹角为 60°~70°,当焊脚尺寸不大于 6 mm 时,可采用单层焊;焊脚超过 7 mm 时,可采用多层焊或多层多道焊。图 4-18(b)为船形焊,这种方法可以避免咬边和焊脚不均,而且可以采用比平角焊大的焊接电流,一次焊成的焊接尺寸最大可达 10 mm。它比平角焊生产率高,焊缝质量好,操作方便。所以如有可能,应尽量采用船形焊。

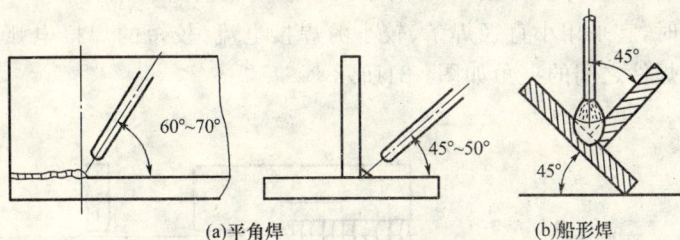

(a)平角焊　　　　　　　(b)船形焊

图 4-18　角焊缝的焊接

2. 立焊

立焊是在垂直面上由下向上或由上向下焊接垂直方向的焊缝。立焊比平焊困难,目前生产中应用最广的是由下向上施焊。立焊时,熔池金属和熔滴因受重力作用具有下坠趋势,容易和焊件分开,所以易产生焊瘤。但由于熔渣的熔点低、流动性强,熔池金属和熔渣容易分离,不容易产生夹渣。但由于熔池部分脱离熔渣的保护,所以如果操作或运条角度不当时,容易产生气孔。为了焊好立向焊缝,应注意以下几点:

(1)采用较细直径(4 mm 以下)的焊条和较小的焊接电流,以减小熔池体积,加快冷却速度。

(2)采用短弧焊接,以充分利用电弧吹力,缩短熔滴过渡距离和焊缝成形时间。

（3）正确选用焊条倾斜角度。如对接立焊时，焊条角度左右方向各为90°，与垂直平面下方成60°～80°夹角（如图4-19所示），利用电弧或火焰的吹力对熔池有向上推的作用，以便有利于熔滴过渡和托住熔池金属。

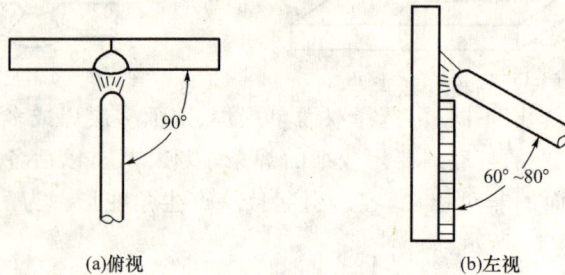

(a)俯视　　　　　　　(b)左视

图 4-19　立焊时的焊条角度

（4）根据接头形式和熔池温度，灵活选用运条方法。

（5）焊接时尽量缩短电弧或火焰对工件加热的时间，不要过长地停留在某点上。当电弧或火焰在焊件上形成熔池后，把焊条向上或向两侧移开，使电弧或火焰暂时移开熔池（不灭弧），有利于熔敷金属的冷却凝固，然后再把焊条移回来。

（6）一般是采用由下向上焊，焊接薄焊件（小于 3 mm）时，也可由上向下焊。气焊一般由下向上焊，但水下电焊时，则应从上向下焊。

3. 横焊

横焊指在垂直面上焊接水平方向的焊缝。横焊时，熔化金属和熔渣在重力作用下流至下坡口面上，容易形成未熔合和层间夹渣，焊缝上坡口面边缘产生咬边，而焊缝下部熔合线附近出现焊瘤或未焊透（如图4-20所示），所以横焊也比平焊困难。

在进行横焊时，宜采用小直径焊条、较小的焊接电流、较短的焊接电弧以及适当的运条方法。焊条与焊件之间的夹角如图4-21所示。

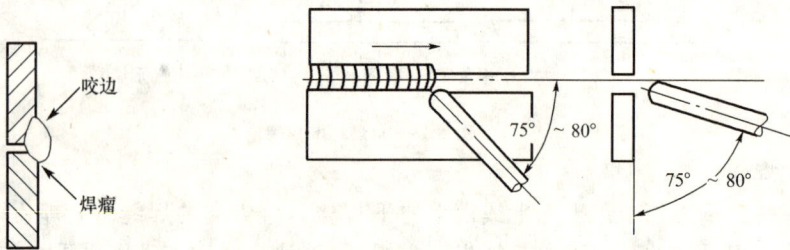

图 4-20　横焊时易产生的缺陷　　　　图 4-21　横焊时的焊条角度

横焊中的坡口角度与平焊时有所不同，如图4-22所示。通常，下面的板不开坡口或开较小的坡口，这样有利于焊缝成形。

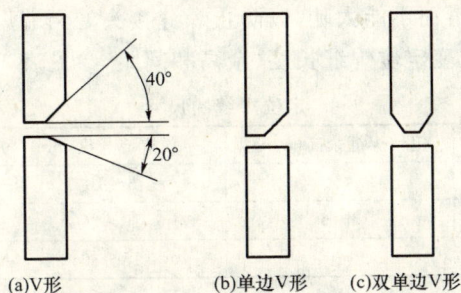

(a)V形　　　　(b)单边V形　(c)双单边V形

图 4-22　对接横焊的接头坡口形式

4.仰焊

　　仰焊在工厂中俗称仰脸焊,在这种焊缝位置情况下,焊工需要抬头到 45°～90°才能看到焊缝,仰焊是四种基本焊接位置中最困难的一种焊接。由于熔池位置在焊件下面,焊条熔滴金属的重力会阻碍熔滴过渡,熔池金属也受自身重力作用下坠,熔池体积越大,温度越高,则熔池表面张力越小,故仰焊时焊缝背面容易产生凹陷,正面焊道出现焊瘤,焊道成形困难。

　　仰焊也要用较细的焊条、较小的电流和最短的电弧长度。在此过程中,必须注意仰焊的熔池体积不宜过大,焊接速度要均匀一致,控制好焊缝高度和宽度,利用电弧吹力使熔滴在很短的时间内过渡到熔池中,并使熔池尽可能小而薄,以减小因重力的下坠现象,防止焊道下凹和焊瘤的出现。仰焊对接焊缝时的焊条角度如图 4-23 所示。

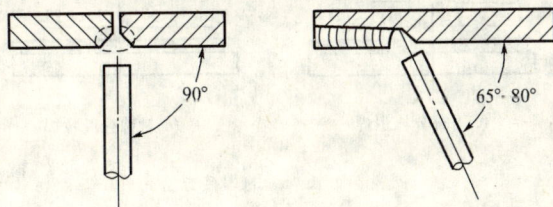

图 4-23　仰焊对接焊缝时的焊条角度

4.2.3　几种焊缝的焊接

1.定位焊缝的焊接

　　焊前为固定焊件的相对位置进行的焊接操作称为定位焊。定位焊是构件装配时采用的一种方法,以保证得到构件的几何形状和尺寸。定位焊形成的短小而断续的焊缝称为定位焊缝。一般情况下定位焊缝比较小,在焊接过程中作为正式焊缝的一部分保留在焊缝金属中,因此定位焊缝的质量对正式焊缝的质量有直接影响。所以焊接过程中对定位焊有一定的要求。

　　焊接定位焊时,应该注意以下几点:

　　(1)定位焊缝所用焊条要与正式焊缝的一样。

　　(2)在几条焊缝交叉的地方或焊缝方向发生急剧变化的地方,不应布置定位焊。

　　(3)定位焊必须保证熔合良好,定位焊的高度不能高于正式焊缝的一半,熔深应较大,适合采用较大的焊接电流,可以使用比正式焊缝用的焊接电流大 10%～15% 的电流。焊缝的起头和收弧处应圆滑而不能太陡,以防止焊缝接头处两端焊不透。

(4)应该随板厚而改变定位焊缝长度、余高和间距,参见表 4-1。

表 4-1　　　　　　　　　　　　　定位焊缝的尺寸

焊件厚度(mm)	定位焊缝余高(mm)	定位焊缝长度(mm)	定位焊缝间距(mm)
≤4	<4	5~10	50~100
4~12	3~6	10~20	100~200
>12	>6	15~30	200~300

(5)随着板厚的增大,定位焊缝长度也应增加,否则因冷却过快,造成夹渣、气孔和裂纹,而且上述缺陷在正式焊接后常会留下来或有所发展。因此定位焊时,若发现裂纹应铲去重焊。

2.长焊缝的焊接

在长缝焊接时,如果焊接次序不当,往往引起较大的焊接变形。一般有四种长缝焊接方式,即直通焊、对称焊、分段退焊和分段跳焊。焊缝长约 0.5 m 时可采用直通焊;焊缝长在 0.5~5 m 时,可采用从中间向两端的对称直通焊或分段退焊;当焊缝长在 5 m 以上时,采用对称分段退焊或对称分段跳焊,如图 4-24 所示。分段焊中的每段长度为 1~2 根焊条焊接的长度,大约为 200~400 mm。

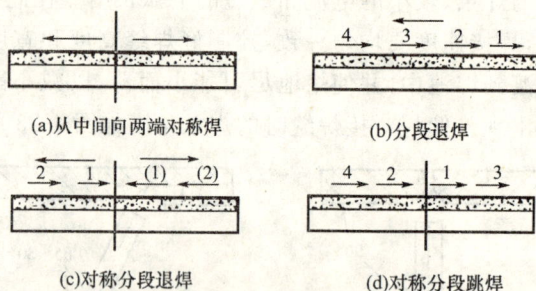

图 4-24　长焊缝的焊接方法

4.2.4　焊接工艺参数的选择

焊接工艺参数是焊接时为保证焊接质量而选定的物理量(如焊接速度、焊条的倾角等)的总称。

焊条电弧焊的焊接工艺参数主要包括:焊条直径、焊接电流、电弧电压、焊接速度、焊条的倾角等。焊接工艺参数对于焊接质量和焊接生产率有很大影响,因此必须合理选择。选择焊接工艺参数的依据是结构的材质、板厚、接头和坡口形式、焊接位置等。焊工的技术熟练程度和习惯不同,焊接同一结构所选工艺参数也可能不同。这里仅就焊接工艺参数的选择原则进行简单介绍,而不是硬性规定。

1.焊条直径

焊条直径指焊芯直径,它是保证焊接质量和生产率的重要因素。过粗的焊条会造成未焊透或焊穿现象,过细的焊条会使生产率降低。焊条直径的选择主要取决于焊件厚度,焊条直径与焊件厚度关系如表 4-2 所示。选择焊条直径时还需要考虑焊缝位置,比如在平焊时,直径可大一些;立焊时,所用焊条直径不超过 5 mm;横焊和仰焊时,所用焊条直径不超过 4 mm。另外,从焊件层次来说,开坡口多层焊接时,为了防止产生未焊透的缺陷,第一层焊缝宜采用直径较小的焊条,以后各层可以根据焊件厚度选用较大直径的焊条。最后,在接头形式方面,角接和搭接选用的焊条可比对接选用的焊条粗些。

表 4-2   焊条直径的选择

焊件厚度(mm)	0.5～1.0	1～2	2～5	5～10	10 以上
焊条直径(mm)	1～1.5	1.5～2.5	2.5～4.0	4.0～6.0	5～8

2. 焊接电流

焊接电流的大小对焊接生产有很大影响。增大电流能够提高电弧热量,焊条熔化快,熔深大,生产率高。但是电流过大,容易出现焊缝咬边、烧穿等缺陷;也会增加金属飞溅;焊条受电阻的加热作用,会使后半根焊条发红变质,甚至使药皮脱落。电流过小,热量不足,电弧燃烧不稳或难以引弧,焊缝熔深浅,容易产生夹渣或未焊透现象,降低焊接接头的力学性能。因此,焊接时要选择一个合适的电流范围。焊接时决定电流强度的因素很多,但主要是焊条类型、焊条直径、焊缝位置和焊接层次。

(1)焊条类型

表 4-3 为酸性焊条使用电流范围。当其他条件相同时,碱性焊条的电流一般为酸性焊条的 90%,否则焊缝中易形成气孔。

表 4-3   酸性焊条使用电流的参考表

焊件厚度(mm)	1.6	2.0	2.5	3.2	4.0	5.0	5.8
焊接电流(A)	25～40	40～70	70～90	90～120	160～210	220～270	260～310

(2)焊条直径

焊条直径越大,熔化焊条所需要的电弧热量越多,焊接电流也越大。

(3)焊缝位置

相同焊条直径的条件下,不同电流也不一样。在焊接平焊缝时,运条和控制熔池中的熔化金属都比较容易,因此可以选择较大的电流进行焊接。但在其他位置焊接时,为了避免熔化金属从熔池中流出,要使熔池尽可能小些,为此立焊和横焊的电流要比平焊电流少 10%～15%,仰焊比平焊电流减少 15%～20%。

(4)焊接层次

焊接打底层时,特别是单面焊双面成形时,为保证背面焊缝质量,常使用较小的焊接电流;焊接填充层时为提高效率,保证熔合良好,常使用较大的焊接电流;焊接盖面层时,为防止咬边和保证焊缝成形,使用的焊接电流应比填充层稍小些。

总之,在保证不烧穿和成形良好的条件下,应尽量采用较大的焊接电流,并适当提高焊接速度,以提高生产率。

3. 电弧电压

焊条电弧焊的电弧电压主要由电弧长度来决定。电弧越长,电弧电压越高;电弧越短,电弧电压越低。电弧长度一般由焊工掌握,不作硬性规定。

在焊接过程中,电弧不宜过长,电弧过长会出现下列几种不良现象:

(1)电弧燃烧不稳定,电弧易飘移,电弧热能分散,热能损失多,飞溅严重,造成金属和电能的浪费。

（2）熔深减小，容易产生咬边、未焊透、焊缝表面高低不平、焊波不均匀等缺陷。

（3）对熔化金属的保护差，空气中氧、氮等有害气体容易侵入电弧区，使焊缝产生气孔的可能性增加，使焊缝金属的力学性能降低。

因此在焊接时应力求使用短弧焊接，相应的电弧电压为 16～25 V。在立焊和仰焊的情况下，弧长应比平焊时更短一些，以利于熔滴过渡，防止熔化金属下淌。碱性焊条焊接时应比酸性焊条焊接时弧长短些，以利于电弧的稳定和防止气孔的产生。

4. 焊接速度

焊接速度是单位时间内完成的焊缝长度。如果焊接速度过慢，高温停留时间增长，则会增加热影响区的宽度，使焊接接头的晶粒变粗，导致机械性能降低，变形量增大。并且在焊接较薄焊件时，焊接速度过慢，容易出现烧穿现象。如果焊接速度过快，熔池温度不够，易造成未焊透、未熔合、焊缝成形不良等缺陷。

焊接速度直接影响焊接生产率，在保证焊接质量的基础上，应该根据具体情况适当加快焊接速度。焊接速度应该均匀适当，既要保证焊透又要保证不烧穿，同时还要使焊缝宽度和高度符合图样设计要求。

5. 焊条的倾角

焊条与工件之间的夹角叫做焊条的倾角。图 4-25 是焊条的三种倾角位置。焊接时，能否正确选择倾角对提高焊缝的质量有一定的影响，掌握好焊条角度能够使铁水与熔渣很好地分离，防止熔渣越前现象，并有利于控制熔深。比如焊条后倾的电弧有利于把液态金属排斥到熔池后端，使电弧深入母材，增加母材的熔深。在立焊、仰焊和横焊的时候，选择正确的焊条倾角还有防止铁水下坠的作用。焊接中通常采用的焊条后倾角度为 60°～80°，此时可达到良好成形。

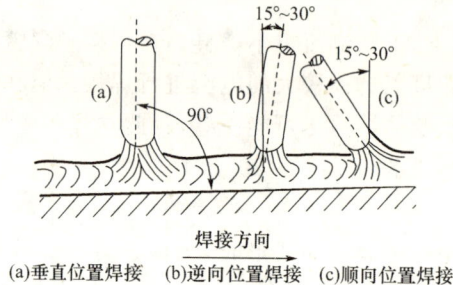

图 4-25 焊条的三种倾角位置

另外，在焊接时如果倾角选择正确，焊工焊接时会感到轻松顺利，否则电弧燃烧不稳定，焊工容易感到疲劳。

4.3 焊 条

焊条电弧焊所用的焊接材料是焊条。焊条一方面可以传导焊接电流和引燃电弧，同时焊条熔化后，又可以填充金属直接过渡到熔池，与液态的母材熔合后形成焊缝金属。因此焊条对获得必要的焊缝成分影响很大。

4.3.1　焊条的组成

焊条由焊芯和药皮两部分组成,是在金属焊芯外将涂料(药皮)均匀、向心地压涂在焊芯上制作而成的。根据药皮与焊芯的重量比,即药皮重量系数(K),可分为厚药皮焊条($K=30\%\sim50\%$)和薄药皮焊条($K=1\%\sim2\%$)。

1. 焊芯

(1)焊芯的牌号

根据 GB/T14957-94《熔化焊用钢丝》标准的规定,专门用于制造焊芯的钢材分为碳素结构钢和合金结构钢两类。焊丝的牌号一律用汉语拼音字母"H"作字首,表示实心焊丝,紧接着"H"的两位数字表示含碳量范围,如"08"表示该焊芯的含碳量为 0.08% 左右(标准为不大于 0.10%),以后的字母和数字则表示焊芯的主要合金元素和含量范围,若合金元素名称后面没有数字,则表示其含量在 1% 左右。如代号为"H08Mn"的焊芯,表示其含 Mn 量在 $0.9\%\sim1.1\%$ 范围内。另外,牌号带有字母"A"的焊芯,表示其 S、P 的含量更少,不超过 0.03%,是优质钢;"E"表示特优质钢。

(2)焊芯的化学成分

为了保证焊缝的质量与性能,对焊芯中各金属元素的含量都有严格的规定,特别是对有害杂质(如硫、磷等)的含量应有严格的限制,并应优于母材。焊芯成分直接影响焊缝金属的成分和性能,所以焊芯中的有害元素要尽量少。我国目前常用的焊芯种类和化学成分列于表 4-4(GB/T3429-94)。

表 4-4　　　　　　　　　　常用的焊芯的化学成分(GB/T3429-94)

钢类别	序号	牌　号	化学成分(%)										
			C	Mn	Si	Cr	Ni	Cu	Mo	V	其他	S	P
非合金钢	1	H08A	≤0.10	0.30~0.60	≤0.07	≤0.20	≤0.30	≤0.20				≤0.030	≤0.030
	2	H08E	≤0.10	0.30~0.60	≤0.03	≤0.20	≤0.30	≤0.20				≤0.020	≤0.020
	3	H08C	≤0.10	0.30~0.60	≤0.03	≤0.10	≤0.10	≤0.10				≤0.015	≤0.015
	4	H08MnA	≤0.10	0.30~1.10	≤0.07	≤0.20	≤0.30	≤0.20				≤0.030	≤0.030
	5	H10SA	0.11~0.18	0.35~0.65	≤0.03	≤0.20	0.30	0.20				≤0.030	≤0.030
	6	H15Mn	0.11~0.18	0.80~1.10	≤0.03	≤0.20	≤0.30	≤0.20				≤0.035	≤0.035
低合金钢	7	H08MnSi	≤0.11	1.20~1.50	0.04~0.70	≤0.20	≤0.30	≤0.20				≤0.035	≤0.035
	8	H10MnSi	≤0.14	0.80~1.10	0.60~0.90	≤0.20	≤0.30	≤0.20				≤0.035	≤0.035
	9	H11MnSiA	0.07~0.15	1.00~1.50	0.65~0.95	≤0.20	≤0.30	≤0.20				≤0.025	≤0.025
	10	H08Mn2Si	≤0.11	1.70~2.10	0.65~0.95	≤0.20	≤0.30	≤0.20				≤0.035	≤0.035
	11	H08Mn2SiA	≤0.11	1.80~2.10	0.65~0.95	≤0.20	≤0.30	≤0.20				≤0.030	≤0.030

（续表）

钢类序号	牌号	化学成分（%）										
		C	Mn	Si	Cr	Ni	Cu	Mo	V	其他	S	P
12	H08MnMoA	≤0.10	1.20~1.60	≤0.25	≤0.20	≤0.30	0.20	0.30~0.50		Ti0.15 加入量	≤0.030	≤0.030
13	H08Mn2MoA	0.06~0.11	1.60~1.90	≤0.25	≤0.20	≤0.30	≤0.20	0.50~0.70		Ti0.15 加入量	≤0.030	≤0.030
14	H08Mn2MoVA	0.06~0.11	1.60~1.90	≤0.25	≤0.20	≤0.30	≤0.20	0.50~0.70	0.06~0.12	Ti0.15 加入量	≤0.030	≤0.030
15	H08CrMoA	≤0.10	0.40~0.70	0.15~0.35	0.80~1.10	≤0.30		0.40~0.60			≤0.030	≤0.030
16	H08CrMoVA	≤0.10	0.40~0.70	0.15~0.35	1.00~1.30	≤0.30		0.50~0.70	0.15~0.35		≤0.030	≤0.030
17	H08CrNi2MoA	0.05~0.10	0.50~0.85	0.10~0.30	0.70~1.00	1.40~1.80		0.20~0.40			≤0.025	≤0.025
18	H10Mn2	≤0.12	1.50~1.90	≤0.07	≤0.20	≤0.30		0.15~0.25			≤0.035	≤0.035
19	H10MnSiMo	≤0.14	0.90~1.20	0.770~1.10	≤0.20	≤0.30		0.20~0.40			≤0.035	≤0.035
20	H10MnSiMoTiA	0.08~0.12	1.00~1.30	0.40~0.70	≤0.20	≤0.30		0.20~0.40		Ti0.05~0.15	≤0.025	≤0.025
21	H10Mn2MoA	0.08~0.13	1.70~2.00	≤0.40	≤0.20	≤0.30		0.60~0.80		Ti0.15 加入量	≤0.030	≤0.030
22	H10Mn2MoVA	0.08~0.13	1.770~2.00	≤0.40	≤0.20	≤0.30		0.60~0.80	0.06~0.12	Ti0.15 加入量	≤0.030	≤0.030
23	H10MoCrA	≤0.12	0.40~0.70	0.15~0.35	0.45~0.65	≤0.30		0.40~0.60			≤0.030	≤0.030
24	H11Mn2SiA	0.07~0.15	1.40~1.85	0.85~1.15	≤0.20	≤0.30					≤0.025	≤0.025
25	H13CrMoA	0.11~0.16	0.40~0.70	0.15~0.35	0.80~1.10	≤0.30		0.40~0.60			≤0.030	≤0.030
26	H18CrMoA	0.15~0.22	0.40~0.70	0.15~0.35	0.80~1.10	≤0.30		0.15~0.25			≤0.030	≤0.030
27	H30CrMnSiA	0.25~0.35	0.80~1.10	0.90~1.20	0.80~1.10	≤0.30	≤0.20				≤0.025	≤0.025

（注：钢类序号 12~27 为"低合金钢"）

碳素结构钢焊芯中各元素对焊接过程和焊缝性能的影响如下：

①碳（C）

碳是钢中的主要合金元素，当含碳量增加时，钢的强度、硬度明显提高，而塑性降低。在焊接过程中碳是一种良好的脱氧剂，在高温时氧化合成一氧化碳或二氧化碳气体，这些气体从熔池中逸出，将电弧区和熔池周围空气排除，在熔池周围形成气罩，可减少或防止空气中的氧和氮对熔池的不良影响，所以碳能减少焊缝金属中氧和氮的含量。但含碳量过高时，由于还原作用剧烈，会增加金属的飞溅和产生气孔，同时会明显地提高焊缝强度、降低焊接接头塑性，并使焊缝产生裂纹的倾向增大。在保证焊缝与母材强度基本相等的条件下，焊芯中的含碳量越少越好。低碳钢焊芯的含碳量一般为 0.1%。

②锰（Mn）

锰在钢中是一种较好的合金剂，随着锰含量的增加，其强度和韧性会有所提高。在焊接过程中锰是很好的脱氧剂，能减少焊缝中氧的含量。它还能与硫化合，生成硫化锰，起脱硫作用，可以减少热裂纹的产生。锰可以作为合金元素渗入焊缝，使焊缝的力学性能提高。一般碳素结构钢焊芯中锰含量为 0.30%~0.55%。焊接某些特殊用途的钢丝，其锰含量高达 1.7%～2.1%。

③硅(Si)

硅也是一种较好的合金剂,在焊接过程中,硅也具有较好的脱氧能力,与氧形成二氧化硅,而使焊缝中含有大量的夹杂物,严重时会引起热裂纹,因此要求焊芯中硅含量越少越好,若含量过高,会降低塑性和韧性。

④铬(Cr)

对焊芯来说铬是杂质,是由炼钢原料中混入的。铬的主要冶金特征是易于急剧氧化,形成难熔的氧化物三氧化二铬(Cr_2O_3),从而增加了焊缝金属夹杂物的可能性。三氧化二铬过渡到熔渣后,能使熔渣黏度提高,流动性降低。把它限制在国标规定的范围内,对焊接冶金不会产生不良影响。

⑤镍(Ni)

镍对钢的韧性有显著提高的效果,一般低温冲击值要求较高时,会适当掺入一些镍。

⑥硫(S)

硫是一种有害杂质,随着硫含量的增加,将增大焊缝的热裂纹倾向,因此焊芯中硫的含量不得大于 0.04%。在焊接重要结构时,硫含量不得大于 0.03%。

⑦磷(P)

磷也是有害杂质,能使焊缝金属的力学性能降低,并引起裂纹和气孔。因此应控制其含量。一般焊芯磷含量应不大于 0.04%,在焊接重要结构时,要求磷的含量不大于 0.03%。

2. 焊条药皮

压涂在焊芯表面的涂层称为药皮。药皮在焊接过程中起着复杂的冶金反应和物理、化学变化,基本上克服了光焊条在焊接时出现的问题,所以说药皮也是决定焊缝金属质量的主要因素之一。

(1)焊条药皮的作用

①稳弧作用。无药皮的光焊条不容易引燃电弧,即使引燃了也不能稳定地燃烧。在焊条药皮中加入容易电离的组成物,使电弧能够持续稳定的燃烧,从而提高电弧的稳定性,保证焊接过程持续进行。

②保护作用。一方面,在弧热作用下,药皮熔化后产生大量保护气体,基本上能使熔池和电弧与周围空气隔绝,防止空气中氧、氮对熔化金属的有害作用,起到气保护作用。另一方面,焊接过程中药皮被电弧高温熔化后形成熔渣,覆盖着熔滴和熔池金属,这样不仅隔绝空气中的氧、氮,保护焊缝金属,而且还能减缓焊缝的冷却速度,促进焊缝金属中气体的排出,减少气孔生成的可能性,并能改善焊缝的成形和结晶,起到渣保护作用。

③冶金作用。由于电弧的高温作用,焊缝金属的合金元素会被蒸发烧损,使焊缝的机械性能降低。因此,必须通过药皮向焊缝加入适当的合金元素,以弥补合金元素的烧损,保证或提高焊缝的机械性能。在焊接过程中进行的冶金反应,可以除去氧、氢、硫、磷等有害杂质,也可以保护或添加有益合金元素,使焊缝金属具有要求的力学性能和抗裂性能。

④改善焊接工艺性能。焊条药皮还具有减少飞溅的作用,使焊缝成形美观,能进行空间全位置焊接。

总之,药皮的作用是保证焊缝金属获得具有合乎要求的化学成分和机械性能,并使焊条具有良好的焊接工艺性能。

(2)焊条药皮的成分

焊条药皮的组成成分较为复杂,每种焊条药皮配方中都有大约 10 种原料。根据原料的不同作用可分为:稳弧剂、脱氧剂、造渣剂、造气剂、合金剂、黏结剂、成形剂等。为简明起见,现将药皮原料的种类、名称及作用列于表4-5。

表 4-5　　　　　　　　　　　药皮原料的种类、名称及作用

原料种类	原料名称	作用
稳弧剂	碳酸钾、碳酸钠、长石、大理石、钛白粉、钠水玻璃、钾水玻璃	改善引弧性能和提高电弧燃烧的稳定性
脱氧剂	锰铁、硅铁、钛铁、铝铁、石墨	降低药皮或熔渣的氧化性和脱除金属中的氧
造渣剂	大理石、萤石、菱苦土、长石、花岗石、陶土、钛铁矿、锰矿、赤铁矿、钛白粉、金红石	造成具有一定物理性能、化学性能的熔渣,并能保护熔滴、熔池和改善焊缝成形
造气剂	淀粉、木粉、糊精、大理石	形成的气体可加强对焊接区的保护
合金剂	锰铁、硅铁、钛铁、铬铁、铝铁、钨铁、钒铁、石墨	使焊缝金属获得必要的合金成分
黏结剂	钾水玻璃、钠水玻璃	将药皮牢固地黏结在焊芯上
成形剂	云母、滑石粉、钛白粉、高岭土	使药皮具有一定的塑性、弹性和流动性,以改善焊条的压涂性能

从表4-5中可以看到,每种原料在药皮中可能同时具有几种作用,例如大理石既可作稳弧剂,又可作造气剂和造渣剂。锰铁与硅铁既可作脱氧剂,又可作合金剂。因此在配制焊条时,要抓住其主要作用,兼顾次要作用。

（3）焊条的工艺性能

焊条的工艺性能是指焊条在使用和操作时的性能,是衡量焊条质量的一个重要指标。它包括:焊接电弧的稳定性、焊缝成形性与脱渣性、对各种位置焊接的适应性、飞溅程度、焊条的熔化速度等。

①焊接电弧的稳定性:焊接电弧的稳定性就是保持电弧持续而稳定燃烧的能力。焊条药皮的组成是影响电弧稳定性的主要因素,因为它能够决定电弧气氛的有效电离电压,而有效电离电压越低,电弧燃烧就越稳定。因此焊条药皮中加入少量的低电离电位物质,即可有效地提高电弧稳定性。

②焊缝成形性与脱渣性:高质量的焊缝成形要求是表面波纹细致、美观、几何形状正确,焊缝余高量适中,焊缝与母材间过渡平滑,无咬边缺陷。焊缝成形性与熔渣的物理性能有关。因此,要得到焊缝成形的良好工艺要求,焊条必须容易脱渣。脱渣性是指焊渣从焊缝表面脱落的难易程度,影响脱渣性的因素有熔渣的膨胀系数、氧化性、疏松性和表面张力等。

③对各种位置焊接的适应性:实际生产中常需要进行各种位置焊接,如平焊、横焊、立焊、仰焊等。几乎所有的焊条都能适用于平焊,但很多种焊条进行横焊、立焊或仰焊时有困难,包括重力的作用使熔池金属和熔渣下淌,并妨碍熔滴过渡而不易形成正常的焊缝。因此,除了正确选择焊接参数、掌握操作要领外,还应采取一定的措施。这些措施包括:适当提高电弧气流的吹力,把熔滴推进熔池,并阻止液体金属和熔渣下淌;选择合适的熔渣熔点和黏度,使熔渣能够在较高的温度和较短的时间内凝固;此外,还应该适当调整药皮的熔点和厚度,使焊接时焊条端部的套筒长度适当。

④飞溅程度:飞溅是指焊接过程中液体金属颗粒向周围飞散的现象,它会影响焊接过程的稳定性,增加金属的损失等。影响飞溅大小的因素很多,熔渣黏度增大,焊接电流过大,药皮水分过多,电弧过长,焊条偏心等都能引起飞溅的增加。此外,在用直流电源时极性选择不当飞溅也会增大,如低氢钠型焊条焊接时正接比反接飞溅大,而交流焊比直流焊

时飞溅大。熔滴过渡形态、电弧的稳定性对飞溅也有很大影响。钛钙型焊条电弧燃烧稳定,熔滴以细颗粒过渡为主,飞溅较小。低氢型焊条电弧稳定性差,熔滴以大颗粒短路过渡为主,飞溅较大。

⑤焊条的熔化速度:焊条药皮的组成及厚度、电弧电压、焊接电流、焊芯成分及直径等是影响焊条熔化速度的主要因素。其中焊条药皮的组成对焊条的熔化速度影响最明显,焊条的熔化速度可用熔化系数表示,前面已有介绍。

影响焊条工艺性能的因素还包括药皮发红程度以及焊条发尘量等。好的焊条应容易引弧,在焊接过程中电弧燃烧平稳;能进行平、立、横、仰等位置的焊接;焊接时产生的烟雾少、飞溅少;焊缝成形良好,而且容易脱渣;不致使焊缝产生裂纹、气孔和夹渣等缺陷。

(4)焊条药皮的类型

各种焊条药皮是由不同数量及用途的矿物、铁合金、化工材料,有的还由有机物混合组成。根据药皮材料中主要成分的不同,焊条药皮可分为各种不同的类型。根据药皮材料中主要成分的不同,焊条药皮可分为各种不同的类型,焊条药皮的分类、主要成分、工艺性能和适用范围等列于表4-6。

表4-6　　　焊条药皮分类、主要成分、工艺性能及适用范围

焊条药皮类型	药皮主要成分	工艺性能	适用范围
钛型(氧化钛型)	二氧化钛(金红石或钛白粉)	焊接工艺性能良好。熔深较浅。交直流两用。电弧稳定,飞溅小,脱渣容易,能进行全位置焊接,焊缝美观,但焊缝金属的塑性和抗裂性能较差。	用于一般低碳钢结构的焊接,特别适用于薄板焊接。
钛钙型(氧化钛钙型)	二氧化钛及钙和镁的碳酸盐	焊接工艺性能良好。熔深一般。交直流两用。飞溅小,脱渣容易,适用于全位置焊接,焊缝美观。	用于较重要的低碳钢结构和强度等级较低的普低钢一般结构的焊接。
钛铁矿型	钛铁矿	焊接工艺性能良好。熔深一般。交直流两用。电弧稳定,飞溅一般,适用于全位置焊接,焊缝美观。	用于较重要的低碳钢结构和强度等级较低的低合金结构钢一般结构的焊接。
氧化铁型	氧化铁矿及锰铁	焊接工艺性能较差。熔深较大,熔化速度快,焊接生产率高。飞溅稍多,但电弧稳定,再引弧容易,立焊和仰焊操作性较差。焊缝金属的抗热裂性能较好。交直流两用。	用于较重要的低碳钢结构和强度等级较低的低合金结构钢一般结构的焊接。特别适用于中等厚度以上钢板的平焊。
纤维素型	有机物及氧化钛	焊接时能产生大量气体保护熔敷金属。熔深大。交直流两用。电弧强,熔化速度快,脱渣容易,飞溅一般,全位置焊接的适应性好。	用于一般低碳钢结构的焊接,特别适用于立焊向下焊及深熔焊接。
低氢型	碳酸钙(大理石或石灰石)、萤石和铁合金	焊接工艺性能一般。适用于全位置焊接。焊接时要求药皮干燥,采用短弧焊。焊缝金属具有特别良好的抗热裂性能、低温冲击性能和力学性能。一般采用直流电焊机,但药皮中加入稳弧剂后,也能采用交流焊接。	用于低碳钢及低合金结构钢的重要结构的焊接。
石墨型	多量石墨	采用低碳钢焊芯时,焊接工艺性能较差,飞溅较多,烟雾较大,熔渣少,适用于平焊。采用有色金属焊芯时,能改善其工艺性能,但电流不宜过大。交直流两用。	通常用于铸铁或堆焊焊条。
盐基型	药皮中含多量氯化物和氟化物	吸潮性强,焊前要烘干。药皮熔点低,熔化速度快。采用直流电源,焊接工艺性较差,短弧操作,熔渣有腐蚀性,焊后需用热水清洗。	主要用于铝及铝合金的焊接。

其中钛型、钛铁矿型、氧化铁型和纤维素型等药皮制成的焊条都属于酸性焊条,而由低氢型药皮制成的焊条称为碱性焊条,两者的特性对比如表 4-7 所示。酸性焊条和碱性焊条主要根据焊条药皮熔化后形成的熔渣特性来确定的。

表 4-7　　　　　　　　　　　　　　　酸性焊条和碱性焊条的特性对比

酸性焊条	碱性焊条
药皮成分氧化性强	药皮成分还原性强
对水、锈产生气孔的敏感性不大,焊条使用前经 150～200 ℃烘焙 1 小时	对水、锈产生气孔的敏感性大,要求焊条使用前经 300～400 ℃烘焙 1～2 小时
电弧稳定,可用交流或直流施焊	由于药皮中含有氟化物,使电弧稳定性变差,须用直流施焊,只有当药皮中加稳弧剂后,方可交直流两用
焊接电流较大	焊接电流较小,比同规格酸性焊条小 10％左右
可长弧操作	须短弧操作,否则易引起气孔及增加飞溅
合金元素过渡效果差	合金元素过渡效果好
焊缝成形较好,除氧化铁型外,熔深较浅	焊缝成形较好
熔渣结构呈玻璃状	熔渣结构呈岩石结晶状
脱渣较方便	坡口内第一层脱渣较困难,以后各层脱渣较容易
焊缝的常、低温冲击韧度一般	焊缝的常、低温冲击韧度较高
除氧化铁型外,抗裂性能较差	抗裂性能好
焊缝中氢含量高,易产生白点	焊缝中扩散氢含量低
焊接时烟尘少	焊接时烟尘多,且烟尘中含有害物质较多

酸性焊条的熔渣以酸性氧化物(SiO_2、TiO_2、Fe_2O_3)为主,酸性焊条的特点是熔渣具有较强的氧化性,促使合金元素氧化,同时电弧中的氧离子容易与氢离子结合,生成氢氧根离子,可防止氢气孔,因此酸性焊条对铁锈、水不敏感。冶金反应脱硫、脱磷等杂质不彻底,故焊缝金属的力学性能较低。酸性焊条的焊接工艺性能好,容易引弧,电弧稳定,脱渣性好,飞溅小,对弧长不敏感,焊前准备要求低,焊缝成形好,而且价格较低。广泛用于焊接低碳钢和不太重要的钢结构。

碱性焊条的熔渣以碱性氧化物和氟化钙(CaO、CaF_2)为主,例如低氢钠、钾型焊条等。焊条药皮中含有大理石和萤石,并含有较多的铁合金作为脱氧剂和合金剂,所以药皮具有足够的脱氧性。因此,碱性焊条合金元素烧损少,焊缝金属合金化效果好。由于电弧中含氧量低,如遇到焊件或焊条存在铁锈和水分时,容易产生氢气孔。因此要求焊前清理干净焊道,同时在 350～450 ℃温度下对焊条进行烘干。药皮中萤石在焊接过程中可与氢化合生成氟化氢,具有去氢作用,从而降低了焊缝金属中的含氢量,因此碱性焊条又称为低氢型焊条。由于焊缝金属中的含氢量低,从而抗冷性能较好。

但是萤石不利于电弧稳定,必须采用直流反接法进行焊接。若在药皮中加入稳定电弧的组成物碳酸钾等,便可使用交流电源。碱性焊条的焊接工艺性能差,引弧较困难,电弧稳定性差,飞溅较大,焊缝成形较差,不易脱渣,焊前准备要求高。但焊缝金属的力学性能和抗裂性均较好,可用于合金钢和重要碳钢结构的焊接。

碱性焊条由于含有较多量的氟化钙,焊接时生成的氟化氢,对焊工健康有影响。另外,由于碱性熔渣不具有氧化性,一旦有氢侵入熔池便难以脱出,所以这类焊条对铁锈、油污和水分等很敏感,必须严格控制氢的来源。

碱性焊条的另一弱点是它的工艺性能不如酸性焊条,特别是稳弧性较差,因此必要时可采用直流反接进行焊接。

4.3.2 焊条的分类和牌号

1.焊条的分类

焊条的分类方法很多,可按其用途、熔渣的酸碱度和药皮的主要成分等从不同角度对其进行分类。

(1)按用途分类

根据国家标准和原机械工业部《焊接材料产品样本》,可将焊条按用途分为十大类。

①结构钢焊条:这类焊条的熔敷金属在自然气候环境中具有一定的力学性能,主要用于强度等级较低的低碳钢、低合金钢及低合金高强度钢的焊接。

②钼和铬铝耐热钢焊条:这类焊条的熔敷金属具有不同程度的高温工作能力,主要用于铬和铬钼耐热钢的焊接。

③低温钢焊条:这类焊条的熔敷金属在不同的低温介质条件下具有一定的低温工作能力,主要用于低温钢的焊接。

④不锈钢焊条:这类焊条的熔敷金属在常温、高温或低温中具有不同程度的耐大气或耐腐蚀性介质腐蚀的能力和一定的力学性能。不锈钢可分为铬不锈钢焊条和铬镍不锈钢焊条,主要用于铬不锈钢焊条和铬镍不锈钢的焊接。

⑤堆焊焊条:这类焊条的熔敷金属在常温或高温中具有一定程度的耐不同类型磨耗或腐蚀的性能,主要用于金属表面层堆焊。

⑥铸铁焊条:这类焊条主要用于铸铁的补焊或焊接。

⑦镍及镍合金焊条:这类焊条主要用于镍及镍合金的焊接、补焊或堆焊。某些焊条可用于铸铁补焊、异种金属的焊接。

⑧铜及铜合金焊条:这类焊条用于铜及铜合金的焊接、补焊或堆焊。某些焊条可用于铸铁补焊、异种金属的焊接。

⑨铝及铝合金焊条:这类焊条用于铝及铝合金的焊接、补焊或堆焊。

⑩特殊用途焊条:这类焊条种类较多,目前开发出来的主要用于水下焊接、水下切割等,其中包括高硫堆焊焊条、铁锰铝焊条等。

(2)按熔渣酸碱度分类

按熔渣酸碱度可分为酸性焊条和碱性焊条,上文已经进行了详细介绍。

(3)按药皮主要成分分类

按药皮的主要成分确定焊条药皮类型,上文已作介绍。

2.焊条型号的编制方法

焊条型号是根据熔敷金属的力学性能、化学成分、药皮类型、焊接位置和焊接电流的种类划分的。

(1)碳钢焊条型号

碳钢焊条的型号编制方法如下:

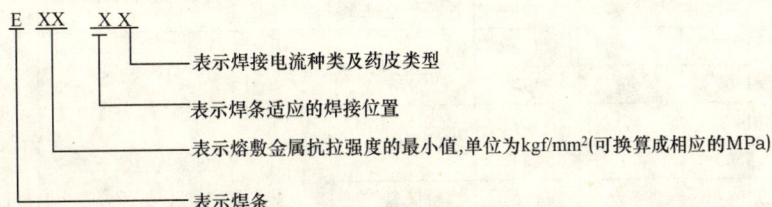

```
E XX   X X
│ │    │ └── 表示焊接电流种类及药皮类型
│ │    └──── 表示焊条适应的焊接位置
│ └───────── 表示熔敷金属抗拉强度的最小值,单位为kgf/mm²(可换算成相应的MPa)
└─────────── 表示焊条
```

字母"E"表示焊条；前两位数字为熔敷金属抗拉强度的最小值，单位为 kgf/mm²（1 kgf/mm²＝9.81 MPa）；第三位数字表示焊条焊接位置，如果是"0"和"1"表示焊条适用于全位置焊（平焊、立焊、仰焊和横焊），如果是"2"表示焊条适用于平焊及平角焊，如果是"4"表示焊条适用于向下立焊；第三位和第四位数字组合在一起，表示焊接电流的种类及药皮类型见表 4-8。碳钢焊条如表 4-9 所示：

表 4-8　　　焊条型号末尾数字与焊条药皮类型及焊接电流种类之间的关系

焊条型号	药皮类型	焊接位置	电流种类
EXX00	特殊型		
EXX01	钛铁矿型		交流或直流正、反接
EXX03	钛钙型		
EXX10	高纤维素钠型		直流反接
EXX11	高纤维素钾型		交流或直流反接
EXX12	高钛钠型	平、立、横、仰	交流或直流反接
EXX13	高钛钾型		交流或直流正、反接
EXX14	铁粉钛型		直流反接
EXX15	低氢钠型		
EXX16	低氢钾型	平、立、横、仰	交流或直流反接
EXX18	铁粉低氢型		交流或直流反接
EXX20	氧化铁型		交流或直流正接
EXX22	氧化铁型		交流或直流正、反接
EXX23	铁粉钛钙型	平、平角	交流或直流正、反接
EXX24	铁粉钛型		交流或直流正、反接
EXX27	铁粉氧化铁型		交流或直流正接
EXX28	铁粉低氢型		交流或直流反接
EXX48	铁粉低氢型	平、横、仰、立向下	交流或直流正、反接

表 4-9　　　部分常用碳钢焊条型号与牌号对应表（GB/T5117-95）

焊条型号	对应牌号	熔敷金属抗拉强度数值（≥） kgf/mm²	MPa	药皮种类	焊条类别	电流种类与极性	用途
E4301	J423	43	420	钛铁矿型		交流或直流正、反接	较重要的碳钢结构
E5001	J503	50	490				
E4303	J422	43	420	钛钙型	酸性焊条		
E5003	J502	50	490				
E4311	J425	43	420	高纤维素钾型		交流或直流反接	一般碳钢结构
E5011	J505	50	490				
E4320	J424	43	420	氧化铁型		交流或直流正接	较重要的碳钢结构
E4327	J424Fe	43	420	铁粉氧化铁型			
E4315	J427	43	420	低氢钠型	碱性焊条	直流反接	重要碳钢、低合金钢结构
E5015	J507	50	490				
E4316	J426	43	420	低氢钾型		交流或直流反接	
E5016	J506	50	490				
E5018	J506Fe	50	490	铁粉低氢钾型			

（2）低合金钢焊条型号

低合金钢焊条的型号编制方法如下：

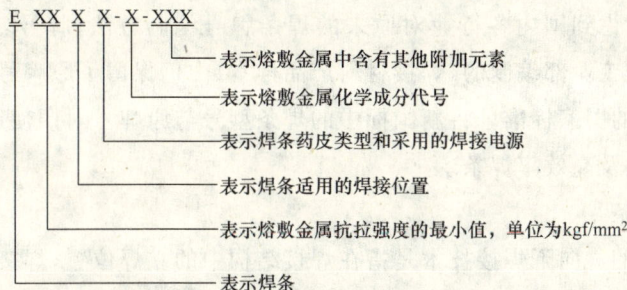

E XX X X-X-XXX
　　　　　　└─ 表示熔敷金属中含有其他附加元素
　　　　　└─── 表示熔敷金属化学成分代号
　　　　└──── 表示焊条药皮类型和采用的焊接电源
　　　└───── 表示焊条适用的焊接位置
　　└────── 表示熔敷金属抗拉强度的最小值，单位为kgf/mm^2
　└─────── 表示焊条

字母"E"表示焊条；前两位数字表示熔敷金属抗拉强度的最小值，单位为 kgf/mm^2；第三位数字表示焊条的焊接位置：如果是"0"及"1"，表示焊条适用于全位置焊接，如果是"2"表示焊条适用于平焊或平角焊，如果是"4"表示焊条适用于向下立焊；第三、四位数字组合在一起，表示焊接电流种类及药皮类型；后缀字母为熔敷金属的化学成分分类代号，并以短画线与前面数字分开。如表 4-10 所示。化学成分分类代号及含义如下：

A　　　　　　碳钼钢焊条

B　　　　　　铬钼钢焊条（根据成分和含量不同分为 1、2、3、4、5）

C　　　　　　镍钢焊条

D　　　　　　锰钼钢焊条

NM　　　　　镍钼钢焊条

G、M 或 W　　其他低合金钢焊条

表 4-10　　　　　　　低合金钢焊条型号（GB/T5118-95）

焊条型号	对应牌号	焊条药皮	焊接位置	电流种类
E50 系列——熔敷金属抗拉强度≥490 MPa				
E5003-X	J502	钛钙型	平、立、仰、横	交流或直流正、反接
E5010-X	—	高纤维素钠型	平、立、仰、横	直流反接
E5011-X	J505	高纤维素钾型	平、立、仰、横	交流或直流反接
E5015-X	J507	低氢钠型	平、立、仰、横	直流反接
E5016-X	J506	低氢钾型	平、立、仰、横	交流或直流反接
E5018-X	J506Fe	铁粉低氢型	平、立、仰、横	交流或直流反接
E5020-X	—	高氧化铁型	平角焊	交流或直流正接
E5020-X	—	高氧化铁型	平	交流或直流正、反接
E5027-X	—	铁粉氧化铁型	平角焊	交流或直流正接
E5027-X	—	铁粉氧化铁型	平	交流或直流正、反接

此外，如果还有附加化学成分，采用附加化学成分的元素符号表示，并以短画线与前面的字母分开，举例如下：

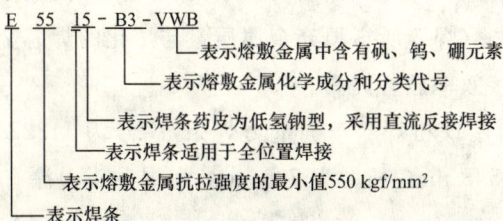

E 55 15 - B3 - VWB
　　　　　　　　└─ 表示熔敷金属中含有矾、钨、硼元素
　　　　　　　└── 表示熔敷金属化学成分和分类代号
　　　　　└──── 表示焊条药皮为低氢钠型，采用直流反接焊接
　　　　└───── 表示焊条适用于全位置焊接
　　　└────── 表示熔敷金属抗拉强度的最小值550 kgf/mm^2
　　└─────── 表示焊条

焊条的牌号是根据焊条的主要用途及性能特点对焊条产品的具体命名,并由焊条厂制定。现用焊条牌号是按照 GB980-1976《焊条分类及型号编制方法》制定的,此标准现虽已停止使用,但考虑到国内各行业对原来的焊条牌号编制方法、牌号名称及标记印象很深,所以在原机械工业部编制的《焊接材料产品样本》中仍保留了原牌号的名称,同时也采用了焊接材料新的国家标准。将新国标中的焊条型号与原牌号对照使用,并加以标注。

(3)专用焊条及高效率焊条

①立向下焊条

焊条电弧焊的立向下焊接技术是指在焊接结构中的立焊位置,焊接时用立向下焊条,由上向下运条进行施焊的一种操作方法。

船体结构中,立角焊缝约占焊缝总长度的 40%,而且大部分立角焊缝的施焊条件差,空间小不易操作,因此,提高立角焊缝的劳动生产率并改善劳动条件是个重要而迫切需要解决的问题。通常立焊都采用从下向上焊的方式,为了防止熔化金属向下淌,必须限制熔池体积,因此需要采用小的焊接电流,同时焊条作横向摆动,致使焊缝形状凸出,浪费金属,生产率低。

目前已研制出多种牌号的立向下焊条,可自上向下施焊,应用日益广泛。立向下焊专用焊条如 E4313,其药皮是高钛钾型,药皮中含有一定量的纤维素(如木粉、淀粉等有机物)。焊接时,这类焊条能够产生较多的保护气体,电弧吹力较大,既能承托住铁水和熔渣使其不下滴,又能增加熔深。这种焊条自上而下焊接,一般不需要摆动,焊接熔池连续,焊工操作方便,劳动强度降低。与凸出的立焊方法相比较,立向下焊接法还有以下优点:

a.焊接速度快,线能量小,焊缝及热影响区晶粒小,焊接接头的力学性能好;焊缝呈微凹或平顶状,焊趾平缓,可避免应力集中,具有良好的抗裂性能。

b.焊接生产率可提高一倍,同时可节约将近一半焊条。

目前国产的立向下焊条的药皮类型有钛型、钛钙型、氧化铁型、纤维素型和低氢型等。酸性焊条中以纤维素型使用最广。立向下焊条的牌号有 J421X、J425、J505、J506X、J507X、J507XG。

②高效率铁粉焊条

为提高焊条的熔敷速度(单位时间内焊缝所得到填充金属的总量),可在焊条药皮内增加铁粉量。这类焊条的牌号有 J421Fe13、J422Fe、J422Fe13、J422Fe16、F422Fe14、J501Fe16、J502Fe14、J506Fe16 等。它们是在钛型、钛钙型、氧化铁型和低氢型药皮的基础上加入 30% 以上的铁粉而得到的,以便焊接时有较多的铁过渡到焊缝中去。同时,铁粉焊条具有较好的导电性和导热性,因而可以采用较大的焊接电流。

铁粉焊条的熔敷效率(焊缝所得填充金属质量与熔化的焊芯金属质量的百分比)可达130%~250%,因而焊接效率显著提高。

还有一种高效率专用铁粉焊条——重力焊条,牌号为 J422Z13、J501Z18、J503Z 等。这种焊条直径多为 5~5.8 mm,长度为 700 mm,在焊条头上涂有专门供氧化用的涂料。

这种焊条专用于重力方式焊接。

重力式焊接法也叫重力焊,它是一种随着焊条的不断熔融消耗,夹持焊条的焊钳便由于重力作用而下降,在使焊条和焊件保持一定角度的状态下,一边沿着焊接线移动一边形成焊缝的焊接方法。这种方法是在焊条电弧焊基础上发展起来的一种半机械化焊接法,所用的装置主要是一个滑轨焊接架,如图 4-26 所示。使用时,把滑轨焊接架的底座靠紧焊接件,将焊钳升起,把焊条夹在焊钳上,焊条的端部对准所要焊的接口,然后借助炭精棒或其他金属棒引燃电弧,焊条开始熔化缩短,焊钳在自重作用下沿滑轨下移并带动焊条沿焊道方向施焊。当焊条熔化到末端约剩 15 mm 时,由于滑轨熄弧圆的作用,焊钳自动翘起熄弧。

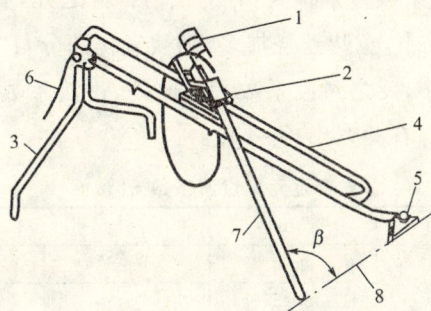

图 4-26　重力式滑轨焊接架

1—焊钳;2—滑块;3—支架;4—滑杆;5—定位块;

6—电缆;7—焊条;8—焊缝

改变滑轨的倾角可获得不同的焊缝长度和焊脚尺寸。焊缝长度可在 800～1100 mm 范围内变化。由于重力焊的设备简单、操作方便,一人可以同时管理几台焊接架施焊和采用长而粗的高效率焊条,所以生产率比一般焊条电弧焊提高 3～5 倍。这种高效率的焊接方法特别适用于水平位置的对接和角接焊缝,目前我国造船厂已推广应用。

4.3.3　焊接冶金

焊接熔池相当于一个小小的炼钢炉,焊接时,熔池的周围充满着大量的气体,熔池中还覆盖着熔渣,这些气体、熔渣与液体金属之间不断地进行着一系列复杂的物理、化学反应,一般称为冶金反应。冶金反应的作用在于消除焊缝金属中的有害物质,增加焊缝金属中所需的有益合金元素,减少可能产生的焊接缺陷,保证焊缝金属的各种性能。但应指出,由于熔池存在时间很短,所以各种冶金反应不像在炼钢炉里那样能够进行得很充分。

这里简要讨论焊接冶金中的渗合金、脱氧、脱硫、脱磷和防止气孔等五个问题。

1. 渗合金

渗合金就是通过焊接材料的冶金反应使焊缝金属获得有益的合金元素。渗合金的途径如下:一通过焊芯渗入;二通过焊条药皮渗入;三既通过焊芯又通过药皮渗入。一般来说,焊接低碳钢和低合金钢的焊条主要是通过药皮来增加合金成分,焊接高合金钢的焊条则主要通过焊芯增加合金成分。

通过药皮渗合金的优点是：药皮成分的调配灵活简便易行，试验周期短；其缺点是在冶金过程中烧损较多，合金利用率低。通过焊芯渗合金的优缺点则恰恰相反，焊芯中的合金元素烧损较少，过渡较多，焊缝成分均匀、稳定，但试制一种合适的焊丝生产周期很长，往往还受冶炼、轧制等过程的限制。

通常用过渡系数 η 来表征合金元素过渡情况。若用 M_u 代表某合金元素在焊芯和药皮中的含量(%)，用 M_f 代表该元素在焊缝金属中的含量(%)，则过渡系数为

$$\eta = \frac{M_f}{M_u} \times 100\%$$

各种合金元素的过渡系数差别很大，有的仅为百分之几，有的达到 $50\% \sim 60\%$，甚至有的高达 90%。过渡系数小，意味着烧损多，则被氧化的分量多。因此，凡与氧亲和力大的合金元素，则过渡系数小，反之过渡系数大。此外，过渡系数还与焊条药皮类型和工艺因素(如弧长、电源极性)等有关，见表 4-11。

表 4-11　　　　　　　　　合金元素过渡系数 η(%)

合金元素	C	Mn	Si	Cr	Mo
钛钙型	44~55	4~8	50~60	50~60	70~80
低氢型		40~55	35~50	55~65	80~90

由表 4-11 可见，酸性焊条药皮的氧化性强，除 Si 以外，其余合金元素的过渡系数均低于碱性焊条。至于 Si 的过渡系数值较高，是由于酸性药皮中含有大量的 SiO_2 的缘故。

2. 脱氧

对于焊缝金属，氧是一种有害的物质，它在焊缝中主要以 FeO 的形式存在。含 FeO 的焊缝金属的力学性能受到影响，因此必须设法减少氧在焊缝中的含量，即脱氧。

所谓脱氧，就是利用焊丝或药皮中加入的某些元素，让这些元素在合金过程中能取代铁的氧化，从而防止 FeO 在焊缝中产生。这种用来脱氧的元素叫做脱氧剂。脱氧剂在焊接高温下对氧的亲和力应比铁与氧之间的亲和力大，脱氧产物应不溶于液态金属，且密度小于液态金属，以便浮出熔池。焊接碳素钢和低合金结构钢时常用的脱氧剂是锰铁、硅铁和钛铁等。

脱氧不仅是针对 FeO 这一种有害物质，其他有害氧化物亦存在脱氧问题，在此不一一论述。

3. 脱硫

硫是钢中的有害物质，在钢材和焊芯中都应严格限制其含量；焊条药皮的某些组成物中亦常含有硫，因此必须采取措施降低其含量。

即使多方面限制硫的含量，硫仍可能进入焊缝金属。硫在低碳钢中以 MnS 和 FeS 的形式存在。FeS 可以无限地溶解于液态钢中，而在固态铁中溶解很少，只有 $0.015\% \sim 0.200\%$，因此熔池凝固时 FeS 即析出，并与 Fe、FeO 等形成低熔点共晶(FeS+Fe 共晶的熔点为 $985\ ℃$、FeS+FeO 共晶的熔点为 $940\ ℃$)，在焊缝结晶过程中析集于晶界上，呈液

态薄膜状,破坏晶间联系力,在焊接应力作用下容易引起开裂。但当焊缝中含碳量增加时,会促使硫发生偏析,从而增加它的危害。

焊接过程脱硫的方法有元素脱硫和熔渣脱硫两种方法。常用的脱硫元素是 Mn,其脱硫反应是 $[FeS]+[Mn]=(MnS)+[Fe]$,反应的产物 MnS 进入熔渣,而被还原的 Fe 留在焊缝中。

熔渣脱硫常采用金属氧化物 MnO 和 CaO 等进行。它们的脱硫反应式分别为

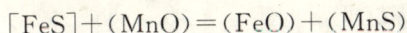

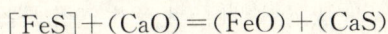

$$[FeS]+(MnO)=(FeO)+(MnS)$$
$$[FeS]+(CaO)=(FeO)+(CaS)$$

反应生成物 MnS、CaS 不溶于金属而进入熔渣,FeO 也留在熔渣中。

用 CaF_2 也可以脱硫,一方面是氟与硫化合成挥发性的氟硫化合物;另一方面是 CaF_2 与 SiO_2 作用可增加 CaO,有利于脱硫。

酸性焊条主要靠增加药皮中的含锰物质(如锰铁等)脱硫,而碱性焊条中主要靠 CaO 及 CaF_2 脱硫。

4. 脱磷

磷也是船用钢材的有害杂质之一,磷在钢中的溶解度很小,仅有千分之几,但它对焊接的危害却不容忽视。磷在钢中以 Fe_2P 和 Fe_3P 形式存在,它们与铁形成低熔点共晶(熔点 1 050 ℃),并引起显著偏析和晶粒长大,增加焊缝金属的不均匀性;同时磷会使金属组织硬脆,降低塑性和韧性,容易造成冷裂。所以钢材和焊条材料中都应严格限制磷的含量。

焊接时的脱磷过程分为两个阶段:

(1)将磷氧化成 P_2O_5,其反应为

$$2[Fe_3P]+5(FeO)=(P_2O_5)+11(Fe)$$

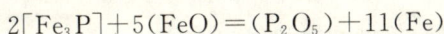

(2)利用碱性氧化物(常用的是 CaO)与 P_2O_5 复合成稳定的磷酸盐,其反应为

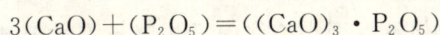

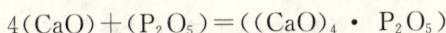

$$3(CaO)+(P_2O_5)=((CaO)_3 \cdot P_2O_5)$$
$$4(CaO)+(P_2O_5)=((CaO)_4 \cdot P_2O_5)$$

从这两阶段的脱磷反应可以看出,要同时有足够的自由 FeO 和 CaO 脱磷效果才较好。但无论是酸性焊条或是碱性焊条,都不同时具备这两种氧化物。酸性焊条熔渣中自由 FeO 虽多,但 CaO 较少;而碱性焊条熔渣中 CaO 虽多,但 FeO 较少。所以两种焊条的脱磷能力都不甚理想,因此,一般要严格控制原材料中的含磷量,以预防为主。

5. 防止气孔的产生

气孔是焊接时常见的一种缺陷,它是气体在焊缝金属中形成的空穴。焊接区内气体的成分随着焊接方法、工艺参数、药皮或焊剂的种类不同而变化。各种反应产生的气体成分主要有一氧化碳、二氧化碳、氢气、水蒸气、氮气和氧气等。其中对焊缝金属产生不利影响的气体主要是氢气、一氧化碳、氧气与氮气。熔池在结晶过程中杂质气体来不及逸出时,就可能残存在焊缝中形成气孔。其形状有球形、椭圆形、旋风形和毛虫形等。气孔存

在的位置有在焊缝表面的,有在焊缝内部的。前者称表面气孔,后者称内气孔。气孔的大小不一,小到在显微镜下才能看到,大的直径达几毫米。气孔的分布有单个存在的,也有密集或呈链状分布的。

气孔不仅削弱了焊缝的有效工作截面,同时也会引起应力集中,将显著地降低焊缝金属的强度与塑性。气孔对动载荷下、特别是在交变载荷下工作的焊接结构更为不利,它将显著降低焊接接头的疲劳极限。因而了解焊缝金属中产生气孔的原因,并找出防止气孔产生的途径,对于获得优质焊缝非常重要。

焊缝中的气孔是常见的一种缺陷,因此防止产生气孔是提高焊接质量的重要问题之一,一般应从焊接冶金和焊接工艺两个方面着手,但就使用焊条(而不是研制焊条)角度来看,主要应从焊接工艺方面来防止气孔的产生。

(1)正确运用焊接操作工艺进行操作时,注意创造熔池中气体浮出等有利条件,例如焊前预热、控制层间温度、运条摆幅、直流反接等,选择合理的焊接规范。

(2)减少或消除有害气体的来源,这是积极而又重要的根本措施。焊前要仔细清除焊件表面的脏物,在焊缝两侧 20～30 mm 范围内不允许有油、锈、水;焊条和焊剂要清洁,并按规定温度进行烘干,所含水分不超过 0.1%。此外,焊条或焊剂应按一级库与二级库的管理规定,科学堆放,防止受潮。

(3)加强对熔池的保护。焊条电弧焊时,尽量采用短弧焊接,不允许使用偏心度过大及药皮局部脱落的焊条,并且电弧不得随意拉长,装配间隙不要过大,特别注意起焊处的引弧。埋弧焊及气体保护焊时,焊剂及保护气体给送也不能中断,保护气的纯度应合格,气体流量应合适。

4.3.4 焊条的选用

1.根据母材的物理性能、机械性能和化学成分

(1)低碳钢、中碳钢和低合金等结构钢,可按母材与焊条等强度选取相匹配的焊条。一般焊缝强度不宜高于母材强度,否则往往由于焊缝抗裂性差或应力集中等原因使焊接接头质量下降。但对刚性大、受力复杂的结构,在设计条件允许下可选用比母材强度稍低的焊条。此外还应考虑焊缝化学成分与母材化学成分不同,因焊后热处理引起的机械性能变化。

(2)合金结构钢与不锈钢异种材料的焊接应选用相适应的焊条,或采用过渡层办法来匹配焊条。

(3)母材中 C、S、P 等杂质含量过高时,应选用抗裂性、抗气孔性好的焊条。

(4)焊缝金属要求具有高塑性、韧性,并具有相应的强度指标时,宜选用碱性低氢型焊条。

(5)不等强度的异种材料焊接时,宜偏向强度低的母材选配焊条。

2.根据工作条件和使用要求

(1)对工作环境有特殊要求的焊接结构(如低温钢、水下焊接),应选用与之匹配的特

种焊条。

（2）在腐蚀介质中工作的焊件，应根据介质情况、工作环境、工作期限来选用专用焊条。

（3）堆焊时，应按综合磨损情况来选配堆焊焊条。

（4）珠光体耐热钢通常选用与母材成分相似的耐热钢焊条，但也要对工作条件、腐蚀介质等全面考虑。

3. 根据焊接结构的特点

（1）对仰焊、立焊较多的焊件，宜选用立向下专用焊条。

（2）因条件限制无法清理焊件坡口或坡口处存在油污、水、锈等，应选用抗油污、水、锈较好的酸性焊条。

（3）几何形状复杂、刚性大的结构，宜选用抗裂性能好的焊条。

4. 根据焊接施工场地和设备情况

（1）当焊件焊前、焊后需要进行热处理，现场不具备条件时，宜选用特殊焊条以补偿。

（2）根据现场的设备情况选用相应焊条。

5. 根据劳动条件和生产效益

（1）酸性焊条和碱性低氢型焊条都能满足设计要求时，宜选用酸性焊条。

（2）当几种焊条都能满足产品的设计要求时，宜选用价格低廉的焊条。

（3）在保证产品质量的前提下，宜选用大规格焊条以提高生产率。

6. 规范对于焊条选用的规定

船体结构所用的焊接材料应符合中国船级社《材料与焊接规范》（2012）的规定，不同级别焊条的扩散氢含量至少应符合表4-12的要求。所选用焊接材料的级别应与船体结构用的钢级相适应，并符合《钢质海船入级规范》（2012）中的规定，焊接材料的选用见表4-13。

表4-12　　　　　　　　　焊接材料等级与扩散氢含量的关系

焊接材料级别	扩散氢含量
1、2、3、1Y、2Y、3Y	不做强制要求
4Y、2Y40、3Y40、4Y40	H15
3Y42、4Y42、5Y42、3Y46、4Y46、5Y46、3Y50、4Y50、5Y50、	H10
3Y55、4Y55、5Y55、3Y62、4Y62、5Y62、3Y69、4Y69、5Y69、	H5

表4-13　　　　　　　　　焊接材料的选用

焊接材料级别	船体结构钢级											
	A	B	D	E	AH32 AH36	DH32 DH36	EH32 EH36	FH32 FH36	AH40	DH40	EH40	FH40
1	×											
2	×	×	×									
3	×	×	×	×								
1Y	×				×②							

（续表）

焊接材料级别	船体结构钢级											
---	A	B	D	E	AH32 AH36	DH32 DH36	EH32 EH36	FH32 FH36	AH40	DH40	EH40	FH40
2Y	×	×	×		×	×						
3Y	×	×	×	×	×	×	×					
4Y	×	×	×	×	×	×	×	×				
2Y40	①	①	①		×	×	×	×	×	×		
3Y40	①	①	①	①	×	×	×	×	×	×	×	
4Y40	①	①	①	①	×	×	×	×	×	×	×	×

注:"×"为适用的等级。

①在普通强度结构钢焊接中不宜采用过高强度级别的焊接材料。

②当采用1Y级焊接材料焊接时,母材的厚度不大于25 mm。

当不同强度的母材被焊接连接时,除在结构不连续处或应力集中区域内应选用较高强度等级的焊接材料外,一般可选用与较低强度级别的母材相适应的焊接材料。

当母材的连接强度相同,韧性级别不同时,除结构受力情况复杂或施工条件恶劣外,一般可选用与较低韧性级别相适应的焊接材料。焊接下列船舶构件和结构时应采用低氢焊条:

(1)船体大合拢时的环形对接缝和纵桁材对接缝;

(2)具有冰区加强的船舶,船体外板端接缝和边接缝;

(3)桅杆、吊货杆、吊艇架、系缆桩等承受强大载荷的舾装件及其所有承受高应力的零部件;

(4)要求具有较大刚度的构件,如首框架、尾框架、尾轴架等,及其与外板和船体骨架的接缝;

(5)主机基座及其相连接的构件。

当焊接高强度钢或钢材碳当量大于0.41%时,建议采用低氢焊接材料。

4.4　焊接设备

从电气性能来说,焊条电弧焊机应具有以下性能才可以满足焊接工艺的要求。

4.4.1　焊条电弧焊机的性能

1.陡降的外特性

所谓外特性是指在电弧稳定燃弧状态下,焊机输出电流(即焊接电流)与其输出端电压之间的关系,即 $U=f(I)$。这种关系曲线叫做焊机的外特性曲线。为了引弧方便及保持电弧的稳定燃烧,这条曲线应是陡降的,且有较高的空载电压及较小的短路电流,如图 4-27 中曲线 1。

图 4-27 中曲线 2 是电弧静特性曲线,也就是电弧稳定燃烧的条件。两条曲线相交于 A、B 两点,这意味着只有在 A、B 两点时,焊机的输出功率才等于电弧功率。事实上只有 A 点是电弧稳定点,即当焊接引弧后,电流很快通过 B 点,而在 A 点稳定燃烧。A 点的电流和电压就是焊接工艺参数的焊接电流和电弧电压。

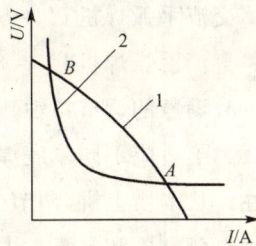

1—焊机外特性;2—电弧静特性
图 4-27　焊条电弧焊机的外特性

为什么焊接电源的外特性应是陡降的呢? 这是从保证焊接工艺参数稳定和电弧的弹性来考虑的。

现在比较具有陡降外特性(见图 4-28 曲线 1)和具有缓降外特性(见图 4-28 曲线 2)的两台焊机在焊接中出现的情况。

开始时,假设电弧在 A_0 点稳定燃烧,其弧长为 l_1,当由于某种原因使弧长发生改变时,将引起焊接电流和电弧电压的改变。若弧长由原来的 l_1 增长到 l_2,那么对外特性曲线 1 来说,新的工作点将转移到 A_1,此时电流减少了 ΔI_{h1};而对于外特性曲线 2 来说,则新的工作点在 A_2,对应的电流减少了 ΔI_{h2}。虽然电弧电压也有改变,但两种外特性的差别不大。生产经验证明,电流的变动对焊缝质量的影响很

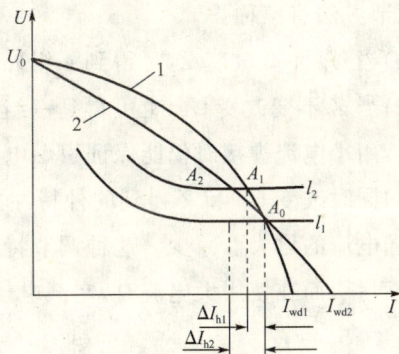

图 4-28　焊机外特性的比较

大。电流降低,将使熔深减小,或出现未焊透和气孔等缺陷。从图 4-28 可见,具有陡降外特性曲线的焊机比缓降外特性曲线的焊机好,它能保证焊接电流强度变化小,焊条熔化均匀,焊件熔深一致,从而保证了焊接质量。

另外,陡降外特性还带来这样的好处:在引弧或焊条金属熔滴过渡,或焊条与焊件短路时,焊机的短路电流比较小,不致使焊机过分发热而损坏。可是外特性太陡了,短路电流太小,会使引弧发生困难,电弧穿透力弱,熔深浅,而且熔滴过渡困难。故焊机应当满足以下条件:

$$1.25 < \frac{I_{wd}}{I_p} < 2$$

式中　I_{wd}——稳态短路电流;

　　　I_p——对应稳定工作点的工作电流。

2. 合适的空载电压

电源的空载电压越高,引弧越容易,电弧燃烧得越稳定。但空载电压过高,焊工操作不安全,并使电源的容量和体积增大,效率和功率因数降低。因此,在满足焊接工艺的前

提下,空载电压应尽可能低些。一般焊机空载电压如下:

交流手弧焊机 $U_0 = 55 \sim 75$ V

直流手弧焊机 $U_0 = 45 \sim 70$ V

3. 满意的调节特性

为了适应不同厚度焊件及不同结构的焊接,要求焊机有良好的调节焊接工艺参数的特性。从本质上讲,调节焊接工艺参数就是调节焊机的外特性。

电弧电压和电流是由电源外特性曲线与电弧静特性曲线相交的稳定工作点所决定。一定电源在给定弧长条件下,只有一个稳定工作点。在稳态工作条件下,电弧电流 I_h、电压 U_h、空载电压 U_0 和等效阻抗 Z 之间关系如下。

$$\dot{U}_h = \dot{U}_0 - \dot{I}_h Z$$

由上式可以看出,电源的调节性能可通过调节电源的空载电压 U_0 或等效阻抗 Z 来实现。

调节方法有三种:

(1)当 U_0 不变改变 Z,可得到一组外特性曲线,见图 4-29(a)。

(2)当 Z 不变改变 U_0,也可得到一组外特性曲线,见图 4-29(b)。具有这种调节特性的焊机,用小电流焊接时仍能保证引燃电弧,这种调节特性还是比较好的。

(3)同时改变 U_0 和 Z 得到的外特性曲线,见图 4-29(c)。空载电压随电流的减少而增大,随电流的增大而减少。这种调节特性是最理想的,因为在使用小电流时,空载电压高容易引弧,而在使用大电流时,空载电压低仍能满足实际需要。

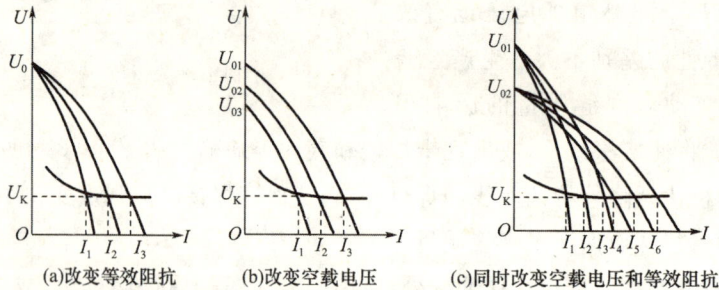

(a)改变等效阻抗   (b)改变空载电压   (c)同时改变空载电压和等效阻抗

图 4-29　焊机电源外特性调节时的变化

4. 良好的动特性

焊接电弧对于焊机来讲是一个动态负载。形成动态负载的原因是当金属熔滴过渡时改变了弧长,大颗粒的金属熔滴甚至会造成短路,即电弧的燃烧经常处于不稳定状态。以焊条电弧焊来说,每秒钟过渡的金属熔滴数目约 $20 \sim 50$ 滴,可见由于金属熔滴过渡引起弧长的变化是极快的,电弧电流、电压也相应不断发生变化,而且是周期性重复的。当熔滴过渡时发生短路,电弧电压等于零,而当熔滴过渡到焊件后,又要求电弧重新引燃,即要求电弧电压迅速恢复到 25 V 左右,一般希望电压恢复时间不超过 0.05 s,这样才能保证电弧不致熄灭,从而使焊接顺利进行。因此,要求焊条电弧焊机对电弧电流、电压的瞬态变化应有一定的适应性。一般来说,弧焊变压器的动特性都没有问题,而直流弧焊机却要规定其动特性指标。

4.4.2 焊条电弧焊机的种类

弧焊变压器也称交流弧焊机,是以交流电形式向焊接电弧输送电能的设备。焊条电弧焊机,按供电种类可分为交流焊机和直流焊机;按其工作原理可分为弧焊变压器、直流弧焊发电机、硅弧焊整流器和弧焊逆变器等。

1. 弧焊变压器

弧焊变压器的基本原理与一般电力变压器相同,但要满足焊接工艺要求,为稳弧要有一定空载电压和较大电感;弧焊变压器主要用于焊条电弧焊、埋弧焊和钨极氢弧焊,应具有下降的外特性;可调节电弧电压和焊接电流。表 4-14 是弧焊变压器的种类。

表 4-14 弧焊变压器的种类

类型	型式	国产型号举例
增强漏磁型	动铁式	BX1-135,BX1-330
	动圈式	BX3-120,BX3-300-1
	抽头式	BX6-120-1
串联电抗器类	分体动铁式(包括多站式)	BP-3×500
	同体动铁式	BX2-500,BX2-1000
	饱和电抗器式	BX10-$\frac{100}{500}$

2. 直流弧焊发电机

直流弧焊发电机是一种特殊发电机,它既要满足一般直流发电机工作原理,又要获得下降的外特性。表 4-15 是直流弧焊发电机的种类。

表 4-15 直流弧焊发电机的种类

类型	型式		国产型号举例
加强电极反应类	裂极式		AX-320
利用电枢反应和串联去磁绕组类	换向极式		AX3-300,AX4-300
	差复激式	并激绕组	AX-250,AX1-165
		它激绕组	AX7-250,AX9-500
在焊接回路中串联镇定电阻	多站式(加复激式)		AP-1000

3. 硅弧焊整流器

硅弧焊整流器在单相或三相变压器的基础上,以硅二极管作为整流元件,将交流电整流成直流电。它与直流弧焊发电机相比有以下优点:

(1)易造好修、节省材料、减轻重量、降低成本、提高效率。

(2)无动力机和发电机的机械转动部分,噪声小。

(3)磁放大器式硅弧焊整流器改变了机械调节方式,采用电磁控制方式。

(4)易于获得不同形状的外特性,以满足不同焊接工艺的要求。同时,也可以实现交直流两用和脉冲焊接。

为获得较平稳的直流电,以及使电网三相负荷均衡,通常都采用三相整流电路,见图 4-30 所示。

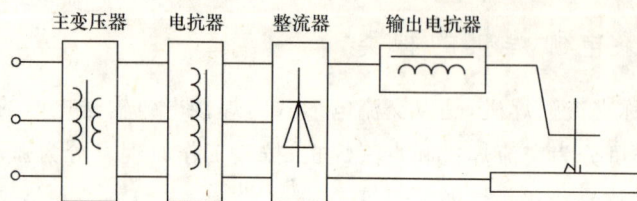

图 4-30 硅弧焊整流器

(1)主变压器是把三相 380 V 电压降至所要求的空载电压。

(2)电抗器可以是交流电抗器或磁饱和电抗器。当主变压器为增强漏磁式或当要求平外特性时,可不用电抗器。

(3)整流器把三相交流整流成直流,常采用三相桥式电路。

(4)输出电抗器是接在直流焊接电路中的直流电感(由带空气隙的铁芯和线圈构成),其作用是改善控制动特性和滤波。

由于硅弧焊整流器有以上优点,使其发展很快,已成为我国普及推广的一种直流弧焊电源。

根据在其中有无电抗器,硅弧焊整流器可分为两类:无电抗器的硅弧焊整流器和有电抗器的硅弧焊整流器。

对于无电抗器的硅弧焊整流器,按主变压器的结构不同又可分为:

(1)主变压器为正常漏磁。这类电源的外特性是近于水平的,主要用于 CO_2 气体保护焊及其他熔化极气体保护焊。按调节空载电压的方法不同又分为:抽头式、辅助变压器式和调压器式。

(2)主变压器为增强漏磁。这类电源由于主变压器增强了漏磁,因而无需外加电抗器即可获得下降外特性并调节焊接参数。按增强漏磁的方法不同,可分为动线圈式、动铁心式和抽头式。

对于有电抗器的硅弧焊整流器,这类硅弧焊整流器所用的电抗器都是磁放大器式的。根据其结构特点不同又可分为:

(1)无反馈磁放大器式硅弧焊整流器(或称为磁饱和电抗器);

(2)有反馈磁放大器式硅弧焊整流器。

根据磁放大器的反馈形式,后者又主要包括外反馈磁放大器式、全部内反馈磁放大器式(自饱和电抗器)和部分内反馈磁放大器式硅弧焊整流器等式(内桥自饱和电抗器)。

4. 弧焊逆变器

弧焊逆变器是一种新型弧焊电源,有晶闸管式、晶体管式和场效应管式三种。它具有省料和节能的显著优点。图 4-31 是晶闸管式弧焊逆变器的基本原理方框图。

弧焊逆变器是把单相或三相 50 Hz 的交流网路电压先输入整流器进行整流和滤波,

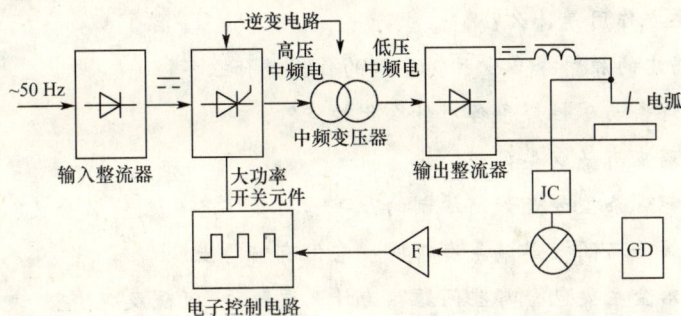

图 4-31　晶闸管式弧焊逆变器的基本原理方框图

然后经过大功率开关电子元件(晶闸管、晶体管和场效应管)的交替开关作用变成几百赫兹到几千赫兹的中频电压,然后经中频变压器降至合适于焊接的几十伏电压。若再次用输出整流器整流并经电抗器滤波,则可把中频交流变成直流输出。由上述分析,弧焊逆变器有以下优点:

(1)体积小、重量轻

整机的体积只有传统弧焊电源体积的 $\frac{1}{3}$ 左右,主变压器的重量仅为传统弧焊变压器重量的几十分之一,整机重量仅为传统弧焊电源重量的 $\frac{1}{5} \sim \frac{1}{10}$。

(2)高效节能

弧焊逆变器的效率可达 $80\% \sim 90\%$,功率因数可提高到 0.99,空载损耗极小,是一种节能效果显著的电源。

(3)具有良好的动特性和弧焊工艺性能

弧焊逆变器采用电子控制电路,可根据不同的焊接工艺要求设计出合适的外特性形状,并且保证具有良好的动特性。

思 考 题

4-1　焊缝与焊接接头各有几种形式?它们在船体结构中各用在哪些部位?

4-2　船体结构中角焊缝有几种形式?

4-3　开坡口的目的是什么?对接接头有几种坡口形式?坡口要素有哪些?它们的作用是什么?

4-4　引弧的方法有几种?运条有几个动作?

4-5　焊缝连接与收尾的方法有几种?

4-6　焊缝的空间位置有几种?它们的施焊操作要领是什么?

4-7　定位焊缝焊接有何要求?长焊缝怎样焊接?

4-8　焊条电弧焊的工艺参数包括哪些?怎样正确选择?焊条由哪两部分组成?它

们的主要作用是什么？

4-9 焊条药皮的原料分多少种？它们的作用是什么？

4-10 酸性焊条与碱性焊条各有什么优缺点？

4-11 焊条药皮有多少类型？

4-12 结构钢焊条型号是如何编制的？字母与数字各代表什么含义？

4-13 专用焊条与高效率焊条有哪些？它们有何特点？

4-14 焊接冶金主要包含哪些问题？为什么要脱氧、脱硫及脱磷？

4-15 气孔是怎样形成的？如何防止气孔的产生？

4-16 船体结构焊接中，选用焊条有哪些原则？

4-17 对焊条电弧焊电源有哪些要求？

第 5 章　造船常用焊接方法

目前,船厂常用的焊接方法有焊条电弧焊、CO_2 气体保护焊、埋弧焊、氩弧焊以及水下修造船用的水下焊接方法等。随着科学技术的发展,新的更高层次的金属材料及设备等不断被应用,同时,生产中对焊接效率和质量的追求日益迫切,使传统焊条电弧焊的不足和使用范围的局限性逐渐暴露出来,其他一些专门的高效焊接方法也被相应开发和应用起来,如多丝埋弧焊、气体保护自动焊、下行焊、重力焊、铁粉焊条高效焊等。下面介绍一些常见的焊接方法。

5.1　埋弧焊

埋弧焊是电弧在焊剂层下燃烧进行焊接的方法,又称焊剂层下焊。埋弧焊的电弧是在一层颗粒状的可熔化焊剂覆盖下燃烧,电弧不外露,不能直接观察熔化空间。所用的金属电极是不间断送进的裸焊丝。目前主要应用的是埋弧自动焊。由于埋弧焊焊剂的主要成分是氧化锰(MnO)、二氧化硅(SiO_2)等氧化性较强的金属和非金属氧化物,因而很难用于焊接铝及铝合金、钛及钛合金,主要用于焊接钢材。埋弧自动焊主要用于中厚板的平焊、平角焊以及有规则的长焊缝。适用于焊接低碳钢、低合金钢、不锈钢和纯铜等。

5.1.1　埋弧焊的实质及其优越性

埋弧焊的实质是在一定大小颗粒的焊剂层下,由焊丝和基本金属之间放电产生的电弧热使焊丝的端部及基本金属熔化,熔化金属凝固后即形成焊缝。埋弧自动焊与焊条电弧焊的区别在于,电弧埋在焊剂中燃烧,焊丝的给送和电弧沿着焊接方向移动都是自动的。

焊接电弧在引弧瞬间弧柱处于垂直位置,待电极沿焊缝开始移动,基本金属上受热最强烈而容易产生弧光放电处就落在电极后面,引起弧柱倾斜。有焊剂层存在使热能高度集中,电弧将溶入基本金属中,并把液态金属向后方排出,使电弧大部分深入基本金属上的熔腔内。

焊缝形成的过程见图 5-1。焊丝末端和焊件之间产生电弧后,电弧的辐射热使周围的焊剂熔化,其中一部分达到沸点,并蒸发形成高温气体,这部分蒸气将电弧周围的熔化焊剂(熔渣)排引,形成一个弧腔,使电弧与外界空气隔绝。电弧在此弧腔内继续燃烧,焊丝便不断熔化形成熔滴落下,与熔化的基本金属混合后便形成焊接熔池。随着电弧不断向前移动,焊接熔池也随之冷却而凝固,形成焊缝。密度较小的熔渣浮在熔池的表面,冷却后成为渣壳。这些过程都是自动进行的,故名埋弧自动焊。

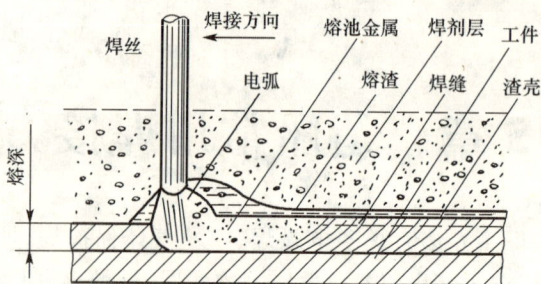

图 5-1   埋弧焊接时焊缝的形成过程

焊接过程如图 5-2 所示,焊接开始时,焊接电弧在导电嘴与焊件之间燃烧,焊丝由送丝机构从焊丝盘中拉出,经过导电嘴送入电弧燃烧区,并保持焊丝的下送速度与焊丝熔化速度相等;同时,焊剂也从焊剂漏斗给送到电弧区周围,堆积成 40~60 mm 的焊剂带,焊接电弧就在焊剂层下燃烧。在完成焊接后,形成焊缝和坚硬的渣壳,未溶化的焊剂可回收使用。

埋弧自动焊的优点:

(1)焊接生产率高。埋弧焊的焊丝伸出长度(从导电嘴末端到电弧端部的焊丝长度)比焊条电弧焊的焊条短,一般在 50 mm 左右,而且是光焊丝,不会因提高电流而造成焊条药皮发红问题,即可使用较大的电流,因此熔深大,生产率较高。对于 20 mm 以下的对接焊可以不开坡口,不留间隙,这就减少了填充金属的数量。

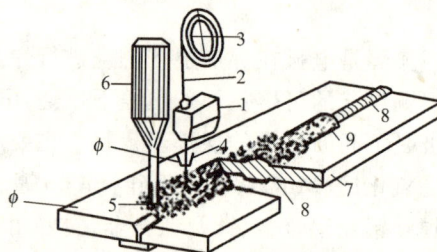

1—送丝机构;2—焊丝;3—焊丝盘;4—导电嘴;5—焊剂;
6—焊剂漏斗;7—工件;8—焊缝;9—渣壳
图 5-2   埋弧自动焊示意图

(2)焊接质量好。因熔池有熔渣和焊剂层的保护,大大减小了氮气、氧气等有害气体的侵入,同时还可以降低焊缝的冷却速度,提高了焊缝金属的强度和韧性。由于焊接速度快,线能量小,所以焊接热影响区的宽度比手弧焊窄,这对防止近缝区金属过热和韧性下降以及减小焊接变形都是有利的。埋弧焊焊接规范比较稳定,焊速均衡,焊缝表面粗糙度小,化学成分和力学性能也比较均匀,由于埋弧焊熔深大,故不易产生未焊透等缺陷,使埋弧自动焊的焊缝外形美观。

(3)节省焊接材料和电能。埋弧焊的熔深大,对于较厚的焊件可以不开坡口进行焊接,能显著减少焊缝中焊丝的填充量,从而节约焊材,也节省了由于加工坡口和填充坡口所耗的电能。由于埋弧焊受焊剂的有效保护,飞溅极少,又没有像焊条电弧焊那样的焊条头的损失,这就提高了填充焊丝的利用率,降低了成本。

(4)焊件变形小。埋弧焊中,热能非常集中,焊接速度也快,因此焊缝热影响区小,从而减小了焊件的变形。

(5)降低焊工的劳动强度。埋弧焊实现了焊接过程机械化,操作较简便,减轻了焊工的劳动强度,而且电弧在焊剂层下燃烧,没有弧光的有害影响,放出的烟尘也较少,从而改善了焊工的劳动条件。

埋弧自动焊使用上的若干限制：

（1）由于埋弧焊需要使用粒状焊剂，依靠焊剂堆积，熔化后形成保护作用，因此，一般只适合于平焊位置。

（2）由于设备比焊条电弧焊复杂，机动灵活性差，用于长焊缝焊接才能显示较大的优越性，短焊缝的焊接因受辅助工作量的影响，反而使生产率大大降低。

（3）适用于中厚板焊接，而不适于薄板焊接。

（4）装配质量要求较严格，如果没有焊缝自动跟踪装置容易焊偏。

总之，埋弧焊适用于低碳钢及合金结构钢中厚板水平面上长焊缝的焊接。

5.1.2　埋弧焊焊接工艺

埋弧自动焊电弧在焊剂层下，焊接时沿焊接方向行进和送丝均是自动控制的一种焊接方法，见图 5-3。它是船舶建造中最广泛使用的一种机械化焊接方法。埋弧半自动焊的焊接行进是靠人工控制，埋弧半自动焊通常用于短焊缝或圆弧形不易机械化控制的焊缝。

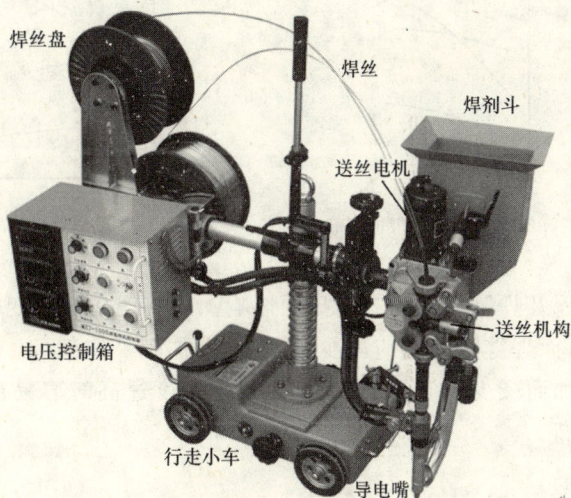

图 5-3　埋弧自动焊构成图

1. 焊缝的形状

埋弧焊焊缝的成形系数 φ 在 0.5～10 之间变化，但最适宜的数值 $\varphi=1.3～2$。

焊缝的化学成分、金相组织和机械性能等在很大程度上取决于基本金属和填充金属在整个焊缝金属中所占的比例。

$$\gamma=\frac{F_{基}}{F_{基}+F_{熔}}$$

γ 数值与焊缝形式、加热规范及焊接技术有关，可在很大范围内变化。如在独立焊道堆焊时，$\gamma=10\%～20\%$；高速双弧焊接对接焊缝时，$\gamma=80\%～85\%$；普通焊接条件下，$\gamma=60\%～70\%$。

2. 焊接规范对埋弧焊焊缝成形的影响

(1)焊接电流

焊接电流是决定焊缝熔深的主要因素。焊接过程中,当其他因素不变,增加焊接电流则电弧吹力增加,电弧可深入母材,使熔深和余高均增大,而焊缝的宽度变化不大。此外焊接电流增加,焊丝的熔化速度也相应增加,因此余高稍有增加。焊接电流对熔深 H、焊缝宽度 B 和余高 e 的影响,如图5-4所示。

(2)电弧电压

电弧电压对熔深的影响很小,主要影响焊缝宽度。在其他因素不变条件下,如增加电弧长度,则电弧电压增加,而熔深和余高只是略有减小。随着电弧电压增加,焊缝宽度显著增加,而熔深和余高略有减小。电弧电压变化对焊缝宽度 B、熔深 H 和余高 e 的影响如图5-5所示。这是由于电弧电压越高,电弧就越长,其在焊件上的活动范围加大,焊件受热面积也增加,因而使焊缝宽度增大。但是电弧电压太大时,不仅使熔深变小,产生未焊透,而且会导致焊缝成形差、脱渣困难,甚至产生咬边等缺陷。所以在增加电弧电压的同时,还应适当增加焊接电流。

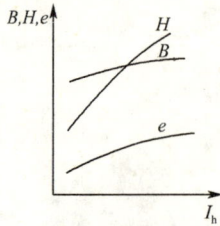

图 5-4　焊接电流对焊缝的影响　　图 5-5　焊接电压对焊缝的影响

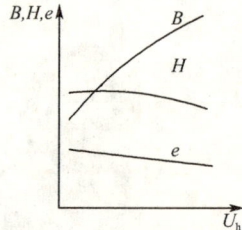

(3)焊接速度

焊接速度对熔深及焊缝宽度均有明显的影响。当其他条件不变时,焊接速度增大,开始时熔深略有增加,而焊缝宽度相应减少,当速度增加到一定值(40 m/h)以后,熔深和焊缝宽度都随速度增加而减少。但是电流过大,焊接速度过高时容易出现咬边等缺陷。因此焊接速度不能太高。

(4)焊丝直径

当焊接电流不变时,随着焊丝直径的增大,电流密度减小,电弧吹力减弱,电弧的摆动作用加强,焊缝宽度增加而熔深稍减。焊丝直径减小时,电流密度增加,电弧吹力加强,焊缝熔深增加。故用同样大小的电流焊接,小直径焊丝可获得较大的熔深。同时,对于一定的焊丝直径,使用的电流范围不宜过大,否则将使焊丝因电阻热过大而发红,影响焊丝的性能及焊接过程的稳定性。

(5)工艺因素

①焊丝倾斜的影响

埋弧焊中,焊丝通常垂直于焊件,但有时也采用焊丝倾斜方式。图5-6所示为焊丝前倾(图5-6(a))和后倾(图5-6(b))时焊接的情况。焊丝在一定倾角内后倾时,电弧力后排熔池液态金属的作用减弱,熔池底部液体金属增厚,故熔深减小。而电弧对熔池前方的母材预热作用加强,故熔宽增大。图5-6(c)是后倾角度对熔深、熔宽的影响。实际工作中焊丝前倾只在某些特殊情况下使用,例如焊接小直径圆筒形工件的环缝等。

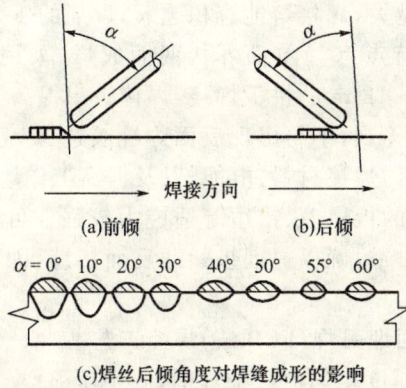

(a)前倾　　　　　　　　(b)后倾

(c)焊丝后倾角度对焊缝成形的影响

图 5-6　焊丝倾角对焊缝成形的影响

②焊件倾斜的影响

焊接中有时因工件处于倾斜位置,因而有上坡焊和下坡焊,它们对焊缝成形的影响明显不同,见图 5-7 所示。上坡焊时(图 5-7(a)、(b)),若工件斜度 β 角大于 6°～12°,则焊缝余高过大,两侧出现咬边,成形明显恶化。实际工作中应避免采用上坡焊。下坡焊的效果与上坡焊相反,见图 5-7(c)、(d)。

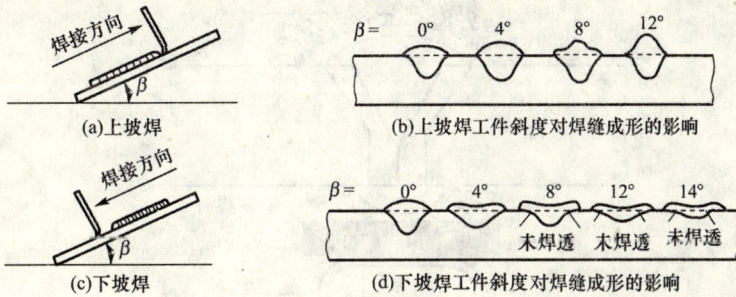

(a)上坡焊

(b)上坡焊工件斜度对焊缝成形的影响

(c)下坡焊

(d)下坡焊工件斜度对焊缝成形的影响

图 5-7　工件斜度对焊缝成形的影响

5.1.3　高效埋弧焊工艺及装备

1.焊剂垫单面埋弧焊(RF 法)的原理和特点

以热固化焊剂(RF-1)作为沉淀,衬托在钢板接缝下面,利用软管充气将带有热固化衬垫焊剂和下敷焊剂的焊剂槽上升,使热固化衬垫焊剂紧贴焊件接缝反面,焊接时电弧将焊剂熔透,并加热了热固化焊剂,当加热到 80～120 ℃后,热固化焊剂发生脱水缩合反应而固化,强制熔融金属反面成形,从而获得正面焊接两面成形的焊缝,如图 5-8 所示。

焊缝的质量、成形在很大程度上取决于焊剂承托力的均匀性和焊缝中间隙宽度的一致性。焊接规范合适,则能获得优质焊缝,并具有良好的背面成形。

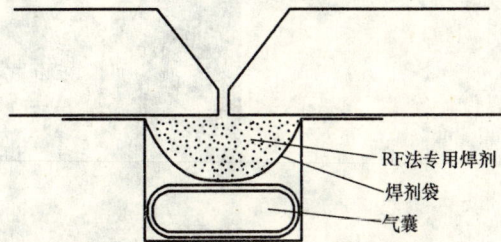

图 5-8　焊剂垫单面埋弧焊(RF 法)的原理图

通常，板材越薄，电弧功率越大，焊接熔池容积越大，焊剂的压力应越低。

焊剂垫单面埋弧焊的特点：(1)单面焊接两面成形，采用双丝焊接可适用于板厚为16～22 mm、焊缝长度为6～12 m的拼板焊接，焊接效率提高3～4倍。(2)由于热固化焊剂的功能，使焊缝反面成形美观，不易出现反面焊缝咬边、焊瘤等缺陷，不需要焊件翻身。节省碳弧气刨工作量，并节约焊接材料、电能，以及提高工作场地的利用率。(3)对坡口的精度要求比较低，对两钢板的板厚差、错边等适应力较强。可作为平面分段流水线工位，提高装焊效率。利用钢板自重，确保焊剂垫紧贴反面接缝，因此无须压力架装置。(4)焊缝的力学性能优良。

2.焊剂铜衬垫多丝单面埋弧焊(FCB法)焊接工艺

FCB法是在铜板上撒厚度均匀的衬垫焊剂，并用压缩空气软管等顶升装置把上述撒好焊剂的铜板压紧到焊缝背面，从正面进行焊接而形成背面焊道的一种单面埋弧焊接法。该法是1947～1948年发明的，铜垫板由紫铜制成，沿其中部开有成形槽，通常成形槽宽12～20 mm，深1.5～2.5 mm。

焊接时，在待焊板与铜垫板间人为造成一个很薄的焊剂层(焊剂可通过板缘间隙撒下，也可预先把焊剂撒在铜板上)，这层很薄的焊剂层起薄焊剂垫作用，以便形成背面焊道和保护铜垫板，见图5-9。

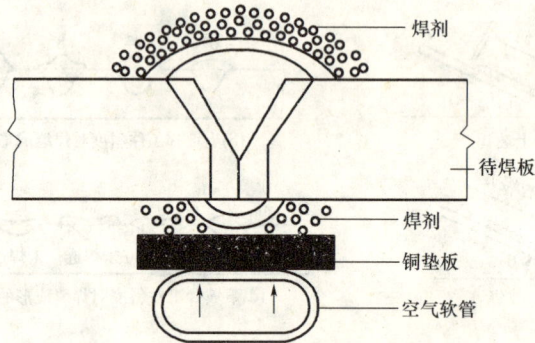

图5-9 焊剂铜垫板单面埋弧焊(FCB法)焊接示意图

FCB法通常用双丝或多丝焊机进行焊接。厚度在25 mm以下的钢板，用双丝焊一个焊程就可完成焊接。厚度更大的钢板宜采用三丝、四丝焊，其焊接接头的质量和生产效率都较好。图5-10是某厂平面分段流水线上的三丝FCB法焊接工艺。

图5-10 三丝FCB法焊接工艺

3. 软衬垫单面埋弧焊（FAB法）的原理及特点

FAB法是1968年日本神户制钢所开发出来的一种单面埋弧自动焊方法。其特点是简便、省力、材料成本低廉。它主要应用于曲面钢板的拼接以及船体建造中船台合拢阶段甲板大口的焊接。

柔性焊剂垫（见图5-11）是一种烧结型条块，上面置有玻璃纤维带，衬垫表面具有一定柔性（既能与钢板紧贴又能保护焊缝反面成形），焊剂垫下有石棉条（起隔热和保护作用），为防止焊剂垫吸潮，用薄膜包装成一整体。

由于软衬垫是可挠曲的，所以它可以焊接曲面焊缝。软衬垫紧贴钢板接缝是靠衬垫上的两面胶带及支撑衬垫的简单工具，不需要气垫装置、压力架等复杂设备，使用方便。但由于其在焊接时产生一定的气味对人体有影响，随之用陶质衬垫来取代了。

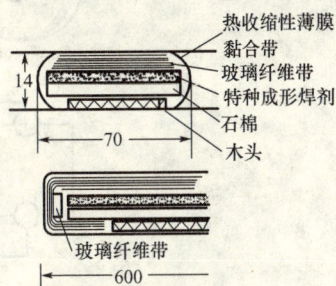

图 5-11　柔性焊剂垫

5.2　CO_2 气体保护焊

CO_2 气体保护焊是以气体为保护介质的电弧焊方法，它的独特性为世人所瞩目。在气体保护焊中一般以惰性气体为保护介质，而应用 CO_2 这种保护气体作为保护介质是唯一的，也是特殊的例外。

CO_2 气体保护半自动焊在我国出现于20世纪50年代，直到80年代中期才在造船业中全面推广应用，90年代已成为造船厂（尤其是大型造船厂）造船焊接的最主要方法之一，约占焊接工作量的40%～50%，目前 CO_2 气体保护焊作为主要的高效焊接方法已在国内各造船厂中普遍应用。

CO_2 气体保护焊是通过焊丝与母材（工件）间产生的电弧热熔化焊丝与母材形成熔池金属，CO_2 气体自喷嘴喷出形成保护气罩，对焊丝、电弧和熔池进行机械保护作用以防止大气的侵入，从而获得良好的焊接接头。

如图5-12所示，焊丝自焊丝盘拉出，经送丝轮进入焊枪导丝软管（弹簧钢丝管），由导电嘴出来后与母材之间产生电弧，熔化焊丝和母材。合适的 CO_2 气体流量自喷嘴喷出形成稳定匀称的保护气罩，有效地阻止大气的侵入，这是 CO_2 气体保护焊获得优良焊接质量的重要因素之一。

焊丝的送进是通过送丝轮自动进行的，如果焊枪的移动（有时带摆动）也是由机械装置自动完成的，则称为 CO_2 气体保护自动焊。如果焊枪的移动（有时带摆动）必须由焊工直接操纵的，则称为 CO_2 气体保护半自动焊。

5.2.1　CO_2 保护焊的特点、不足及应用范围

1. CO_2 保护焊的特点

（1）生产效率高

尽管 CO_2 气体保护焊常用的焊丝直径偏细（$\varphi \leqslant 1.6$ mm），但是可使用较大的焊接电

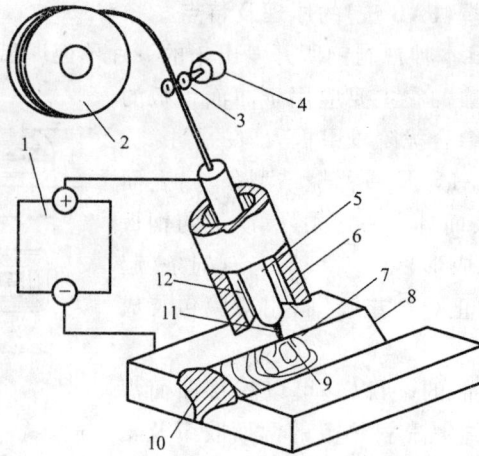

1—焊接电源；2—焊丝盘；3—送丝轮；4—送丝机；
5—导电嘴；6—喷嘴；7—电弧；8—母材；9—熔池；
10—焊缝金属；11—焊丝；12—保护气体（CO_2）

图 5-12　CO_2 气体保护焊示意图

流，其电流密度大大超过焊条电弧焊和单丝埋弧自动焊，因而焊丝的熔敷系数也大，如表 5-1 所示，故明显地提高了焊接效率，根据实测，CO_2 气体保护焊的焊接效率比焊条电弧焊提高三倍以上。

表 5-1　　　　　　　　　　不同焊接方法熔敷系数对比

焊接方法	焊条电弧焊	单丝埋弧自动焊	CO_2 气体保护焊
焊接电流密度（A/mm²）	13～18	45～55	100～300
熔敷系数（g/A·h）	8～9	13～17	15～22

（2）焊接变形小

CO_2 气体保护焊由于焊丝直径小，电弧热量集中，工件受热面积较小，故焊接变形也小，用于矫正变形的工作量也少，甚至不用矫正。

（3）适用于全位置焊接

细丝 CO_2 气体保护焊熔滴采用短路过渡，有利于焊缝成型，基本上无熔渣或少量熔渣，又是明弧工作，有利于实现全位置焊接。

（4）抗裂性能好

焊接区域具有特殊的气体环境，焊缝含氢量低，所以在焊接低合金钢等材料时具有不易产生冷裂纹的效果。

（5）焊接综合成本较低

CO_2 气体来源丰富（有的是工业副产品），价格低廉，焊接能耗较小，电弧热利用率高，即便使用药芯焊丝，但由于焊接质量高，返修率低，矫正变形工作量少，所以综合成本还是较低的。

2. CO_2 保护焊存在的不足之处

CO_2 气体对电弧区的保护作用是柔性的，极易受空气流的干扰而失效，所以有"怕风"之说，尤其在室外作业时更需有防风措施。其次采用实芯焊丝焊接时飞溅较大，焊道的外表成型略显粗糙。CO_2 气体具有较强的氧化性，因此不适用于焊接易氧化的某些金属(如铝、钛和镁等)。

3. CO_2 气体保护焊的应用范围

CO_2 气体保护焊经过 20 多年的发展,目前已成为较成熟的电弧焊方法,从被焊的材料看,既能焊接碳钢和低合金钢,又能焊接不锈钢和耐热钢,甚至还可以用来焊补铸铁等焊接性较差的金属材料。从工件厚度来看,薄板、中板和厚板都可以焊接,并且可以进行全位置焊接。

5.2.2　CO_2 气体保护焊的冶金特点

在常温下,CO_2 气体的化学性能呈中性,在电弧高温下,CO_2 气体被分解后呈很强的氧化性,能使合金元素氧化或烧损,降低焊缝金属的力学性能,还可能成为产生气孔和飞溅的根源。合金元素的烧损、气孔和飞溅是 CO_2 气体保护焊冶金中三个主要问题。

1. 合金元素的烧损

CO_2 气体保护焊中的保护气体在电弧的高温作用下将进行分解。

$$CO_2 = CO + O$$

CO_2 气体的热分解温度关系见图 5-13。由图5-13可以看出:随着温度的升高,CO_2 气体的分解增加,在电弧的温度下几乎全部分解。当温度为 3 100 K 时,CO_2 保护气氛中将含有 20% 的氧,O_2 分解为自由氧,这时保护气氛的氧化性已超过了空气的氧化性。

$$O_2 \rightarrow 2O$$

合金元素在这样的氧化性气氛中发生氧化,发生如下的反应。

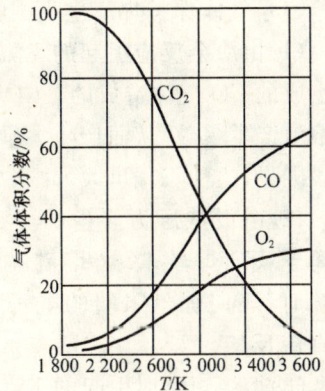

$$Fe + O \rightarrow FeO$$

$$Si + 2O \rightarrow SiO_2$$

$$Mn + O \rightarrow MnO$$

$$FeO + C \rightarrow Fe + CO$$

图 5-13　CO_2 热分解时气体的平衡成分与
温度的关系

CO 在电弧高温下急剧膨胀,使熔滴爆破而引起金属飞溅。由于合金元素的大量烧损,同时焊缝氧含量增加,焊缝金属力学性能降低,故必须脱氧。

脱氧的办法是在焊丝中增加脱氧元素,常用的脱氧元素是 Si、Mn、Al、Ti 等,常采用 Si、Mn 联合脱氧。当焊丝中这些脱氧元素含量较多时,在完成脱氧任务后,其剩余部分留在焊缝金属中,有助于改善焊缝金属力学性能。

$$2FeO + Si \rightarrow 2Fe + SiO_2$$

$$Mn + FeO \rightarrow Fe + MnO$$

Si 和 Mn 一部分用于脱氧,另一部分充当合金元素,完成渗合金。

现在,焊接低碳钢时常采用 H08MnSiA 焊丝,焊接低合金钢时常采用 H08Mn2SiA 焊丝。

2. 气孔问题

在 CO_2 气体冷却下,熔池金属凝固较快,容易在焊缝中产生气孔。可能产生的气孔有三种:一氧化碳气孔、氢气孔和氮气孔。当焊丝中脱氧元素少,且熔池内氧化性较强时,熔池内将发生下列反应：

$$FeO+C=Fe+CO\uparrow$$

铁被还原，同时还生成 CO。若 CO 在熔池凝固前来不及逸出就会造成 CO 气孔。

当焊件表面有大量水、油、锈或 CO_2 气体中含水分较多时，容易产生气孔。

当 CO_2 气体流量较少、喷嘴被飞溅堵塞、喷嘴与焊件之间距离过大或焊接场地有侧向风时，气体保护效果差，以致空气中氮进入熔池，就会造成氮气孔。

如果焊丝所含的脱氧元素适量，喷嘴设计合理，并有足够的保护气体流量，使保护效果良好，同时将焊件与焊丝表面的油、锈等污物清除干净，而所采用的焊接工艺参数合适时，一般就能有效地防止气孔的产生。

3. 飞溅问题

CO_2 气体保护焊时容易产生飞溅。大量飞溅不仅增加了焊丝的损耗，使焊件表面被金属熔滴溅污，更主要的是容易造成喷嘴堵塞，使气体保护效果变差，导致焊缝容易形成气孔。如果金属熔滴溅在导电嘴上，会破坏焊丝的给送运动，引起焊接过程不稳定，使焊缝成形变坏，因此必须设法减少飞溅。

CO_2 气体保护焊产生飞溅的原因及减少的措施主要有以下几方面：

(1) 由冶金反应引起的飞溅。这种飞溅主要由于焊接过程中熔滴和熔池中的碳被氧化生成的 CO 气体造成的。CO 在电弧高温作用下，体积急剧膨胀，压力迅速增大，使熔滴和熔池产生爆破，从而产生大量飞溅。目前采用含有较多脱氧元素的焊丝，并降低焊丝中的含碳量，这种飞溅可大大减少。

(2) 由极点压力产生的飞溅。这种飞溅主要取决于电弧的极性。当采用正接时，正离子飞向焊丝末端，熔滴在很大冲击力作用下破碎，形成大颗粒飞溅。而当采用反接时，飞向焊丝末端的电子冲击力小，所以飞溅较少。因而 CO_2 气体保护焊要采用直流反接。

(3) 熔滴短路时引起的飞溅。这种飞溅主要是由于焊接电源的动特性不合适所造成的。当短路电流增长速度过快，或短路电流过大时，会使过渡中的熔滴剧烈加热，且因电磁收缩力的作用，熔滴颈缩处的液体金属迅速爆破，产生较多的细颗粒飞溅，当短路电流增长速度过慢时，熔滴颈缩不能迅速断开，致使伸出导电嘴的焊丝处于电阻热作用的时间相应增长，并成段软化或断落，同时伴有大颗粒飞溅。通过改变串联在焊接回路中的电抗器的电感值，调得合适的短路电流增长速度，可以减少这种飞溅。

5.2.3　CO_2 气体保护焊的焊接材料

CO_2 气体保护焊所用的焊接材料有 CO_2 气体和焊丝。

1. CO_2 气体

纯净的 CO_2 是无色、无味和无毒的气体，在 0 ℃ 和一个大气压下，它的密度为 1.98 kg/m^3，是空气的 1.5 倍。一般将其压缩成液体贮存于钢瓶以供使用。容量为 40 L 的钢瓶，可装 25 kg 液态 CO_2。一般要求 CO_2 纯度应大于 99.5%，否则会降低焊缝的力学性能，焊缝也易产生气孔。

2. 焊丝

CO_2 焊丝既是填充金属又是电极，所以既要保证一定的化学成分和力学性能，又要保证具有良好的导电性能和工艺性能。

CO_2 焊丝分为实芯焊丝和药芯焊丝两种。

(1)实芯焊丝

根据 CO_2 气体保护焊的冶金特点,进行低碳钢、低合金钢和船用高强钢焊接时,为防止气孔、减少飞溅,保证具有较高的力学性能必须采用含锰、硅等脱氧元素的合金钢焊丝,同时,还应限制焊丝中的含碳量在 0.10% 以下。

H08Mn2SiA 焊丝是目前 CO_2 焊中应用最为广泛的一种焊丝。它有较好的工艺性能,较高的力学性能以及抗裂缝能力,适宜焊接低碳钢和 $\delta_s \leqslant 50 \times 9.8$ MPa 的低合金钢,焊接船用强度钢和船用高强度钢也可用该种实芯焊丝。H08Mn2SiTiA 焊丝含碳量很低,且含有 0.2%～0.4% 的钛元素,所以抗气孔能力强,用于致密性要求高的焊缝上(不允许微气孔存在的焊缝)。

CO_2 气体保护焊所用的焊丝直径在 0.5～5 mm 范围内。一般为 0.5 mm、0.6 mm、0.8 mm、1.0 mm、1.2 mm、1.6 mm、2.0 mm、2.5 mm、3.0 mm、4.0 mm、5.0 mm 等几种规格,自动和半自动焊均可使用。CO_2 焊丝通常以盘状供应。焊丝表面最好镀铜,这不仅可以防止焊丝生锈,有利于焊丝的保管,同时还可以改善导电性能以及减少送丝阻力。

(2)药芯焊丝

药芯焊丝起源于 20 世纪 50 年代,飞速发展于 20 世纪 70 年代后。我国药芯焊丝的使用始于 20 世纪 80 年代初宝山钢铁公司的建立,其后,在船舶制造和海洋结构行业、机械制造行业、能源化工行业、建筑和桥梁行业、输油及输气管线建设行业等相继使用,在各行各业中以船舶制造和海洋结构行业使用药芯焊丝量最大。事实上,我国药芯焊丝的普及首先是从造船工业开始逐步扩大到各行各业中的,目前 70% 以上药芯焊丝都用于造船工业,CO_2 药芯焊丝的焊接将作为造船厂的主要焊接工艺与焊接材料。近年来,在其他行业药芯焊丝的使用量正不断地提高并保持强劲的增长势头。

药芯焊丝是将薄钢带卷成圆形钢管或异形钢管的同时,在其中填满一定成分的药粉,经拉制而成的一种焊丝,又称为粉芯焊丝或管状焊丝。药粉的作用与焊条药皮的作用相似,区别在于焊条药皮涂敷在焊芯的外层,而药芯焊丝的粉末被薄钢包裹在芯里。药芯焊丝绕制成盘状供应,易于实现机械自动化焊接。

①药芯焊丝的特点

a.由于是气—渣联合保护,电弧稳定,飞溅小,焊缝成形美观,同时能更有效地防止空气对液体金属的有害作用,更容易获得优质焊缝。

b.对钢材的适应性强,只需调整焊芯中的合金成分与比例,就可以焊接和堆焊不同成分的钢材,这一点是其他焊接方法很难做到的。

c.生产效率高,一方面可进行自动化和半自动化连续生产,另一方面它的熔敷速度快,其生产率是焊条电弧焊的 3～5 倍。

d.对焊接电源无特殊要求,交、直流电源均可。

药芯焊丝的主要缺点是焊丝的制造比较复杂,送丝较实芯焊丝困难,焊接烟尘较大,焊丝表面易腐蚀,药粉易受潮。

②药芯焊丝的分类

药芯焊丝按不同的情况有不同的分类方法。按保护情况可分为气体保护药芯焊丝

（CO_2、富 Ar 混合气体）和自保护药芯焊丝（药芯焊丝不需要外加保护气体）；按焊丝直径可分为细直径焊丝（2.0 mm 以下）和粗直径焊丝（2.0 mm 以上）；按焊丝断面可分为简单 O 型断面和复杂断面，如图 5-14 所示；按使用电源可分为交流电源和直流电源；按填充材料可分为造渣型焊丝（药芯成分以含造渣剂为主）和金属粉芯药芯焊丝（药芯成分以含渗合金剂及脱氧剂为主）。

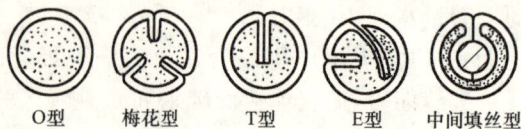

O型　梅花型　T型　E型　中间填丝型

图 5-14　药芯焊丝断面形状

药芯焊丝在国际上被公认是为是焊接材料中最先进、发展最快的高科技技术之一，并将成为 21 世纪焊接材料的主导产品。随着药芯焊丝用量逐步扩大，应用范围也将日益广阔。

（3）焊丝的牌号

①实芯焊丝牌号的编制

牌号的第一个汉语拼音大写字母"H"表示焊接用实芯焊丝。

"H"后面的一位数字或两位数字表示含 C 量的万分之几。

化学元素符号及其后面的数字表示该元素大致的百分含量数值。合金元素含量小于 1% 时，该合金元素符号后面的数字"1"省略。

在结构钢焊丝牌号尾部标有"A"或"E"时，"A"表示优质品，说明该焊丝的硫、磷含量比普通焊丝低（≤0.030%）；"E"表示高级优质品，其硫、磷含量更低（≤0.025%）；尾部未注字母"A"或"E"的，说明是普通焊丝，硫磷含量小于 0.040%。

实芯焊丝的牌号举例如图 5-15：

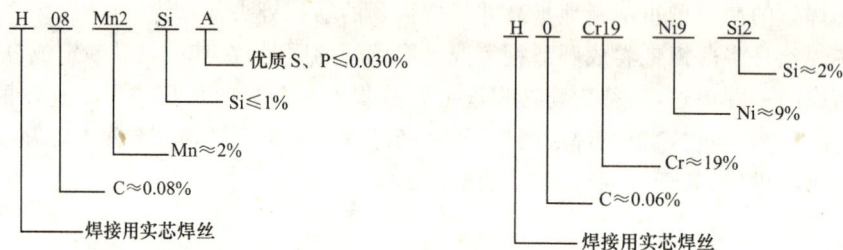

H　08　Mn2　Si　A

优质 S、P≤0.030%
Si≤1%
Mn≈2%
C≈0.08%
焊接用实芯焊丝

H　0　Cr19　Ni9　Si2

Si≈2%
Ni≈9%
Cr≈19%
C≈0.06%
焊接用实芯焊丝

图 5-15　实芯焊丝的牌号

②药芯焊丝牌号的编制

我国的不锈钢药芯焊丝牌号有新、旧两个类型。旧类型是历史比较早的药芯焊条厂家习惯使用的，其编制方法基本与手工焊条牌号相同，只是牌号前的字母不同（如"Y"）用以区别手工焊条。新类型规定药芯焊线根据药芯类型、是否采用保护气体、焊接电流种类以及对单道焊和多道焊的适用性进行分类。

根据 GB10045-88 的规定，药芯焊丝型号由焊丝类型代号和焊缝金属的力学性能两部分组成。

第一部分以英文字母"EF"表示药芯焊丝代号。代号后面的第一位数字表示适用的焊接位置："0"表示用于平焊和横焊，"1"表示用于全位置焊。代号后面的第二位数字或字母为类型代号(见表5-2)。

表 5-2　　　　药芯焊丝分类及类型代号(GB10045-88)

焊丝类型	药芯类型	保护气体	电源种类	适用性
EF×1—	氧化钛型	二氧化碳	直流反接	单道焊和多道焊
EF×2—	氧化钛型	二氧化碳	直流反接	单道焊
EF×3—	氧化钙—氟化物型	二氧化碳	直流反接	单道焊和多道焊
EF×4—	—	自保护	直流反接	单道焊和多道焊
EF×5—	—	自保护	直流反接	单道焊和多道焊
EF×G—	—	—	—	单道焊和多道焊
EF×GS				单道焊

第二部分在短线"-"后用四位数字表示焊缝的力学性能:前两位数字表示抗拉强度最低值(见表5-3);后两位数字表示冲击吸收功,其中第一位数字表示冲击吸收功不小于27 J所对应的试验温度,第二位数字表示冲击吸收功不小于47 J所对应的试验温度(见表5-4)。药芯焊丝的牌号举例如图5-16。

表 5-3　　　　焊缝金属强度系数

强度系列	抗拉强度/MPa	屈服点/MPa	伸长率/%
43	430	340	22
50	500	410	22

表 5-4　　　　焊缝金属吸收冲击功(V 形缺口)

第一位数	吸收冲击功/J		第二位数	吸收冲击功/J	
	温度/℃	冲击功/J		温度/℃	冲击功/J
0	没有规定		0	没有规定	
1	+20		1	+20	
2	0		2	0	
3	−20	≥27	3	−20	≥47
4	−30		4	−30	
5	−40		5	−40	

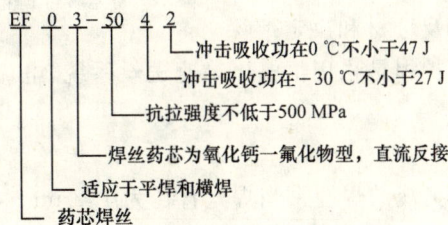

```
EF  0  3 - 50  4  2
             └─ 冲击吸收功在0 ℃不小于47 J
           └─── 冲击吸收功在−30 ℃不小于27 J
        └────── 抗拉强度不低于500 MPa
      └──────── 焊丝药芯为氧化钙—氟化物型,直流反接
   └─────────── 适应于平焊和横焊
 └───────────── 药芯焊丝
```

图 5-16　药芯焊丝的牌号

5.2.4　CO_2 气体保护焊的焊接工艺

为了获得优质的焊接接头和较高的生产效率,应该正确选择操作方法、焊接规范和做好焊前准备工作。

1. 焊炬位置

(1)焊炬角度

根据焊炬的倾角与移动方向分为左焊法和右焊法,见图5-17。CO_2 气体保护焊多用左焊法,亦称后倾角焊法。

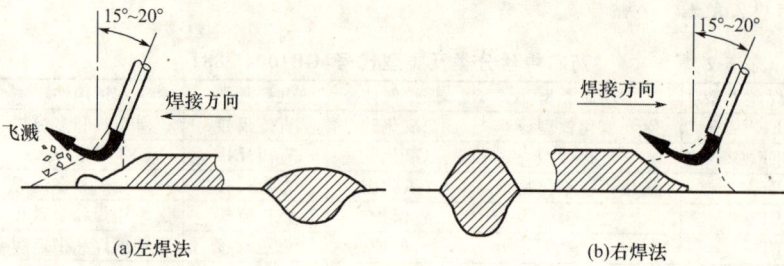

图 5-17 平焊时焊炬的倾角

左焊法焊炬后倾 15°到 20°,在电弧力的作用下把熔化金属吹向前方,此时焊缝的宽度稍增加但不均匀,熔深变浅,同时还产生较大飞溅。

(2)焊炬高度

干伸长度即焊丝从导电嘴到工件的距离。短路过渡 CO_2 焊所用的焊丝很细,因此,焊丝干伸长度对熔滴过渡、电弧的稳定性及焊缝成形均具有很大的影响。干伸长度过大时,电阻热增大,焊丝容易因过热而熔断,导致严重飞溅及电弧不稳。而干伸长度过小时,喷嘴离工件的距离很小,飞溅金属颗粒易堵塞喷嘴。导电嘴到工件的距离与焊丝干伸长示意图如 5-18 所示。通常短路过渡时,干伸长度一般应控制在 5~15 mm 内。

细颗粒过渡 CO_2 焊所用的焊丝较粗,焊丝干伸长度对熔滴过渡、电弧的稳定性及焊缝成形的影响不如短路过渡那样大。但由于飞溅较大,喷嘴易于堵塞,因此,干伸长度应比短路过渡时选得大一些,一般应控制在 10~20 mm 内。

2. 焊接规范

(1)焊接电流

焊接电流是熔化焊丝及母材和决定熔深

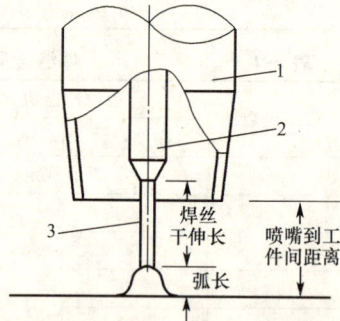

1—喷嘴;2—导电嘴;3—焊丝

图 5-18 导电嘴到工件的距离与焊丝干伸长示意图

的重要因素。CO_2 气体保护焊是采用恒电压等速送丝系统,电流的调节是通过送丝速度进行控制。

短路过渡时,焊丝直径为 1.2 mm、电流 200 A 以下,焊丝直径为 1.6 mm、电流 250 A 以下,此时飞溅小,可获得美观的焊缝。当焊丝直径为 1.2 mm、电流 200 A 以上,焊丝直径为 1.6 mm 电流、300 A 以上为射流过渡,此时能获得熔深较大的焊缝。

(2)电弧电压

电弧电压的大小说明电弧的长短,同时它又是决定焊缝宽度的主要因素。电弧电压与焊缝截面形状的关系见图 5-19。

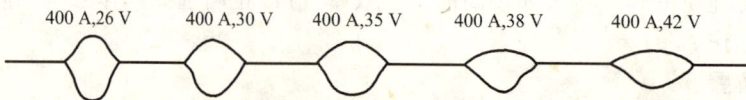

图 5-19 电弧电压与焊缝截面形状关系

短路过渡区域内的电压范围很小,大约为 0.5~1.5 V,电压合适时,电弧发出均匀的

"噗噗"声;电压过低时,这种声音不连续,甚至发生焊丝与母材间固体短路和强烈的爆破飞溅。

射流过渡区如将电压逐渐降低,电弧渐渐潜入母材,飞溅降低,焊缝截面呈凸状。进一步降低电压,焊丝会插入熔池而短路,并发出"吧吧"的飞溅。

(3)焊接速度

焊接速度与焊接电流、电弧电压一样,对熔深、焊缝截面形状都有重要影响。焊接速度过慢易产生满溢;焊接速度过快会产生咬边、未熔合等缺陷,半自动焊最合适的焊接速度是 18～30 m/h。焊接速度与焊截面形状关系见图 5-20。

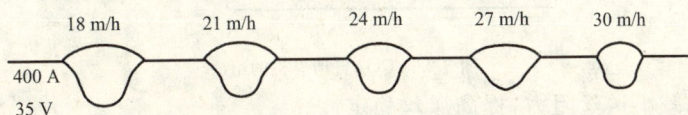

图 5-20　焊接速度与焊缝截面形状关系

5.2.5　CO_2 气体保护焊的焊接设备

CO_2 焊机根据其自动化程度、机型和外观的不同而具有较大差异。但其基本组成是相似的,由以下 7 个部分组成:①焊接电源;②控制箱;③送丝机;④焊枪(对于自动焊为焊接小车);⑤遥控盒;⑥CO_2 气体减压表及流量计;⑦冷却水循环装置(用于大电流焊接时冷却焊枪)。其示意图如 5-21 和 5-所示。

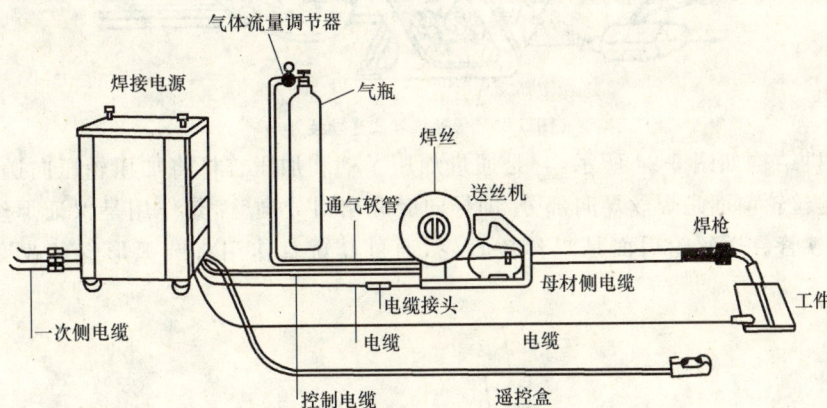

图 5-21　CO_2 半自动焊机的组成

焊接电源一般为直流平外特性或缓降外特性,只有在粗丝 CO_2 焊时选用陡降外特性。

控制箱中安装着主要的控制装置。其主要功能包括:控制电源的通断,调整焊接电流和电弧电压,控制送丝速度,供给与停送保护气体等。对于自动焊来说,还需要控制小车(或工件)的移动速度(即焊接速度)。当焊接电流超过 500 A 时,焊枪需要水冷。所以还需要设置冷却水循环装置。在半自动焊的情况下,控制箱大都放置在电源箱内。而在自动焊的情况下,控制箱往往独立放置。

送丝机是驱动焊丝向焊枪输送的装置。它处在焊接电源与工件之间,但一般情况下

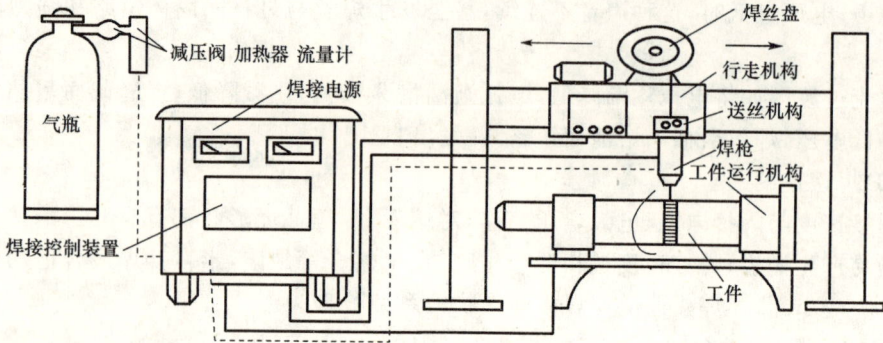

图 5-22 CO₂ 自动焊机的组成

更靠近工件,以减小送丝阻力,提高送丝稳定性。

CO₂ 气体保护焊的送丝方式有三种:拉丝式,推丝式,推拉丝式。它是根据焊丝盘、送丝轮和焊丝导电嘴三者距离相对不同而区分的。下面介绍的是应用最广的等速推丝式送丝装置,如图 5-23 所示。

图 5-23 等速推丝式送丝装置

送丝机结构如图 5-24 所示,它是通过加压手柄和加压杠杆将加压轮压向送丝轮(主动轮)。送丝轮前面是焊丝导向部分,即导向套和出口导向管,其作用是保证焊丝顺利地进入送丝软管。送丝轮后面是焊丝矫直轮,通过其矫直作用将圆弧形焊丝改变为直形焊丝。

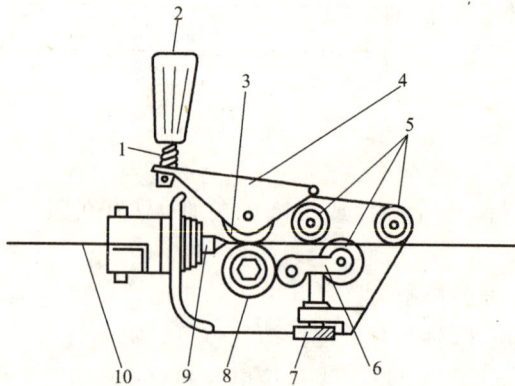

1—加压弹簧;2—加压手柄;3—加压轮;4—加压杠杆;5—矫直轮;6—活动杠杆;7—压紧螺钉;8—送丝轮;9—焊丝导向套;10—焊丝

图 5-24 送丝机结构图

焊枪是输送焊丝、馈送电流和保护气体的操作器具。所以焊接电流、控制电缆、送丝软管、气管及冷却水管等都与它相连。

CO_2 气体的压力和流量由减压表和流量计调节。如果 CO_2 气体流量较大时，还需要加热 CO_2 气体的预热器，否则易使减压器冻结。

调整焊接电流和电弧电压的旋钮，一种情况是安装在电源箱的面板上，另一种情况是安装在单独设置的遥控盒上，自动焊机则安装在小车上。

CO_2 半自动焊时，沿焊缝移动焊枪是靠手工操作。而自动焊则不同，是靠焊接小车或工件移动（或转动）来完成。只有那些特殊用途的自动焊机（全位置焊、立焊或横焊等）的机头才具有较复杂的摆动机构。

5.2.6　气电垂直自动焊工艺及设备

气电垂直自动焊接技术近年来已是我国船厂提高焊接效率、缩短船台（船坞）周期、提高焊接质量的一种高效焊接工艺及装备，已广泛应用于船台装配阶段舷侧外板、隔舱壁立向位置的对接焊，使大接缝焊接实现了机械化。

气电垂直自动焊是熔化极气体保护焊原理与电渣焊焊缝成型方法相结合的高效焊接方法。它采用渣－气联合保护方式，在立向焊缝的正、反面分别装有水冷铜滑块和带有凹形槽的陶瓷衬垫，对焊接熔池强制性一次成型，并随着药芯焊丝的不断填充而保持熔池稳定上升形成焊缝。气电垂直自动焊示意图见图 5-25。

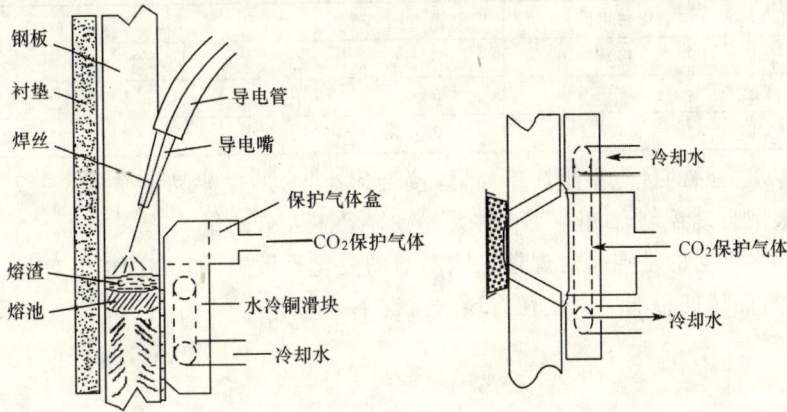

图 5-25　气电垂直自动焊示意图

气电垂直自动焊设备主要由焊接小车、精密磁性导轨、电气控制箱、焊枪、水冷铜滑块以及导丝电缆等组成，配以 CO_2 焊接电源、送丝机构、冷却水循环装置以及气体供气设施等。气电垂直自动焊的焊接材料包括药芯焊丝、衬垫以及 CO_2 保护气体等。

在焊接时，电弧在保护气体（纯度 99.8% 以上的 CO_2 气体）下燃烧，熔化金属被局限在两焊件与水冷铜滑块组成的空腔内，焊丝不断送进并熔化，铜滑块不断上移，熔池液体金属在受到水冷铜滑块的急冷下强制凝固形成焊缝。焊机的焊丝给送和机器的升降都由电动机通过减速齿轮机构来完成。本工艺所用的衬垫材料为单面焊专用陶瓷衬垫，常见的衬垫形式及组成见图 5-26 所示。

气电垂直自动焊工艺均采用单面 V 形坡口形式，其坡口角度和装配间隙由板厚决定，具体对应值见表 5-5。

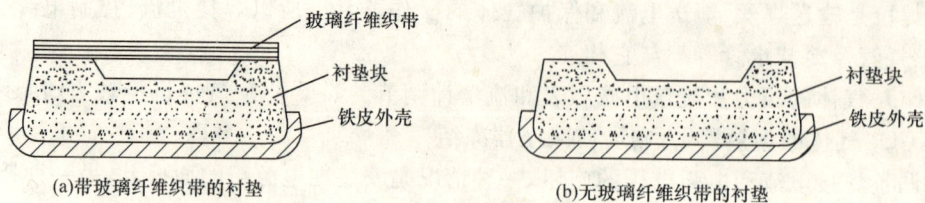

(a)带玻璃纤维织带的衬垫　　　　　　　　　　(b)无玻璃纤维织带的衬垫

图 5-26　衬垫形式及组成示意图

表 5-5　　　　　　　　　　　　　坡口形式及参数

板厚 t (mm)	坡口角度 α	装配间隙 c (mm)	坡口形式
$10 \leqslant t \leqslant 11$	55～60	5～9	
$12 \leqslant t \leqslant 14$	50～55	5～9	
$15 \leqslant t \leqslant 17$	45～50	4～8	
$18 \leqslant t \leqslant 22$	40～45	4～8	
$23 \leqslant t \leqslant 25$	35～40	4～8	

焊接电流、焊接电压、焊接速度的变化对气电垂直自动焊的焊缝成形影响很大,有关焊接规范见表5-6。

表 5-6　　　　　　　　　　　　　焊接规范参数

钢板厚度(mm)	焊接电流(A)	电弧电压(V)	焊接速度(cm/min)
10～14	330～370	33～37	13～10
16～20	360～380	36～38	9～8
22～26	360～380	36～39	7～6

这种焊接方法的优点是生产率高,焊接变形小,变形规律易于掌握,一般不发生角变形。由于采用自动控制,简化了操作,大大减轻了工人劳动量。

这种焊接方法的缺点是对焊接工艺参数的变化很敏感,如板边加工、间隙、焊接电流、电弧电压等,而风的影响更大。在有风的情况下,如果防护不好,保护气体被风吹散,容易产生气孔。

5.3　氩弧焊

5.3.1　氩弧焊的特点和分类

氩弧焊是使用氩气作为保护气体的一种气体保护焊,氩弧焊过程如图 5-27 所示,它是利用从焊枪喷嘴中喷出的氩气流,在电弧区形成严密封闭的保护层将金属与空气隔绝,以防止空气的侵入,同时利用电弧产生的热量来熔化填充焊丝和基本金属,熔池中液态金属熔池冷却后形成焊缝。

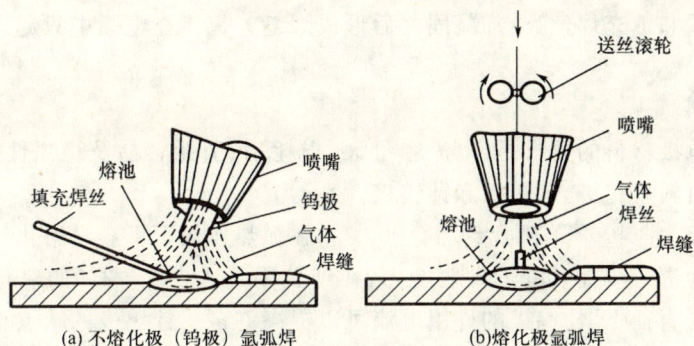

图 5-27　氩弧焊示意图

氩气是一种无色、无味的惰性气体,它既不与金属起化学作用也不溶于金属,对操作者身体无有害影响。氩气比空气重 25%;天然存在于空气中,容积占 0.935%;沸点为 −185.7 ℃,介于氧(−183 ℃)和氮(−195.8 ℃)之间。

氩气通常为制氧过程中的副产品。目前,我国工业氩气纯度已达 99.99%,焊接各种金属及合金纯度均达到要求,可不必再提纯。对要求纯度不高的金属及合金,可在氩气中加入一些在允许量范围内的其他气体,以降低成本。

由于氩气是一种惰性气体,不与金属起化学反应,因此不会使被焊金属中的合金元素烧损,能充分保护金属熔池不被氧化,又因氩气在高温时不溶于液态金属,所以焊缝不易引起气孔。因此,氩气的保护作用是有效和可靠的,可以得到较高的焊接质量。

由于氩弧焊具有这些显著的特点,随着有色金属、高合金钢及稀有金属的产品结构日益增多,而且一般的气焊、电弧焊方法已不易达到所要求的焊接质量。所以,氩弧焊的焊接技术得到越来越广泛的应用。

氩弧焊与其他电弧焊接方法相比,具有如下的特点:

(1)氩气保护性能优良,焊接时不必配制相应的焊剂,基本上是金属熔化与结晶的简单过程,能获得较为纯净及高质量的焊缝。

(2)由于电弧受到氩气流的压缩和冷却作用,电弧热量集中,同时氩弧的温度又很高,因此,热影响区很窄,焊接变形与应力都很小,裂纹倾向也小,这尤其适用于薄板焊接。

(3)氩弧焊是明弧焊,操作及观察较方便,故容易实现焊接过程的机械化和自动化。此外,在一定条件下可进行各种空间位置的焊接。

(4)可焊的材料范围很广,几乎所有的金属材料都可以进行氩弧焊,特别适宜焊接化学性质活泼的金属和合金。通常,多用于焊接铝、钛、铜及其低合金钢,不锈钢及耐热钢等。

按其电极材料的不同,氩弧焊可分为钨极(不熔化极)氩弧焊和熔化极氩弧焊(见图 5-27)。按其操作形式可分为手工、半自动和自动三类。按其所用电流,有连续电流和脉冲电流之分。

5.3.2　钨极氩弧焊

非熔化极惰性气体保护焊又称 TIG 焊,是一种利用钨极与工件之间引燃电弧进行焊接的方法,因此称钨极氩弧焊。在氩气流的保护下,钨极与焊件之间点燃电弧,用电弧热量熔化被焊金属和填充焊丝,冷却凝固之后形成焊缝。钨极在电弧中只起发射电子作用,而不熔化。

1. 电极材料

对不熔化电极材料的要求是:电流容量大、损耗小、引弧容易及稳弧性能高等。常用的不熔化电极材料有钨极、钍钨极和铈钨极。

纯钨的熔点为 3 400 ℃,沸点约为 5 000 ℃,在弧热作用下不容易熔化与蒸发,基本上能满足要求。为进一步提高电子发射能力,在纯钨中加入 $1\%\sim2\%$ 的氧化钍(ThO_2)为钍钨极。在相同直径下,钍钨极的许用电流可以提高许多。钍钨极的缺点是具有放射性,影响工人身体健康。在纯钨中加入 2% 的氧化铈(CeO)为铈钨极,不仅消除了放射性危害,而且进一步提高了电子发射能力和工艺性能,降低了电极的烧损率,所以铈钨极是目前最为理想的电极材料。

2. 电流的种类、极性

钨极氩弧焊可以使用直流电源,也可以使用交流电源。当直流反接时,由于阳极温度高于阴极,致使作正极的钨棒因强烈加热而容易烧损,同时引起电弧不稳,因此,一般多采用直流正接法焊接。

在焊铝、镁及其合金时,由于铝、镁等金属表面有一层熔点很高的氧化膜,它阻碍着电弧对焊件的作用,必须将它除去才能进行焊接。这类金属若采用直流反极性焊接时(即钨极为正,焊件为负),虽然有较大能量的正离子由钨极跑向焊件时能将焊件表面上的氧化膜击碎(称为阴极清理作用),但由于钨极的许用电流小,电弧燃烧不稳定,加上焊件本身散热很快,焊件温度不能升高,影响了电子热发射能力,电弧更加不稳。当采用交流电焊接时,既可发挥电流在正半周(相当于反极性)时的阴极清理作用,又可发挥电流负半周(对当于正极性)时加热焊件和稳定电弧的作用。故一般采用交流电来焊接铝、镁之类的合金。

如上所述,钨极氩弧焊中,电流种类和极性的选择是与被焊材料有关的,一般可按表5-7 选用。

表 5-7　　钨极氩弧焊电流种类和极性选择

被焊金属材料	电流种类和极性
不锈钢、耐热钢	直流正接或交流(最好直流正接)
铝、镁及其合金	交流
钛、钼及其合金	直流正接

3. 钨极氩弧焊设备

手工钨极氩弧焊设备由焊接电源、焊枪、供气系统、冷却系统、控制系统等部分组成,如图 5-28 所示。钨极氩弧焊要求采用具有陡降外特性的焊接电源,有直流电源和交流电源两种。常用的直流钨极氩弧焊机有 WS-250 型、WS-400 型等;交流钨极氩弧焊机有 WSJ-150 型、WSJ-500 型等;交直流钨极氩弧焊机有 WSE-150 型、WSE-400 型等。

而自动钨极氩弧焊设备,除上述几部分之外,还有等速送丝装置及行走小车机构。

4. 钨极氩弧焊工艺

氩气是很理想的保护气体,但焊接中的保护效果是受许多因素影响的,譬如:氩气的纯度、焊枪的结构、焊接工艺因素(喷嘴至工件距离、焊接速度、焊接接头形式)等都不同程

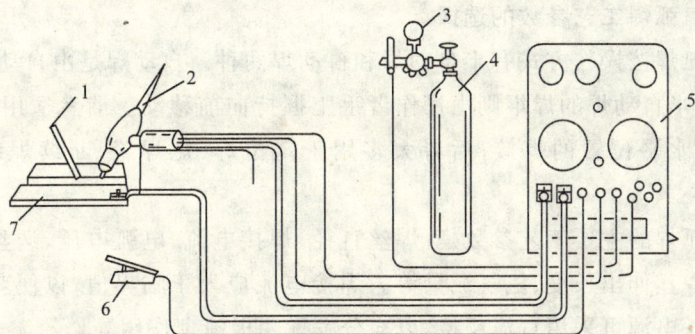

1—填充金属；2—焊枪；3—流量计；4—氩气瓶；5—焊接电源；
6—脚踏开关（现已将开关移至焊枪的手柄上）；7—焊件

图 5-28　手工钨极氩弧焊设备系统图

度地影响着氩气保护效果，因此需要全面考虑，否则就难以获得满意的焊接接头。

焊接之前，必须清除接缝边缘和焊丝的油污。定位焊、引弧板及引出板皆需要氩弧焊焊接。为了保证焊缝起点及终点处的质量，在引弧前 2～3 s 就需向起焊处送氩气，以排除空气（此即提前送气），而在焊接结束（电弧熄灭）之后 10～15 s 才能停止送氩气（此即滞后停气）。

在选择焊接工艺参数时，要根据焊件厚度来选择钨极直径，再根据电极直径及焊接电流选取喷嘴孔径和氩气流量。

5.3.3　熔化极氩弧焊

熔化极惰性气体保护焊又称 MIG 焊，适用于碳钢、低合金钢、不锈钢、镍基合金、钛合金和有色金属等材料的焊接。MIG 焊也有加脉冲和不加脉冲焊接两种，脉冲 MIG 焊可控制焊接线能量，适宜于薄件和全位置焊接，在铝合金结构中广泛应用。

1. 熔化极氩弧焊过程的特点

熔化极氩弧焊是在氩气保护下以焊丝作电极，电弧在焊丝与焊件之间燃烧，焊丝不断熔化并不断送进，如图 5-27(b)，而熔化的熔滴也不断向熔池过渡，与液态的母材金属混合，经冷却凝固而形成焊缝。这种焊接方法与埋弧焊有许多相似之处，它的主要特点是允许采用较大的焊接电流，因而母材的熔深较大，所以特别适宜于焊接厚板。例如对于铝及铝合金，当焊接电流为 450～470 A 时，熔深就可达 15～20 mm。因此，它具有极高的焊接生产率。

熔化极氩弧焊在采用短路过渡或粗滴过渡时，飞溅严重，电弧复燃困难，保护作用也受到削弱。在采用射流过渡时，熔滴以小颗粒形式高速射入熔池，电弧燃烧较稳定；又因采用的焊接电流较大，熔深增加，致使飞溅减小，所以熔化极氩弧焊多用射流过渡形式。

2. 熔化极氩弧焊设备

熔化极氩弧焊设备与 CO_2 气体保护焊设备相类似，也是由焊接电源、供气系统、送丝机构、控制系统、半自动焊枪等部分组成。我国定型的半自动 MIG 焊机有 NBA 系列，如 NBA-180 型、NBA1-500 型等，自动 MIG 焊机有 NZA 系列，如 NZA-1000 型等。

3. 熔化极氩弧焊工艺参数的选择

熔化极氩弧焊按操作方式有半自动焊和自动焊两种。自动焊是由自动焊机小车带动焊炬向前移动,半自动焊的焊炬则由操作者手工握持向前移动。前者适用于形状较规则的纵缝、环缝及水平位置的焊接;后者大多用于定位焊、短焊缝、断续焊缝及全位置的焊接。

熔化极氩弧焊的主要工艺参数是:焊丝直径、焊接电流、电弧电压、送丝速度、焊接速度、喷嘴孔径、焊丝伸出长度、氩气流量等。焊接电流应大于临界值,以便获得射流过渡,保证电弧稳定。电源可采用直流反接,以充分发挥阴极清理作用。

5.3.4　混合气体

实践表明,在一种保护气体中加入一定量另一种或两种气体后,可细化熔滴,或减少飞溅,或提高电弧的稳定性,或改善熔深,或提高电弧温度。这里只介绍低碳钢、低合金高强度钢焊接中常用到的混合气体。

1. $Ar+CO_2$

用这种混合气体作为保护气体进行焊接时,既具有氩弧焊的优点,如电弧稳定、飞溅小、容易获得轴向射流过渡外,又因具有氧化性,而克服了单一氩气保护焊接时产生的阴极漂移现象。

采用 $Ar+CO_2$ 混合气体焊接低碳钢及低合金钢时,虽然成本较纯 CO_2 高,但由于焊接工艺性好,飞溅量比 CO_2 气体保护焊少得多,特别是焊缝金属的冲击韧性高,所以使用很普遍。所用 Ar 与 CO_2 的比例通常为 $(70\%\sim80\%)/(30\%\sim20\%)$,使用的焊丝是 $H08Mn2SiA$ 等。

2. $Ar+O_2$

Ar 中加入 $20\%O_2$ 后,混合气体的氧化性增强,用这种混合气体进行焊接,可以提高生产率、改善气孔性能和焊缝金属的缺口韧性,还能减小高强钢窄间隙焊接时焊缝金属产生树枝状晶间裂纹的倾向。

3. $Ar+CO_2+O_2$

$80\%Ar+15\%CO_2+5\%O_2$ 混合气体对于焊接低碳钢、低合金高强钢是最恰当的。无论焊缝成形、接头质量,还是金属溶滴过渡和电弧稳定性等方面都非常满意。用这种混合气体焊得的焊缝断面呈三角形,比其他气体获得的焊缝都理想,如图 5-29 所示。

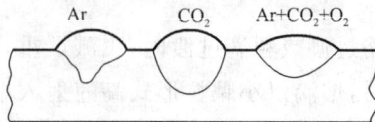

图 5-29　在三种保护气体下焊缝的断面形状

CO_2 与 O_2 是活性气体。利用活性气体(如:CO_2;$Ar+CO_2$;$Ar+CO_2+O_2$ 等)作为保护气体的金属极气体保护电弧焊方法,简称 MAG 焊。

5.4　水下焊接

海洋工程结构因常年在海上工作,工作环境极为恶劣,除受到结构的工作载荷外,还要承受风暴、波浪、潮流引起的附加载荷以及海水腐蚀、砂流磨蚀、地震或寒冷地区冰流的侵袭。此外,石油天然气的易燃易爆性对结构也存在威胁。而且海洋工程结构的主要部分在水下,服役后焊接接头的检查和修补很困难,费用也高,一旦发生重大结构损伤或倾覆事故,将造成生命财产的严重损失。所以对海洋工程结构的设计制造、材料选择以及焊接施工等都有严格的质量要求。而随着海洋、石油和天然气工业的发展,海洋管道工程日益向深海挺进。因此,开展水下焊接技术的研究,加强其应用,对于开发海洋事业,开采海底油田,使丰富的海洋资源为人类服务具有重要的现实意义。目前,水下焊接技术已广泛应用于海洋工程结构、海底管线、船舶、船坞港口设施、江河工程及核电厂维修。水下焊接已成为组装维修诸如采油平台、输油管线等大型海洋结构的关键技术之一。

目前,各国研究和应用的水下焊接方法种类很多,较为成熟的是水下电弧焊。随着水下焊接技术的发展,常用的方法有湿法水下焊接、干法水下焊接和局部干法水下焊接。

5.4.1　湿法水下焊接

湿法水下焊接是潜水员在水环境中进行的焊接,水下能见度差,潜水焊工看不清焊接情况,会出现"盲焊"的现象,难以保证水下焊接质量。因为海水与热熔池接触,焊接金属及其相邻热影响区域的冷却速率高。此外,在焊接电弧区域内海水的分解导致焊接熔池内含氢量增加,这些都对最终的焊接质量产生不利影响。热影响区域和焊接部分的金属在高速冷却时容易形成低韧性的脆性金相组织,从而导致冷裂。

但由于湿法水下焊接具有设备简单、成本低廉、操作灵活、适应性较强等优点,所以各国一直在对湿法水下焊接技术进行研究,并取得了较大进展。为了应对过高的冷却速率,通常可对工件加热,同时为了进行短电弧焊接,需要提高焊工的焊接技术。此外,准确控制焊条摆动,可以最大限度地抑制氢的产生和焊接缺陷的形成。

图 5-30　湿法水下焊接

湿法焊接在美国已得到广泛应用,如图5-30所示,对湿法焊接设计具有指导作用的文件是美国焊接学会的 AWS 标准(AWS D3.6)。湿法水下焊接技术广泛用于海洋条件好的浅水区以及不要求承受高应力构件的焊接。

5.4.2　局部干法水下焊接

局部干法水下焊接,潜水焊工处于水中,焊接部位周围局部区域的水人工排除,形成一个较小局部气相区,使电弧在其中稳定燃烧。由于此法降低了水的有害影响,使焊接接头质量较湿法焊接有明显改善,与干法焊接相比,无须大型昂贵的排水气室,适应性明显增大。它综合了湿法和干法二者的优点,是一种先进的水下焊接方法。日本多采用水帘式和钢刷式,在美、英两国多采用干点式和气罩式。

1. 气罩式水下焊接

在被焊件上安装一个透明罩,用气体将罩内的水排除,潜水焊工处于水中,将焊枪从罩下伸进罩内的气相区进行焊接,见图 5-31。

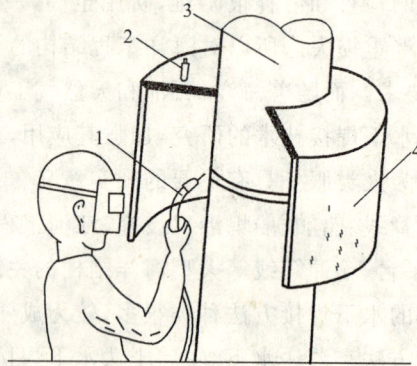

1—焊枪;2—进气孔;3—焊件;4—透明罩

图 5-31　气罩式局部干法水下焊接示意图

2. 水帘式和钢刷式水下焊接

水帘式水下焊接属于较小范围局部干法水下焊接。它靠双层喇叭状喷嘴外层喷射出高压水,在喷嘴周围形成一个水帘,阻挡外面的水侵入,由内层喷嘴喷出保护气体,形成气相区,使电弧在气相区燃烧,见图 5-32。为了获得稳定的屏蔽,常用直径 0.2 mm 的钢丝"裙"代替水帘,喷嘴部分像钢丝刷,故将这种水下焊接方法称作钢刷式水下焊接,见图 5-33。

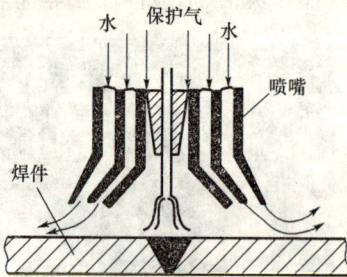

图 5-32　水帘式局部干法水下焊接示意图

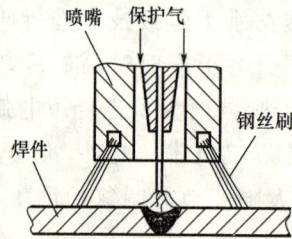

图 5-33　钢刷式局部干法水下焊接示意图

5.4.3　干法水下焊接

干法水下焊接是用气体将焊接部位周围的水排除,而潜水焊工处于完全干燥或半干燥的条件下进行焊接的方法。进行干法水下焊接时,需要设计和制造复杂的压力舱或工作室。根据压力舱或工作室内压力不同,干法水下焊接又可分为高压干法水下焊接和常压干法水下焊接。

1. 高压干法水下焊接

高压干法水下焊接是主要结构、管道修复中最为广泛使用的技术,回避了湿法焊接的湿式环境和常压焊接的舱内、舱外压差问题。焊接在一个仅需要抵抗较小压差的、材料重量相对较轻的密封式焊接舱内进行,焊接舱内海水由高压气体排出,如图 5-34 所示。

高压干法水下焊接在技术上存在的问题是焊接过程必然承受与水深相应的环境压力。因为水深每增加十米就增加一个大气压,高密度气体加剧了热量从焊接部位的散失。在深水下进行焊接,随着电弧周围气体压力的增加,焊接电弧特性、冶金特性和焊接工艺特性都受到不同程度影响。例如,随水深的增加,电弧稳定性变坏,熔宽变窄,余高增大,焊缝成形变坏,容易产生焊接缺陷。

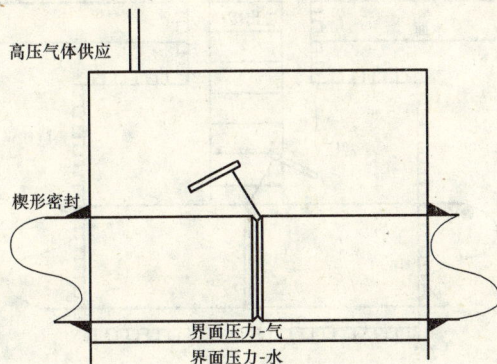

高压气体供应

楔形密封

界面压力-气
界面压力-水

图 5-34　高压干法水下焊接示意图

2. 常压干法水下焊接

为了克服气体压力对焊接的不良影响,建造一个密封的压力容器作为水下焊接作业舱,该焊接舱可以抵御相应水深的水压。在焊接舱就位,并完成对结构物的密封后,排出舱中的海水,使内部气体为常压,即舱内压力降至 1 个大气压,这样焊接工作就如陆上一样,排除了水深影响。常压干法水下焊接见图 5-35。修复人员通过潜水钟进入焊接舱中进行焊接修复作业。

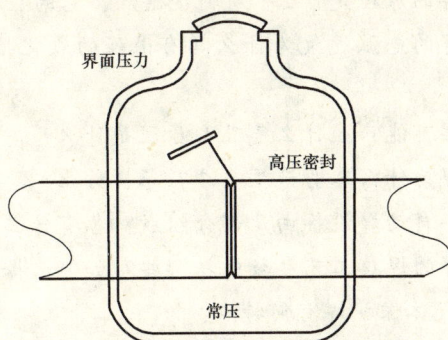

界面压力

高压密封

常压

图 5-35　常压干法水下焊接示意图

虽然常压焊接可以直接采用陆上焊接材料和工艺,拥有巨大的优势,但是常压系统在海洋工程中的应用很少,其主要原因是,焊接舱在结构物或者管道上的密封性和焊接舱内的压力很难保证。常压干法焊接设备造价比高压干法水下焊接还要昂贵,焊接辅助人员也更多,所以一般只用于深水焊接重要结构。此方法的最大优点是可有效地排出水下焊接过程的影响,其施焊条件完全和陆地焊接是一样,因此其焊接质量也最有保证。

常压干法水下焊接的一种特殊情况是在浅海水域使用围堰的方式。波浪、潮汐以及较大的水深变化,使得浅水区域工作环境很不稳定。有些公司通过采用配备梯子的桶形结构将焊接舱连接到水面,形成常压工作环境来解决问题,从而实现常压焊接,如图5-36所示。该施工环境的压差很小,可以找到有效的密封方法。虽然需要考虑通风和安全程序,但该技术在某些特殊应用中已经被证明是实用的,特别适用于滩涂地区的海洋工程结构的维修。

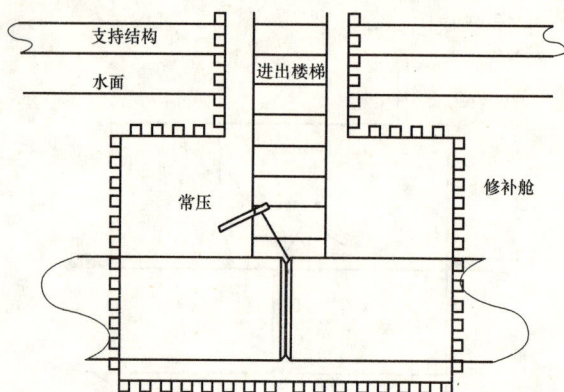

图 5-36　围堰焊接示意图

思考题

5-1　埋弧自动焊与手弧焊相比有哪些优点?

5-2　埋弧自动焊焊前的准备工作有哪些?

5-3　CO_2 气体保护焊的原理是什么?有何优缺点?它的应用范围如何?

5-4　CO_2 气体保护焊的电弧气氛为什么具有很强的氧化性?焊接中会带来什么问题?怎样脱氧?

5-5　CO_2 气体保护焊可能产生什么气孔?原因是什么?怎样防止?

5-6　CO_2 气体保护焊为什么容易产生飞溅?怎样防止?

5-7　CO_2 气体保护半自动焊设备由几部分组成?各有什么作用?

5-8　CO_2 气体保护焊的焊接工艺参数包括哪些?如何选择焊丝直径?

5-9　药芯焊丝 CO_2 气体保护焊有何特点?

5-10　氩弧焊的原理是什么?为什么焊接质量较高?有什么特点?

5-11　钨极氩弧焊时通常采用直流正接,为什么焊接铝合金时却要采用交流?

5-12　气电垂直自动焊有几种形式?它们的特点是什么?

第6章 船舶与海洋工程材料的焊接性

本章首先讲述金属材料的焊接性及其试验方法,继而分析低合金结构钢的焊接性,讲述低合金结构钢的焊接工艺。

6.1 金属的可焊性

6.1.1 焊接性概念

焊接性是表示材料对焊接加工的适应性,是指材料在一定的焊接工艺条件下(包括焊接材料、焊接方法、焊接工艺参数和结构形式等),获得优质焊接接头的难易程度和该焊接接头能否在使用条件下可靠运行的一种特性。

金属焊接性是个相对的概念,同一种材料在不同的焊接工艺条件下焊接性可以表现出很大的差异。如焊接铝合金时,采用氧—乙炔进行气焊,则焊接性差,若改用交流氩弧焊,则有良好的焊接性。随着新的焊接方法和焊接工艺的开发与完善,一些原来焊接性差的材料也会变成焊接性好的材料;当然,随着新材料的出现和对焊接结构使用条件要求的升高,又将会带来新的焊接性问题。

焊接接头由焊缝及热影响区两部分组成,决定焊缝质量的因素是冶金焊接性,决定热影响区质量的因素是热焊接性。所谓冶金焊接性是指在一定冶金过程条件下,物理化学变化对焊缝性能和产生缺陷的影响程度。在生产中常遇到焊缝中出现裂纹、气孔、夹渣等,其实质就是冶金焊接性存在问题。解决的办法主要从冶金因素着手,如改换焊条、焊丝、焊剂、保护气体等,同时也需考虑焊接工艺方法及焊接工艺参数的影响。

所谓热焊接性是指在一定焊接工艺条件下,热影响区金属对热作用的适应能力。常以一定的焊接热循环对热影响区的组织和性能(如强度、塑性、韧性、耐蚀性等)产生影响的程度来衡量。许多钢种在生产中常出现的热影响区冷裂纹、晶粒长大和局部脆化等问题,就是因为这些材料存在热焊接性问题而产生的。热焊接性决定于金属材料对热作用的敏感性,而热作用又取决于焊接方法、焊接工艺参数、预热及缓冷等工艺条件。

由以上的讨论可以知道,研究金属材料的焊接性是十分重要的。了解金属材料的焊接性就可以事先知道焊接时可能出现的问题。因此,这就需要采用某种可靠的试验方法来确定不同材料在不同工艺条件下的可焊接性。

6.1.2 影响金属焊接性的因素

影响金属焊接性的因素很多,对于钢铁材料而言,主要有材料、设计、工艺和服役环境等四大因素。

1. 材料因素

材料因素主要受焊接时直接参与物理化学反应和发生组织变化的母材和焊材的化学成分、冶炼轧制状态、热处理状态、组织状态和力学性能等因素的影响,其中化学成分(包括杂质的分布)是主要影响因素。

2. 设计因素

设计因素是指焊接结构的安全性不但受到材料的影响,而且在很大程度上还受到结构形式的影响。例如结构的刚度、应力集中程度与应力状态等,不仅影响材料对焊接裂纹的敏感性,还可能影响接头的力学性能。

3. 工艺因素

工艺因素是指施工时所采用的焊接方法、焊接工艺规程和焊后热处理等因素。

4. 服役环境因素

服役环境因素是指焊接结构的工作温度、负荷条件(载荷种类、施加方式和速度等)和工作环境(化工区、沿海及腐蚀介质等)。一般而言,工作环境越恶劣,则对焊接性会提出更高的要求。

综上所述,金属的焊接性与以上四个方面都有密切的关系,因此在分析焊接性时,不能单纯地以某一因素独立进行分析,而应结合多方面因素进行综合分析。

6.1.3　焊接性试验

1. 焊接性试验的内容

从获得完整的、满足使用性能的焊接接头出发,焊接性试验的主要内容有:

(1)检查焊缝金属抵抗产生热裂纹的能力;

(2)检查焊缝金属及热影响区金属抵抗产生冷裂纹的能力;

(3)检查热影响区金属抵抗产生层状撕裂的能力;

(4)检查焊接接头抗脆性断裂的能力;

(5)检查焊接接头的使用性能。

2. 焊接性试验的方法分类

金属材料焊接性试验方法多达百余种,常用的也有几十种。从原则上划分,将现有方法分为三大类。

(1)模拟类方法。它是利用模拟焊接热循环、人为制造缺口或电解充氢等手段,以估计金属在焊接时可能发生的变化和问题。这类方法的优点是节省材料和工时,试验周期较短。

(2)实焊类方法。它是在一定条件下进行实际焊接以评价焊接性的方法。这种方法能较准确地评价金属焊接性。

(3)理论计算类方法。它是利用在大量生产和科学研究基础上归纳总结出来的经验公式进行理论计算,以估计冷裂、热裂倾向大小的一种方法。使用这种方法是有条件限制的,而且只能间接地、粗略地估计金属焊接性。

3. 常用焊接性试验方法

(1)斜 Y 形坡口裂纹试验

此法主要用于评定碳钢和低合金高强钢焊接热影响区对冷裂纹的敏感性。试件的形状及尺寸如图 6-1。其坡口经机械加工,试验所用焊条应严格烘干。焊接工艺参数为:焊条直径 4 mm,焊接电流 170±10 A,电弧电压 24±2 V,焊接速度 150±10 m/h。

试件坡口采用机械切削加工,步骤如下:

①用刨床把试件从中间刨开;

②用刨床把试件加工成试验焊缝的坡口形状;

③用气割机把拘束焊缝气割成大致图 6-1 的形状;

④用砂轮把坡口磨平。

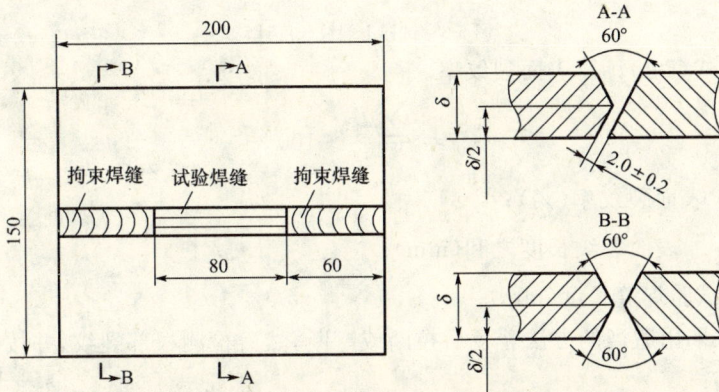

图 6-1　斜 Y 形坡口焊接裂纹试验所用试件形状及尺寸

拘束焊缝为双面焊接,应事先焊好,注意防止角变形和未焊透。试验焊缝采用焊条电弧焊和自动送进焊条电弧焊时应分别按图 6-2 所示进行。试验焊缝可在各种不同温度下施焊,焊后静置 24 h 再检测和解剖。检测裂纹可用肉眼和放大镜来观察焊接接头的表面和断面上是否存在裂纹,并用下述方法分别计算出表面裂纹率、根部裂纹率和断面裂纹率。

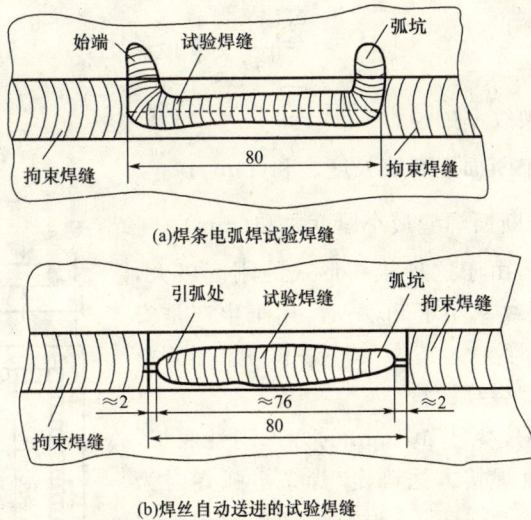

(a)焊条电弧焊试验焊缝

(b)焊丝自动送进的试验焊缝

图 6-2　试验焊缝的焊接方法

试件上裂纹长度的确定见图 6-3。

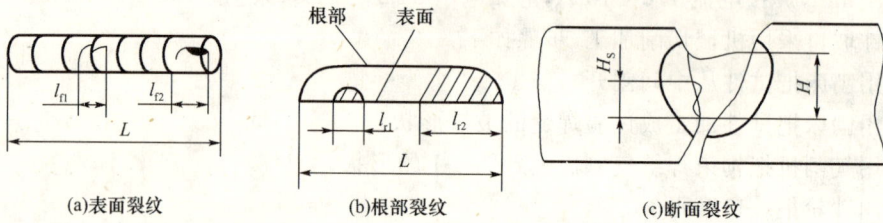

图 6-3　试样上裂纹长度计算

① 采用公式(6-1)计算表面裂纹率。

$$C_f = \frac{\sum l_f}{L} \times 100\% \qquad (6-1)$$

式中　C_f——表面裂纹率(%)；

　　　$\sum l_f$——表面裂纹长度之和(mm)；

　　　L——试验焊缝长度(mm)。

② 将试件采用适当的方法着色后拉断或弯断，然后检测根部裂纹，并按公式(6-2)计算出根部裂纹率。

$$C_r = \frac{\sum l_r}{L} \times 100\% \qquad (6-2)$$

式中　C_r——根部裂纹率(%)；

　　　$\sum l_r$——根部裂纹长度之和(mm)。

③ 对试件的 5 个横断面进行断面裂纹检查，按要求测出裂纹的高度，用公式(6-3)对这 5 个横断面分别计算其裂纹率，然后求出其平均值。

$$C_s = \frac{\sum H_s}{\sum H} \times 100\% \qquad (6-3)$$

式中　C_s——断面裂纹率(%)；

　　　$\sum H_s$——5 个断面上裂纹长度之和(mm)；

　　　$\sum H$——5 个断面焊缝最小厚度之和(mm)。

就低合金钢而言，由于这种接头形式的刚度极大，所以一般认为表面裂纹率小于 20% 时，用于生产是安全的，但不应有根部裂纹。

(2)刚性固定对接裂纹试验

先加工出一个厚度大于 40 mm 的方形刚性底板，如图 6-4 所示，边长由焊接方法确定(焊条电弧焊时为 300 mm，埋弧焊时为 400 mm)。试件的四周用焊缝固定在底板上，以形成很大的刚性拘束。

再将试验焊接性所需的钢材按实际产品厚度加工出两块长方形试板，按规定开出坡口后，将试板焊在刚

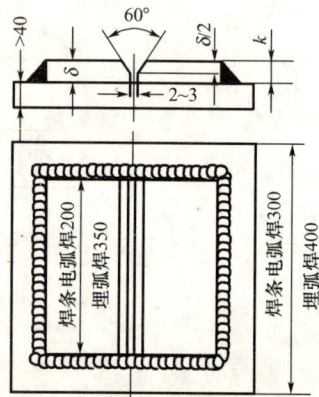

图 6-4　刚性固定对接裂纹试验

性底板上。试板厚度 δ 小于 12 mm 时，取焊脚 $k=\delta$；试板厚度 δ 大于 12 mm 时，焊脚 k 足取为 12 mm。待周围固定焊缝冷却到常温以后，按实际产品的焊接工艺进行单层焊或多层焊。焊完后在室温下放置 24 h，先检查焊缝及热影响区有无表面裂纹，再从垂直焊缝方向取厚度为 15 mm 的金相磨片两块进行低倍放大，检验是否存在内裂纹。

采用一般焊接工艺焊接后，从检验有无裂纹或裂纹的多少即可初步评定试板材料的焊接性，而后调整工艺(如预热、缓冷等)再焊接试板，直至不产生裂纹为止。最后参考抗裂试验制定合理的焊接参数。

(3)插销试验

插销试验是一种定量测定低合金钢焊接热影响区冷裂纹敏感性的试验方法，属于外拘束裂纹试验法。

插销试验的基本原理是根据产生冷裂纹的三要素(即钢的淬硬倾向、焊缝含氢量及接头的应力状态)定量测出被焊钢材产生焊接冷裂纹的"临界应力"，将其作为冷裂纹敏感性的评定指标。

①试样制备

把被焊钢材加工成直径为 8 mm 或 6 mm 的圆柱形试棒(称为插销)，形状和尺寸如图 6-5 所示，插销上端有环形或螺形缺口。将插销插入底板直径相应的孔中，使带缺口一端与底板表面平齐，如图 6-6 所示。

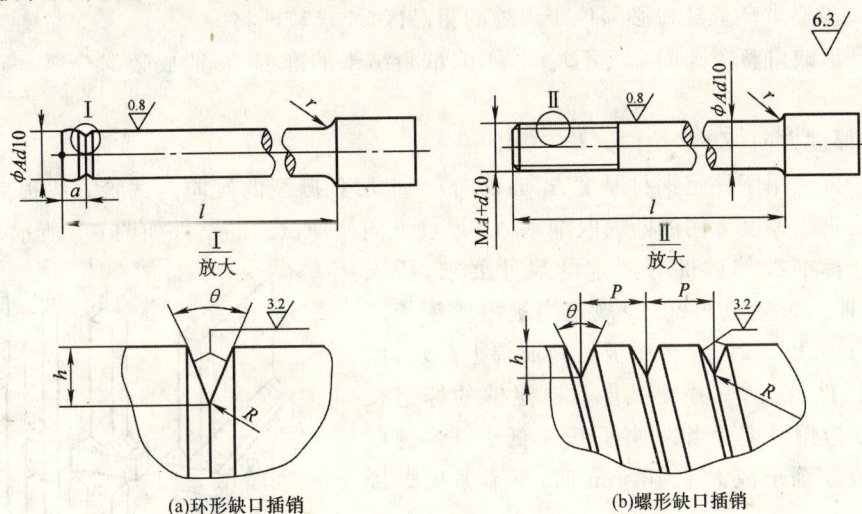

(a)环形缺口插销　　　(b)螺形缺口插销

图 6-5　插销试棒的形状

②试验过程

按选定的焊接方法和制定的工艺参数在底板上熔敷焊道，尽量使焊道中心线通过插销的端面中心，其熔深应保证缺口尖端位于热影响区的粗晶部位，焊道长度100～150 mm。

在焊后冷却至 100～150 ℃时(有预热时应冷至高出预热温度 50～70 ℃)加载，当保持载荷 16 h(有预热 24 h)期间试棒发生断裂，即得到该试验条件下的"临界应力"；如果在保持载荷期间未发生断裂，应调整载荷直至发生断裂。改变含氢量、焊接热输入和预热温度可得到不同的临界应力。临界应力越小，说明材料对冷裂纹越敏感。

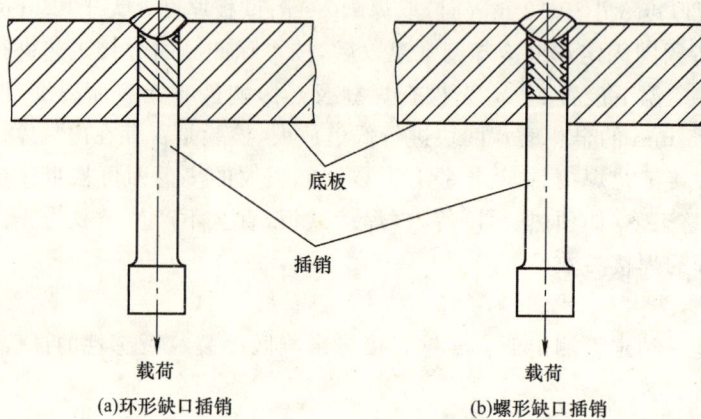

(a)环形缺口插销 **(b)螺形缺口插销**

图 6-6 插销试棒、底板及熔敷焊道的装置简图

③插销试验特点

a.试件尺寸小,底板与插销材料可以不同,且底板可重复使用,因此试验消耗材料少。

b.调整焊接热输入和底板厚度可得到不同的接头冷却速度。

c.插销可从被试验材料任意方向截取,还方便从全熔敷金属中取样来测定焊缝金属对冷裂纹的敏感性。

d.试验要求环形缺口必须位于焊缝的粗晶区,要求较严格。

e.环形缺口整个圆周温度不均匀,影响试验结果的准确性,造成数据分散,再现性不是很好。

(4)厚度方向(Z 向)拉伸试验

这种方法用于评定钢材厚度方向(Z 向)产生层状撕裂的倾向。试验方法很简单,主要是测定钢板厚度方向的断面收缩率 ψ。厚度方向拉伸试验的试件如图 6-7 所示。

由于标准拉伸试件有固定的尺寸要求,所以《钢质海船入级规范》(2012)规定当被检验钢板厚度在 40 mm 以下时,应在试板的两面焊上凸块,以供加工试件的夹紧,并使试件具有足够的标距长度。凸块应用厚度适当、抗拉强度不低于试件的板材。当板厚等于或大于 40 mm 时,不需另加焊接凸块。

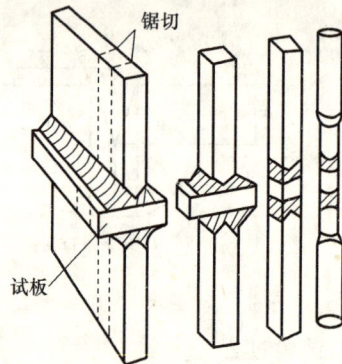

图 6-7 Z 向拉伸试验的试样

试件焊完放置 24 h 后,制成六个拉伸试件,测定钢板厚度方向的断面收缩率 ψ。以其大小来评定钢材发生层状撕裂的敏感性。对于抗拉强度为 600 MPa 以下的低合金高强度钢而言,一般认为 $\psi > 25\%$ 就不致产生层状撕裂,当 $\psi < 15\%$ 时,对层状撕裂敏感。

(5)计算法

①碳当量法

碳当量法是一种简便但粗略估计低合金钢冷裂纹敏感性的方法。由于焊接热影响区的淬硬及冷裂倾向与化学成分有关,所以可用化学成分估计冷裂敏感性的大小。

在钢的各种化学元素中,对焊接性影响最大的是碳,故常把含碳量的多少作为判断钢材焊接性的主要因素。即钢中含碳量越高,其焊接性越差。钢中其他元素对焊接性也有不同程度的影响,但都比碳小。根据它们对焊接性影响的大小,折合成相当的碳元素含量,即用碳当量来判断焊接性的好坏。计算碳当量的公式很多,下面给出国际焊接学会推荐的公式:

$$C_{eq}=C+\frac{Mn}{6}+\frac{Cr+Mo+V}{5}+\frac{Ni+Cu}{15} \tag{6-4}$$

式中 C_{eq} 为碳当量,各元素符号表示相应元素在钢中含量的百分数。在计算碳当量时,元素含量都取其成分范围的上限。C_{eq} 越高,钢材淬硬倾向越大,热影响区冷裂纹敏感性也越大。

此公式可用于中高强度的非调质低合金高强钢。当 $C_{eq}<0.45\%$ 时,焊接厚度小于 25 mm 的板可不预热,当 $C_{eq}<0.41\%$ 且含碳量小于 0.27% 时,焊接厚度小于 37 mm 的板可不预热。

用碳当量法判断钢材的焊接性只是近似的估计,并不能完全代表材料的焊接性。这是由于碳当量法只考虑了金属材料化学成分对焊接性的影响,而没有考虑众多焊接工艺因素和结构复杂程度等对焊接性的影响。

②焊接裂纹敏感指数

合金元素的裂纹敏感指数 P_{cm} 的计算公式如下:

$$P_c=P_{cm}+\frac{[H]}{60}+\frac{h}{600} \tag{6-5}$$

或

$$P_w=P_{cm}+\frac{[H]}{60}+\frac{R}{40000} \tag{6-6}$$

而

$$P_{cm}=C+\frac{Si}{30}+\frac{Mn+Cu+Cr}{20}+\frac{Ni}{60}+\frac{Mo}{15}+\frac{V}{10}+5B \tag{6-7}$$

式中　P_c——焊接裂纹敏感指数(%);

P_{cm}——合金元素的裂纹敏感指数(%);

[H]——焊缝金属中的扩散氢含量(mL/100 g);

h——板厚(mm);

P_w——考虑到拘束度的焊接裂纹敏感指数;

R——焊缝拉伸拘束度[N/(mm·mm)]。

式(6-5)、(6-6)适用范围:C=0.07%～0.22%,Si=0～0.60%,Mn=0.40%～1.40%,Cu=0～0.50%,Ni=0～1.20%,Cr=0～1.20%,Mo=0～0.7%,V=0～0.12%,Ti=0～0.05%,Nb=0～0.04%,B=0～0.005%;[H]=1.0～5.0 mL/100 g,h=19～50 mm;R=5 000～30 000 N/(mm·mm)。

式中的 C、Si、Mn、Cu、Ni、Cr、Mo、B 等元素以质量分数代入。

计算法的公式还有许多,它们都是在一定条件下取得的,因此在使用中必须注意到它们各自的局限性。用公式计算初步判断钢材焊接性之后,还需通过试验加以检验。

6.2　普通低合金结构钢的焊接

所谓合金钢就是为了改善钢的组织与性能,在钢中有意加入一种或几种合金元素而形成的钢种。低合金结构钢具有强度高、塑性和韧性良好,焊接及其他加工性能较好等优点,低合金结构钢的碳含量均限制在0.2%以下,造船工业中大量使用的是低合金结构钢中的高强度钢。

合金钢的种类繁多。按用途分,有结构钢、工具钢、特殊钢;按化学成分分,有低合金钢、中合金钢和高合金钢;按金相组织分,有珠光体钢、马氏体钢、贝氏体钢和奥氏体钢。

6.2.1　合金结构钢概述

用于制造各种金属结构和机器零件的钢材,称为结构钢。由于其主要用于承受载荷,因此对其性能要求是具有较高的强度、塑性及韧性。有些结构及机件在特殊环境下工作,此时要求钢材具有一些特殊性能,如耐高温、耐低温、耐腐蚀等。因此合金结构钢分为强度用钢及特殊用钢两大类。

强度用钢中根据屈服强度级别及热处理状态,一般分为热轧及正火钢、低碳调质钢、中碳调质钢。热轧及正火钢的屈服强度为$294\sim490$ MPa,一般都在热轧及正火状态下供货使用,不需经热处理强化,故此得名。这类钢在我国得到很大发展,广泛用于各类结构,造船及海上采油平台用的就是这类钢。低碳调质钢的屈服强度为$490\sim980$ MPa,一般在调质热处理状态下供货使用。由于其强度高,又兼有良好的塑性及韧性,且焊后不需进行调质处理,因此在焊接结构中也逐步得到广泛应用。中碳调质钢屈服强度高达$880\sim1\,176$ MPa,其含碳量较高($>0.30\%$),淬硬倾向大,焊接较困难,用于制造大型机械零件和要求减轻自重的结构(如飞机框架、起落架和火箭壳体等)。

特殊用钢按用途分为:①珠光体耐热钢,主要用于工作温度为$500\sim600$ ℃的高温设备;②低温钢,主要用于各种低温装置和在严寒地区的一些工程结构;③耐蚀钢,主要用于像大气、海水和石油等腐蚀介质中工作的各种机械设备和结构。

表 6-1　　　　　　　　　　　合金结构钢的类型

	类别	屈服强度	钢种牌号示例
强度用钢	热轧及正火钢	$\sigma_s=294\sim490$ MPa	09Mn2(Cu)、09Mn(Cu)、16Mn(Cu)、14MnNb、15MnV、16MnNb、15MnTi(Cu)、15MnVN、18MnMoNb、14MnMoV
	低碳调质钢	$\sigma_s=490\sim980$ MPa	14MnMoVN,14MnMoNbB,T-1,HT-80,HY-80,HY-130
	中碳调质钢	$\sigma_s\geqslant880\sim1\,176$ MPa	35CrMoA,35CrMoVA,30CrMnSiNi2A,40CrMnSiMoA,40CrNiMoA,34CrNi3MoA
特殊用钢	耐蚀钢	石油、化工耐蚀钢	12AlWTi,12Cr2AlMoV,12AlMoV,15Al3MoWTi,5Cr0.5Mo,9Cr1Mo
		海水、大气耐蚀钢	09MnCuPTi,08MnPRe,10MnPNbRe,10NiCuP,08CrNiCuP
	低温钢		09Mn2V,06AlCuNbN,3.5%Ni,9%Ni
	珠光体耐热钢		15CrMo,12Cr1MoV,15CrMo1V,20Cr3MoWV,12Cr3MoVSiTiB,5Cr0.5Mo,9Cr1Mo

《钢质海船入级规范》(2012)规定,合金高强度船体结构用钢按屈服强度分为三个强度等级,每一强度等级又按其冲击韧性的不同分为 A、D、E 及 F 四级,即 A32、D32、E32、F32、A36、D36、E36、F36 和 A40、D40、E40、F40 等,它们的化学成分及力学性能见第 2 章的第 2.3 节。

从表 2-8 高强度船体结构钢的成分看,它是含 Nb、V 的 C-Mn-Si 系钢。加入 Nb、V 的目的是细化晶粒和沉淀强化晶粒,既提高强度又改善韧性,达到了良好的综合性能。海上采油平台使用的 Z 向钢是在船用结构钢的基础上,在冶炼中采用钙(或稀土)处理和真空除气等特殊措施后,使含 S 量降低到 0.05% 以下,含气量也大大降低,从而保证钢材厚度方向(Z 向)具有较高的断面收缩率。

6.2.2 合金结构钢焊接性分析

钢材的焊接性主要取决于它的化学成分。合金结构钢的含 C 量虽较低,但含 Mn 量较高,还含有少量合金元素,因此它的焊接性不及低碳钢。随着合金元素的增多,强度的加大,钢材的焊接性逐步降低。合金结构钢焊接时可能出现的问题如下。

1. 焊接接头中产生裂纹

焊接过程中由于多种原因会产生各种焊接缺陷,其中裂纹的危险性最大。裂纹的端部呈尖锐的楔形缺口,引起严重的应力集中,可以使结构在低应力下发生破坏。

按裂纹产生的本质区分,裂纹主要有以下几类:

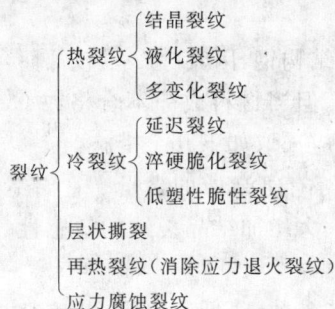

(1)热裂纹

热裂纹是指在高温(固相线附近)时所产生的裂纹。热裂纹主要有结晶裂纹、液化裂纹和多变化裂纹三种,宏观上热裂纹表面都有氧化色彩。这里只讨论焊缝在凝固过程中发生的裂纹——结晶裂纹,它的发生部位及形态如图 6-8 所示。

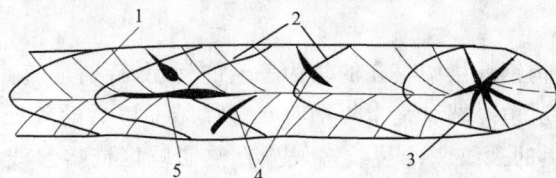

1—柱状晶界;2—焊缝表面焊波;3—弧坑裂纹;4—焊缝中心线
两侧的弧形结晶裂纹;5—沿焊缝中心线的纵向结晶裂纹
图 6-8 结晶裂纹的发生部位及形态

①热裂纹产生的机理

焊接过程是一个迅速的局部加热和冷却过程,先结晶的金属较纯,它们形成树枝晶的主支,后结晶的金属含杂质较多,并富集在晶界上,形成所谓的"液态薄膜",最后才凝固结晶。一般来讲,这些杂质所形成的共晶物都有较低的熔点。

在焊缝金属凝固结晶的后期,低熔点共晶被排挤在柱状晶体交遇的中心部位,形成"液态薄膜",此时由于收缩而受到了拉伸应力,这时焊缝中的液态薄膜就成了薄弱地带。在拉伸应力的作用下就有可能在这个薄弱地带开裂而形成结晶裂纹,如图6-9所示。拉伸应力大小与接头形式、焊接方法、刚性拘束条件及焊接热循环等因素有关。焊件具有较大刚性,装配和焊接造成的应力较大时,则易形成结晶裂纹。

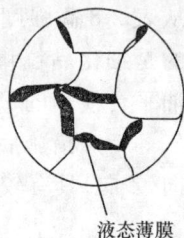

液态薄膜

图6-9 液态薄膜与结晶裂纹的关系

产生结晶裂纹的原因在于焊缝中存在液态薄膜和在焊缝凝固过程中受到拉伸应力共同作用的结果。因此,液态薄膜是产生结晶裂纹的内因,而拉伸应力是产生结晶裂纹的必要条件。

焊缝金属中的杂质都是一些低熔点共晶体。例如一般低碳钢和低合金钢的焊缝中,当含S量较高时,能形成FeS,它的熔点才1 190 ℃,而FeS与Fe形成的共晶熔点更低,为985 ℃。此外,钢中的P、Si等也可能形成低熔点共晶。低熔点共晶体使焊缝金属的凝固温度范围变宽。而处于凝固温度范围的金属最容易产生裂纹,所以也把这一温度范围叫做"脆性温度区"。杂质较少的金属脆性温度区较窄,因而拉伸应力在脆性温度区作用时间短,故产生裂纹的可能性小。相反,杂质较多的金属脆性温度区较宽,拉伸应力在此区间作用的时间较长,故裂纹的倾向较大。

②热裂纹的防止措施

含有正常化学成分的合金结构钢,因其含C量较低而含Mn量较高,Mn/S也能达到要求,因此通常不出现热裂纹。但当材料成分不合格或C、S严重偏析时,就可能产生热裂纹。从工艺和焊接材料方面应采取如下几个措施:

第一,控制焊缝中S、P、C等有害杂质的含量。它们不仅能形成低熔点共晶,而且还能促使偏析,因此这些元素将大大增加结晶裂纹的敏感性。一些重要的结构要采用低氢型的碱性焊条或焊剂。

第二,采用恰当的焊接工艺参数,降低熔合比,以减少由母材进入焊缝的含碳量;焊速不宜过大,避免形成雨滴状熔池,可以减少中心裂纹。

第三,采用引弧板和熄弧板,将质量差和容易产生热裂纹的起焊点及弧坑引到正式焊缝之外,从而减少焊缝中的裂纹。

第四,降低焊接接头的刚性拘束条件,选择合理的焊接顺序,以减少焊接应力。

(2)冷裂纹

冷裂纹是合金结构钢焊接中存在的较为普遍的问题,特别是随着强度级别的提高,这个问题就更为突出。所谓冷裂纹是指焊接时在金属结晶以后的较低温度下(一般在马氏转变温度以下)所产生的裂纹。冷裂纹多发生在热影响区或熔合线上,很少出现在焊缝上,如图6-10所示。冷裂纹就其分布的部位可分为焊缝纵裂纹和横裂纹,热影响区横裂纹和纵裂纹。两者相比,发生在热影响区的居多数,特别是焊道下、焊趾及焊根等部位。

焊道下裂纹常在热影响区中扩展,且平行于焊缝,但不一定贯穿表面,有时呈不连续状分布。焊趾裂纹发生在焊缝与母材交界处,或在咬边等应力集中部位,并在热影响区中扩展。焊根裂纹主要发生在含氢量高而预热温度不高的情况下,起源于焊缝根部应力集

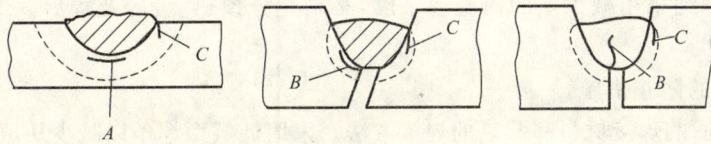

A—焊道下裂纹；B—焊根裂纹；C—焊趾裂纹

图 6-10　常见的冷裂纹发生部位

中的部位。

冷裂纹可以在焊后立即出现，这种裂纹形成的温度大约在马氏体转变点(Ms)附近，即 $200\sim300$ ℃以下；然而有的裂纹却出现较晚，在焊后几小时、几天、几周甚至更长时间才发生，所以又称延迟裂纹。延迟裂纹比一般裂纹具有更大的危险性，因为前者在焊接之后的检查过程中就可以发现，而延迟裂纹则可能在检查时尚未产生，却在随后使用过程中才产生，因而可能造成预料不到的后果。

冷裂纹多发生在合金结构钢、中碳钢及高合金钢焊接中，而低碳钢焊接时较少发生。生产中经常遇到的是延迟裂纹，因此，这里介绍的冷裂纹主要指延迟裂纹。

①冷裂纹产生的机理

影响冷裂纹形成的主要因素有三个，即热影响区中形成淬硬组织、有扩散氢和应力较大。这三个因素相互促进、相互影响。冷裂纹的产生以某一因素起主要作用，其他因素起次要作用，其中氢是引发冷裂纹的最活跃因素。

氢的作用：氢对冷裂纹的影响极其显著。在焊接合金结构钢时，当焊条未烘干、环境湿度大或用酸性焊条时，很容易产生延迟裂纹。而使用低氢型焊条或进行焊前预热，就可减少或避免这种裂纹。氢对金属力学性能的影响主要是降低塑性，强度也稍许降低，这种作用称为"氢脆"现象。

焊接时，焊接材料带入的水分或油污等在电弧高温作用下分解出氢原子，氢原子能溶入熔池。当冷却时，氢的溶解度急剧降低，而熔池凝固较快，氢气来不及逸出，便以过饱和状态固溶在金属中。随着温度的降低，氢气的溶解度进一步减少，使固溶体中氢的过饱和程度增加，氢原子也逐渐向焊缝和热影响区中一些空隙（如微裂纹、夹杂等）扩散。由于氢的富集压力逐渐加大，在富集了氢的三向应力区，微裂纹慢慢扩展，最后发展为宏观裂纹。在条件更恶劣时甚至会进一步发展而使整个截面断裂。

钢材淬硬倾向：通常冷裂纹发生在钢材淬硬倾向较大、容易形成马氏体（是一种淬硬组织）的热影响区中。马氏体的硬度高、塑性差，对裂纹和氢脆的敏感性很大，所以给裂纹的形成提供了一个敏感的基体，使氢的危害作用更加剧。

拘束应力的作用：拘束应力来源于两部分，即接头内存在的应力（如热应力和组织应力）和结构自身拘束条件所造成的应力（如结构刚度、自重、工作载荷、焊缝位置、焊接顺序等造成的应力）。在焊件局部地区的拘束应力可以达到和超过金属的断裂强度而导致裂纹。

拘束应力的作用与氢及淬硬组织的存在有联系，氢和淬硬组织使产生裂纹的临界拘束应力大大降低，所以当含氢量较高或热影响区有淬硬组织时，在不大的拘束应力作用下就会形成冷裂纹。

总之，氢、淬硬组织和拘束应力是导致冷裂纹的主要因素。但在具体焊接工作中要具体分析以找出主要矛盾。例如对于中高碳合金钢因具有高的淬硬倾向，且淬硬组织对氢脆敏感,所以单纯采用减少氢的措施还不够,必须充分预热、缓冷及焊后立即热处理,才可避免冷裂纹。

②冷裂纹的防止措施

a. 选用合适的焊接材料和低氢的焊接方法。采用低氢型焊条以减少从填充材料中带入氢。在一般焊接生产中,对于不同强度级别的钢种都有相应的配套焊条、焊丝和焊剂,它们基本上可以满足要求。采用 CO_2 气体保护焊可获得低氢焊缝,有利于降低冷裂倾向。

b. 严格控制氢的来源。焊条药皮组成物中含有一定水分,在保存过程中也不断吸收空气中的水分,因而未经烘干的碱性焊条也能使焊缝金属含有较高的氢。所以焊条在使用之前必须烘干。

c. 烘好的焊条要在保温箱(筒)中存放,随用随取,以防潮湿。此外要仔细清理焊件坡口和焊丝,去油除锈,并防止把水分带入焊缝。

d. 采取预热、缓冷措施,控制焊道层间温度,适当提高焊接电流等。这些措施可避免或减弱淬硬程度,降低热应力和组织应力,并使氢逸出,大大降低扩散氢含量。

预热温度的确定通常多用碳当量法估计。根据经验,当 $C_{eq}<0.4\%$ 时,钢材的淬硬倾向不明显,一般板厚在常温下不必预热;当 $C_{eq}=0.4\%\sim0.6\%$ 时,钢材淬硬倾向逐渐明显,需要采取预热、控制线能量等措施,当 $C_{eq}>0.6\%$ 时,淬硬倾向强,属于较难焊的材料,需采用较高的预热温度。

推荐用下面公式估计预热温度

$$T=C_{eq}\times360（℃）$$
$$T=1440P_c-392（℃）$$

文献中推荐的预热公式很多,各有其适用范围,选用时需慎重,否则会导致不良后果。此外,预热公式多是按整体预热考虑的,对于大型焊接结构,只能采用局部预热。局部预热范围是焊缝两侧各 $100\sim200$ mm 之内。

缓冷措施之一是后热。所谓后热就是在焊件焊接之后立即加热至 $200\sim300$ ℃,并保持一定时间,然后缓冷。后热可使扩散氢逸出,并有降低残余应力、适当改善组织、降低淬硬性作用,对防止产生延迟裂纹十分有效。

某些情况下后热与预热配合使用,这时可降低预热温度,从而改善劳动条件。对于多层焊来讲,控制焊道层间温度不低于预热温度,如果层间温度偏低,也同样会产生冷裂纹。

e. 改进接头设计可以减少应力集中。

f. 焊后热处理以消除内应力、去氢。如果焊后立即热处理,则后热可以省略。

(3)层状撕裂

大型厚壁结构焊接后,在热影响区或者远离热影响区的母材中,沿钢板轧制方向出现的一种阶梯状裂纹称为层状撕裂。这种裂纹是一种内部的低温裂纹,一般在表面难以发现。用现有无损检测方法不能查出层状撕裂的存在,即便确定结构中有层状撕裂,也无法修复。因而层状撕裂是一种危险的缺陷,一旦产生将造成巨大经济损失。海上平台建造中务必充分注意。

①层状撕裂的特征

层块撕裂是由平行于轧制表面的平台与大体垂直于平台的剪切壁所组成。在撕裂的平台部位常可发现不同类型的非金属夹杂物。层状撕裂常出现在 T 形接头、角接接头中,在对接接头的焊趾及焊根也偶有出现,如图 6-11 所示。就其在焊接接头中出现的位置,有的在热影响区中沿夹杂开裂,有的在热影响区从焊趾或焊根开裂,有的在远离热影响区的母材中沿夹杂开裂。

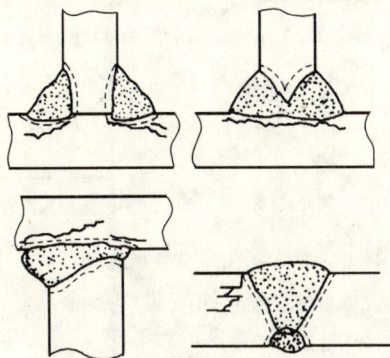

图 6-11　各种接头中的层状撕裂

②层状撕裂的原因

厚壁结构的 T 形接头和角接接头焊接时,在刚性拘束条件下,焊缝收缩期间会在母材厚度方向产生很大拉伸应力和应变。当应变超过母材金属板厚方向的塑性变形能力时,夹杂物与金属基体之间就会发生分离而产生微裂。在应力继续作用下,裂纹尖端沿夹杂物所在平面扩展,就形成了所谓"平台"。同一平面及不同平面内的夹杂物可能产生多个平台。在相邻的两个平台之间,由于不在同一平面内而发生了剪应力,此应力导致剪切断裂,形成所谓"剪切壁"。平台与剪切壁就构成了层状撕裂所特有的阶梯形态。

影响层状撕裂形成的因素很多,主要有以下三个方面:

第一,非金属夹杂物的种类、数量和分布形态。这是产生层状撕裂的内在原因。钢中夹杂物的种类很多,常见的有硫化物、硅酸盐和铝酸盐等。一般硫化物、硅酸盐以条状分布,铝酸盐呈球状分布。显然呈条状分布的夹杂物对形成层状撕裂影响较大。

第二,Z 向拘束应力。与薄壁结构不同,厚壁结构在焊接过程中要承受 Z 向的拘束应力和焊接残余应力,使用过程中要承受 Z 向载荷,这些都是造成层状撕裂的力学条件。试验表明,在一定焊接条件下,钢材都存在一个 Z 向临界拘束应力,超过此临界值便产生层状撕裂。

第三,氢。在热影响区内由冷裂纹诱发的层状撕裂多与焊缝金属中所含的扩散氢含量有关。但远离焊接热影响区的母材中产生的层状撕裂则与氢无关。

③层状撕裂的防止措施

a.选用具有抗层状撕裂的钢板,即 Z 向钢。工程实践表明,降低钢中夹杂物数量和控制夹杂物形态,提高钢材 Z 向断面收缩率,对预防层状撕裂是非常有效的。通常 Z 向断面收缩率 $\psi_z > 15\%$ 的钢即可防止层状撕裂。

b.改变焊接接头设计。以双侧焊缝代替单侧焊缝(图 6-12(a))可以缓和焊根处应力集中程度;以对称角焊缝代替焊接量大的全焊透焊缝(见图 6-12(b))可以降低应力;在承受 Z 向应力的一侧开坡口(见图 6-12(c));在 T 形接头的面板上预先堆焊一层低强焊道(见图 6-12(d))以防止焊根裂纹。

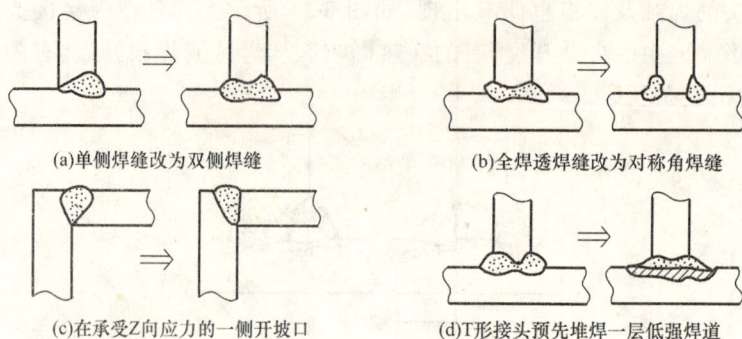

(a)单侧焊缝改为双侧焊缝   (b)全焊透焊缝改为对称角焊缝

(c)在承受Z向应力的一侧开坡口   (d)T形接头预先堆焊一层低强焊道

图 6-12　改变焊接接头设计

c.尽量采用一些防止冷裂纹的措施。如减少焊缝金属中含氢量、预热、控制层间温度等,以防止由冷裂纹引起的层状撕裂。

2.热影响区性能变脆

热影响区性能变脆问题主要发生在过热区。过热区在焊接过程中被加热到 1 200 ℃以上直至熔点。在这样高温下,金属组织中发生了奥氏体晶粒的显著长大和一些难熔质点(例如氮化物和碳化物)的溶入。冷却过程中,难熔质点往往来不及析出而使材料变脆;粗大的奥氏体晶粒具有很好的稳定性,冷却之后可能发生一系列不利的组织转变,如形成魏氏体、粗大的马氏体、塑性很低的混合组织和 M-A 组元等,这也使材料变脆。

6.2.3　合金结构钢焊接工艺

强度较低的合金结构钢可用焊条电弧焊、埋弧焊、气体保护焊等一些常用的焊接方法焊接,无特殊要求,但需根据材料厚度、产品结构和具体施工条件来确定。这里只从减少裂纹和降低热影响区淬硬倾向两方面,谈谈焊接材料和工艺参数选择问题,并简单介绍船用合金结构钢焊接要求。

1.热轧及正火钢的焊接

屈服强度为294～490 MPa 的低合金钢基本属于热轧钢,主要通过合金元素的固溶强化来获得较高强度,Mn 是最常用的合金元素,当 16Mn 钢作为低温压力容器用钢或厚板结构用钢时,为改善低温韧性,也可以在正火处理后使用,15MnV 是在 16Mn 钢基础上加入少量钒(0.04%～0.12%),起沉淀强化和细化晶粒作用。

(1)焊接方法的选择

热轧及正火钢可采用埋弧自动焊、焊条电弧焊、气电焊、电渣焊、压力焊等方法焊接。这主要取决于产品结构、板厚、性能要求和生产条件等。埋弧自动焊、熔化极气体保护焊及焊条电弧焊是常用的焊接方法。钨极氩弧焊可用于要求全焊透的薄壁管和厚壁管等工件的封底焊。

(2)焊接材料的选择

选择焊接材料时,应保证焊缝金属的强度、韧性和塑性等性能符合产品设计要求。应选择与母材强度相当的焊接材料,并综合考虑焊缝金属的韧性、塑性及焊接接头的抗裂性。只要焊缝金属的强度不低于或略高于母材强度的下限值即可。焊缝强度过高,将导致焊缝韧性、塑性和接头抗裂性能的降低。

（3）焊接线能量的选择

各种热轧及正火钢的脆化倾向和冷裂倾向各不相同，对焊接线能量的要求也不同。

含碳量低的热轧钢（09Mn2，09MnNb 等）以及含碳量偏下限的 16Mn 钢进行焊接时，焊接线能量没有严格的限制。因为这些钢的脆化、冷裂倾向小。当焊接含碳量偏高的 16Mn 钢时，为降低淬硬倾向，防止冷裂纹的产生，焊接线能量应偏大一些，对于含 V、Nb、Ti 的钢种，为降低热影响区粗晶区脆化所造成的不利影响，应选择较小的焊接线能量。如 15MnVN 钢种的焊接线能量宜在 40～45 KJ/cm 以下。

对于碳及合金元素含量较高，屈服强度为 490 MPa 的正火钢，如 18MnMoNb 等，因为这种钢淬硬倾向大，应选择较大的焊接线能量，但线能量不能过大，以免增大过热倾向。如果为了防止裂纹而采用焊前预热，这时就不必采用大的焊接线能量。

（4）预热温度的选择

预热是防止裂纹产生的有效措施，也有助于改善接头性能，是低合金钢焊接时常用的工艺措施。但预热常常恶化劳动条件，使生产工艺复杂化，过高的预热和层间温度还会降低接头韧性。因此，焊前是否需要预热和预热温度的确定要认真考虑。

预热温度取决于钢材的成分（碳当量）、板厚、焊件结构形状，拘束度的增加和环境温度的降低使焊前预热温度相应提高。

（5）焊后后热及热处理

①焊后及时后热及消氢处理

焊接后热是指焊接结束或焊完一条焊缝后，将焊件或焊接区立即加热到 150～250 ℃ 范围内，并保温一段时间。而消氢处理则是在 300～400 ℃ 加热温度范围内进行。它将加速焊接接头中氢的扩散逸出，其消氢效果比低温后热更好。

焊后及时后热及消氢处理，是防止焊接冷裂纹产生的有效措施之一，而且采用后热还可以降低预热温度，有利于减轻焊接劳动强度。

②焊后热处理

热轧及正火钢一般焊后不需要进行热处理。电渣焊焊缝及粗晶区晶粒粗大，焊后必须进行正火处理以细化晶粒。

消除应力处理是将焊件均匀加热到 Ac_1 点以下，保温一段时间后随炉冷到 300～400 ℃，最后焊件在炉外空冷。消除应力处理可消除内应力，改善接头组织性能。对于在低温下使用的结构，要求抗应力腐蚀容器、厚壁高压容器以及要求尺寸稳定性的结构等产品，焊后需要进行消除应力处理，这对保证产品安全十分必要。

某些含钒、铌的低合金钢热影响区和焊缝金属在焊后热处理条件下，加热温度和保温时间如果选择不当，因碳、氮化合物的析出会出现消除应力脆性，降低接头韧性。因此应恰当地选择加热温度，或避免焊件在敏感的温度区长时间加热。

另外，消除应力处理的加热温度不要超过母材原来的回火温度，以免影响母材的性能。对于冷裂纹倾向大的高强钢还要及时进行消除应力处理。

2. 低碳调质钢的焊接

低碳调质钢一般具有较高的屈服强度（490～980 MPa）和良好的塑性、韧性、耐磨性、耐腐蚀性。根据用途不同，采用不同的合金成分及不同的热处理工艺，可以获得具有不同综合性能的低碳调质钢。低碳调质钢的含碳量不超过 0.21%，因此该类钢与中碳钢相比有较好的焊接性。低碳调质钢的热处理制度一般为奥氏体化—淬火—回火；也有少数钢采用奥氏体化—正火—回火；或采用双相区淬火或正火。

（1）低碳调质钢的焊接性

低碳调质钢的含碳量不超过 0.21%，与中碳调质钢相比有较好的焊接性。但要成功地焊接这类钢，必须掌握这类钢的焊接特点，拟订正确的焊接工艺，严格实施。这类钢焊接性的主要特点是：在焊接热影响区，特别是焊接热影响区的粗晶区有产生冷裂纹和韧性下降的倾向；在焊接热影响区受热时未完全奥氏体化的区域，及受热时其最高温度低于 Ac_1，而高于钢调质处理时的回火温度的那个区域有软化或脆化的倾向。虽然低碳调质钢的淬硬倾向较大，但在焊接热影响区的粗晶区形成的是低碳马氏体，又因这类钢的 Ms 点较高，所形成的马氏体可发生自回火，这样使得这种钢的冷裂倾向比中碳调质钢小得多。但为了防止冷裂纹的产生，还必须严格控制焊接时的氢源及选择合适的焊接方法及焊接工艺参数。一般低碳调质钢的热裂倾向较小，因钢中的碳、硫含量比较低，而含锰量及 Mn/S 又较高。如果钢中的碳、硫含量较高或 Mn/S 较低时，则热裂倾向增大。如 HY80 钢中的 Mn 含量低，又含有较多的镍，在近缝区易出现液化裂纹。这种裂纹出现于大线能量焊接时，采用小线能量的焊接规范，控制熔池形状，可以防止这种裂纹的产生。

（2）低碳调质钢的焊接工艺

①焊接方法

低碳调质钢最常用的方法有焊条电弧焊、熔化极气体保护焊、埋弧焊、药芯焊丝电弧焊和钨极氩弧焊。采用上述各种电弧焊方法，用一般焊接规范，焊接接头冷却速度较高，使低碳调质钢的焊接热影响区的机械性能接近于钢在淬火状态的力学性能，因而不需要进行焊后热处理。

②焊接线能量和焊接技术

焊接线能量不仅影响焊接热影响区的性能，也影响焊缝金属的性能。对许多焊缝金属来说，为获得综合的强韧性，需要获得针状铁素体组织。这种组织必须在较快的冷却条件下才能获得。为了避免采用过大的线能量，不推荐采用大直径的焊条或焊丝。只要可能，应采用多层小焊道焊缝。最好采用窄焊道，而不采用横向摆动的运条技术，这样不仅使焊接热影响区和焊缝金属有较好的韧性，而且还可以减少焊接变形。立焊时不可避免地要做局部摆动和向上挑动，但应控制在最低程度，可以采用碳弧气刨清理焊根，但必须严格控制线能量。在碳弧气刨以后应打磨清理气刨表面后在施焊。

③预热温度

为了防止冷裂纹的产生，焊接低碳调质钢时常常需要采用预热，但必须防止由于预热而使焊接热影响区的冷却速度过于缓慢，因为在过于缓慢的冷却速度下焊接热影响区内产生 M-A 组元和粗大的贝氏体。这些组织使焊接热影响区强度下降、韧性降低。为了避免预热对接头造成有害影响，必须严格准确地选用预热温度。

④焊后热处理

大多数低碳调质钢焊接构件是在焊态下使用，除非在下述条件下进行焊后热处理：a. 焊后或冷加工后钢的韧性过低；b. 焊后需进行高精度加工，要求保证结构尺寸的稳定性；c. 焊接结构承受应力腐蚀。

3. 低温用钢的焊接

(1)低温用钢的成分和性能

低温用钢主要用于低温下工作的容器、管道和结构,随着我国石油化工工业的迅速发展,液化气储运和运输装备的大量建造,低温用钢的需要量日益增加。低温用钢可分为无镍和含镍两大类。低温用钢的主要性能要求是保证在使用温度下具有足够的韧性和抵抗脆性破坏的能力。低温用钢一般是通过合金元素的固溶强化细化晶粒,并通过正火、回火处理细化晶粒、均匀化组织,从而获得良好的低温韧性。钢中加入合金元素镍能显著改善钢的低温韧性,为保证低温韧性,在低温用钢中尽量降低含碳量,并严格限制硫、磷含量。

(2)低温用钢的焊接性

工作温度为−42 ℃的铁素体低温用钢就是前面介绍的 C-Mn 钢和低碳调质钢,它们的焊接问题已作介绍。

含镍 2.5%的钢和含镍 3.5%的钢是含 Ni 量较低的低温用钢,虽然含镍量的增加提高了它们的淬透性,但由于它们的含碳量低,冷裂倾向并不严重,一般焊接薄板可不预热,焊接厚板时需要预热至 100 ℃。

含镍 9%的低温钢是贝氏体或马氏体组织,由于镍的含量高,淬透性和液化裂纹倾向很大,但由于含碳量低并选用了奥氏体焊接材料,冷裂倾向实际并不大。通过二次正火或者淬火—回火热处理,可以使 9%Ni 钢具有优越的高强度和高韧性综合性能,特别是经过620 ℃几秒钟回火后可获得最高低温冲击韧性。

(3)低温用钢的焊接工艺

①铁素体低温用钢的焊接工艺

这类钢焊接时,可选用与母材成分相同的低碳钢火和 C-Mn 钢类焊条,如果选用含镍0.5%~1.5%的低镍焊条更可靠,线能量控制在(20~40)KJ/cm。采用 MIG 或 TIG 焊时,焊丝含镍 1.5%~2.5%,线能量控制在(28~45) KJ/cm。埋弧自动焊时,可选用C-Mn 焊丝配碱性黏结焊剂,由于使用碱性焊剂焊缝的含氧量低,可得到高韧性的焊缝。此外,也可采用含 Mo 的 C-Mn 焊丝配中性熔炼焊剂或含镍焊丝配碱性熔炼焊剂,焊接线能量控制在(28~45) KJ/cm。

应当注意,焊态下超过 2.5%Ni,焊缝中会出现粗大板条状的贝氏体或马氏体。这时随含碳量的增加,韧性明显下降。只有经过调质处理,焊缝具有细化了的铁素体,焊缝的韧性才会随其含镍量的增加而提高。

②马氏体低温用钢的焊接

为了保证含镍 9%的低温钢焊接时焊缝与母材具有相似的低温韧性,生产中都选用奥氏体焊接材料,按其镍含量可分为三种:Ni-Cr-Mo 系合金,Fe-Ni-Cr 系合金,13Ni-16Cr-Mn-W奥氏体不锈钢。为了保证焊接接头的低温韧性,线能量控制在(10~35)KJ/cm。

这类材料由于含镍量高,焊接时热裂纹倾向很大,尤其是弧坑裂纹一般很难避免,焊接时要采取适当措施(如填满弧坑或用砂轮打磨弧坑)。

思考题

6-1 什么叫焊接性？冶金焊接性与热焊接性的含义是什么？

6-2 焊接性试验内容有哪些？试验方法怎样分类？

6-3 常用的焊接性试验方法有哪些？这些方法的要点是什么？怎样用它们评定焊接性？

6-4 何谓焊接热裂纹？它的产生原因是什么？怎样防止？

6-5 何谓焊接冷裂纹？它的产生原因是什么？怎样防止？

6-6 何谓层状撕裂？它的产生原因是什么？怎样防止？

6-7 热影响区为何性能变脆？

6-8 合金高强度钢焊接时，为何要预热？预热温度根据哪些因素确定？

6-9 低温用钢按其成分不同分为几类？它们的焊接工艺要点是什么？

第7章 船舶与海洋工程结构焊接质量及检验

船体的结构强度要求焊缝保证一定的强度,能承受大风大浪的冲击。因此,焊接接头的质量好坏直接影响到船舶的安全航行与海上作业。如果焊接接头存在严重的焊接缺陷,在恶劣的环境下,就有可能造成部分结构断裂,甚至造成船舶断裂的重大事故。

世界各国对船舶的质量检验都是极为重视的,也是极为严格的,设有专门机构从事这方面的工作。船舶焊接检验主要包括以下几个方面的内容:焊接材料的检验、焊接工艺的认可、焊接人员资格的确认及监督、船体结构的焊接检验等。为了确保船舶的焊接质量,必须进行三个阶段的检验,即焊前检验、焊接过程中的检验和焊后的成品检验。

7.1 船级社造船焊接工艺评定

7.1.1 焊接工艺认可试验

在焊接结构生产之前,要先拟定焊接工艺(包括焊接方法与焊接工艺参数),拟定好之后,还要通过工艺评定来确定所焊接出来的接头是否具有满足要求的性能。

所谓焊接工艺评定(简称 WPQT)是在工程焊接前,按照拟定的焊接工艺,根据有关标准的规定焊接试件,检验试样,测定焊接接头是否具有所要求的使用性能,从而验证所拟定的焊接工艺是否合格。特别注意:如果检验项目中有任何一项不合格,说明该焊接工艺不能用于生产,需要进行修改,重新进行焊接工艺评定试验,直至合格为止。焊接工艺评定的一般程序如图 7-1 所示。

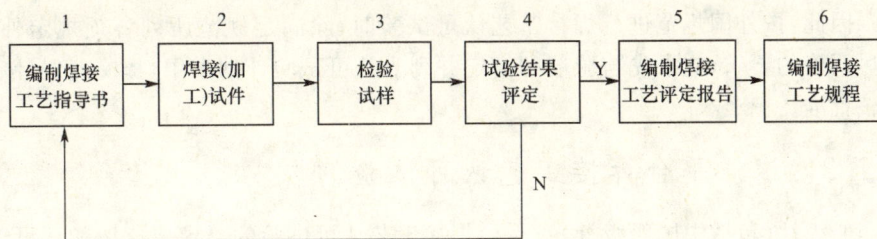

图 7-1 焊接工艺评定的一般程序

只有通过工艺评定,确认能够获得满意性能焊接接头的焊接工艺方可用于生产。因此,焊接工艺评定对于保证产品质量具有十分重要的作用,为此,我国已制定了,并且还正在制定着多种焊接结构的工艺评定标准。如已制定的有《压力容器焊接工艺评定》《钢炉焊接工艺》等。《材料与焊接规范》(2012)中焊接工艺认可试验与这里所讲的焊接工艺评定有相同作用。经过船级社认可的焊接工艺规程才能准许用于船舶建造施工。

存在两种情况的认可试验:一是采用新材料、新工艺时,应进行工艺认可试验,以证实该焊接工艺的适用性;另一种是虽然不属于新材料、新工艺,但对承造厂来讲是从未采用过的焊接工艺(如一贯采用焊条电弧焊建造船体的船厂,想采用埋弧自动焊或半自动焊、CO_2 气体保护焊等),也要经工艺认可试验,合格后方可使用。

焊接工艺认可试验应在船舶建造合同签订之后至正式施工之前完成。焊接工艺认可试验所用材料(包括母材和焊材)的种类、牌号、级别、规格及焊缝坡口形式、焊接位置等工艺因素要与实际生产相符。当焊接工艺认可试验获得批准之后,便可作为指导生产的依据,并且对该船级社规范所规定的各类船舶均适用。当工厂对已被船检部门认可的焊接工艺做了较大的修改,如对母材或焊接材料、接头形式等改变时,应将所有的细节提交报告,船检机构根据改动的具体内容决定是否重新进行焊接工艺认可试验。

由此可见,焊接工艺认可试验是一项既具有技术内容又体现法规精神的工作,应当严肃认真对待。

7.1.2　焊接工艺认可试验的工作步骤

在中国船级社(CCS)的规范中,焊接工艺认可试验是在某一级别基本金属(如船用钢材、铝合金等)、某一厚度试件,用相应的焊接材料和适宜的焊接参数进行焊接试验的。关于这些条件得到的工艺认可能够使用的范围,中国船级社在相应的规范中都作了清楚明确的规定。

船级社在收到焊接工艺试验方案后,将会依据船级社的规范对方案进行审核,如中国船级社将主要依据《材料与焊接规范》(2012)来审查,审查的主要内容为:焊接工艺是否基本正确、检测和试验项目能否满足规范要求、检测和试验项目截取的试样位置是否与规范要求一致、试验试样的加工能否满足规范要求、每一项试验结果的限定值是否符合规范要求等。此外,在审查焊接工艺试验方案时,通常还要求母材与焊接材料尽量选取经船级社评定或/和检验合格的材料。

英国劳氏船级社(LR)、日本海事协会(NK)、美国船级社(ABS)、德国劳氏船级社(DNV)和法国船级社(BV)的规范对焊接工艺认可的一般规定大致相似,但所规定内容的详尽程度和各项要求又稍有差别。对电渣焊等特殊焊接方法的工艺认可试验还有专门的规定。因此,按外国规范进行焊接工艺认可试验时,除满足规范所列各项规定外,对规范中未尽明确的要求,应事先与验船师商定并列入认可试验计划书中,提交船级社和验船机构审核批准。

7.1.3　海洋平台焊接工艺认可试验的要求

各国船级社(包括中国船级社)对平台焊接工艺认可试验的要求要比船舶认可试验高得多,并且十分严格。关于海洋平台焊接工艺认可试验,各国均有相应的规范和标准,例如中国船级社的《海上固定平台入级与建造规范》,具体内容可以查阅相关的规范。

海洋平台制造厂应在平台建造前,根据所用材料和焊接接头形式进行焊接工艺认可试验,并应取得验船部门的认可。

平台制造厂提交给验船部门审核的焊接工艺认可试验方案,应包括下列内容:

(1)母材的钢种、钢级和厚度;

(2)焊接材料(焊条、焊丝和焊剂)的等级、牌号及规格;

　　(3)坡口设计及加工要求;

　　(4)焊道布置及焊接顺序;

　　(5)焊缝位置(平焊、横焊、立焊、仰焊);

　　(6)焊接参数(电流、电压、焊接速度);

　　(7)焊接设备型号;

　　(8)焊前预热、层间温度、焊后冷却和焊后热处理工艺参数;

　　(9)防止层状撕裂的措施等。

　　海洋平台结构有大量的管节点焊接工作,参加管节点焊缝焊接的工人要通过专门的考试认可。管节点焊工考试的目的是确保焊工在施焊时能够满足严格的焊缝外形要求和热影响区的硬度要求。所有的平台焊接工作都要求有焊接工艺规程,即使预先已具备了条件的,也同样有此要求。凡在施焊中应执行的标准和其他各项要求,在焊接工艺规程中均应加以明确规定。

7.2　船舶焊接质量检验过程及内容

　　焊接接头的质量好坏直接影响到产品的安全使用。当船舶主要结构的焊接接头存在严重焊接缺陷时,在大风大浪的冲击下,该结构可能破坏,甚至导致整个船体断裂。其他焊接结构存在焊接缺陷时,也会造成重大损失,这方面事例不胜枚举。经验和教训使人们认识到,对焊接接头进行必要的检验,是保证焊接质量的一项重要措施。质量检验既能减少废品的产生,也能及时发现缺陷和找到缺陷产生的原因,进而从各方面采取措施防止缺陷的产生。世界各国对船舶的质量检验都是极为重视的,也是极为严格的,设有专门机构(如船级社、海事协会等)从事这方面的工作。我国船舶检验局负责船舶从设计、施工到交船验收各个环节的质量监督工作,从而保证了船舶质量不断提高,事故逐年减少。

　　船舶焊接检验主要可分为以下几方面内容:①焊接材料的检验;②焊接工艺的认可;③焊接人员资格的确认及监督;④船体结构的焊接;⑤海上设施结构的焊接;⑥重要机件的焊接;⑦压力管系的焊接;⑧海底管系的焊接。以上各部分的主要内容及要求可参见中国船级社《材料与焊接规范》等规范。焊缝的检验包含内容较多,包括焊缝的焊前检验、焊缝的焊接规格和表面检验、焊缝内部质量检验等。

　　焊接质量的优劣决定于多方面的因素,诸如:母材和焊接材料的质量、焊接坡口的加工和边缘的清理工作、焊件装配质量、焊接工艺参数、焊接设备状况、焊工的技能和情绪等。为了确保船舶重要焊接结构的焊接质量,必须进行三个阶段的检验,即焊前检验、焊接过程中的检验和焊后的成品检验。

　　焊前检验是防止缺陷和产生废品的重要措施之一,必须引起足够的重视。焊前检验内容包括技术文件(图纸、装焊工艺规程等)、焊接材料(焊条、焊丝、焊剂和保护气体)、焊接设备、装焊工夹具、焊接坡口和边缘清理程度等。焊接主要焊缝(如船台装配接缝)的焊工需经过一定规则的考试,合格者方才准许焊接。焊接过程中的检验是从焊接工作开始至焊接工作结束期间内的检验,主要检查焊接过程中使用的装焊工夹具、焊接工艺规程和焊接工艺参数执行情况、部件与分段装配质量、焊缝尺寸等。焊后的成品检验是最后一个检验阶段,即在船体建造完毕,对焊接质量进行全面鉴定。

7.2.1　焊缝的焊前检验

接缝经定位焊后对其接缝间隙、坡口,以及对接缝错边、定位焊质量及焊缝清洁状况等项目的检验称为焊缝的焊前检验。接缝通常在装配工序实行定位焊后交焊接工序,该交接阶段在船体建造流程中有如下工位:

(1)部件装配定位焊后;

(2)板列拼板定位焊后;

(3)组件装配定位焊后;

(4)型材端头拼接定位焊后;

(5)胎架上拼板定位焊后;

(6)分段制造定位焊后;

(7)分段安装定位焊。

以上第(1)～(5)工位一般采用工人自控、专职检验员巡视形式,第(6)工位应由检验员检验,第(7)工位通常应提交验船师、船东检验,检验合格后经焊妥,若大接缝的对接形式并非衬垫焊,则反面用碳刨加工坡口后通常不再检验,待封底焊完工再交验。

焊缝焊前检验主要应该按船检认可焊接工艺规定,检查接缝的间隙与坡口形状,以确保焊缝能完全焊透,达到工艺要求,此外还应注意以下问题。

(1)焊缝坡口区域的铁锈、氧化皮、油污、杂物及车间底漆应予清除,并保持清洁和干燥。

(2)当焊接必须在潮湿、多风或寒冷的露天场地进行时,应对焊接作业区域提供适当遮蔽,一般强度船体结构钢如施焊环境温度低于零度、材料碳当量大于 0.41%、结构刚性较大、构件板较厚或焊段较短时应采取焊前预热措施。

(3)对高强度钢、铸钢和锻钢船体结构件的焊接应查阅有关工艺文件,严格执行焊接引弧、定位焊要求、焊前预热及焊后保温或热处理等措施。

分段安装后的大接缝的焊前检验,检验员首先从外板展开工作图、分段工作图或船台焊接工艺文件中了解所验船体的不同部位的大接缝采用何种焊接方法及相应的焊接坡口形式,以便分段预修整时或在船台划余量线后气割焊接坡口时,检验员能掌握处于不同部位的大接缝坡口形状的准确性。

船舶检验局的《船舶建造检验规程》规定:"船台安装分段对接焊缝的装配间隙、坡口、错边以及内部构架的检验等,均应经验船师检查合格后才允许进行施焊。"对此,检验员应在检验前先预检。检验员检验时要带好焊缝量规与钢短尺。特别是标注在图样上的焊缝符号,它准确地表达了焊缝的焊接坡口形状。焊前检验内容、精度标准与检验方法涉及众多项目,具体要求见原中国船舶工业总公司《中国造船质量标准 CSQS》和国际船级社协会《船舶建造及修理质量标准》。

7.2.2　焊缝的焊接规格和表面质量检验

焊缝的焊接规格是指焊缝的形式与尺寸的规定。焊缝的形式有对接焊缝、角接焊缝、搭接焊缝与塞焊缝。其中角接焊缝形式中还分别有双面填角焊、双面全焊透角焊、交错断续角焊、链式断续角焊与挖孔焊等。焊缝表面质量检验是焊缝质量检验时首先应该检查的项目,经检查合格后还要按要求抽样检查其内部质量,最后进行焊缝密性试验。

这部分的检验首先应熟悉焊接工艺,了解各种焊缝所在钢材的牌号及应选用的焊条牌号和焊接规格。还应了解各种焊缝的形式与标注方法,以及相关规范的要求。

(1)下列船体结构施焊时是否采用了低氢焊条

①船体分段的环形对接缝;

②船体大接缝处的纵桁材对接缝(海船);

③具有较大刚度的构件,如首尾框架、艉轴架等,及其与外板结合船体骨架的接缝(海船);

④桅杆、吊货杆、吊艇架、系缆桩、拖钩架等与其相连接的构件的焊缝;

⑤功率不小于 220 kW 的主机基座及其相连的构件;

⑥碳当量大于 0.41% 的钢材或高强度钢的焊接。

(2)外形检验

①焊缝外形应均匀,焊道与焊道、焊道与基体金属之间应平滑过渡,不得有截面的突然变化;

②焊缝的侧面角必须小于 90°;

③焊道表面凹凸,在焊道长度 25 mm 范围内,高低差不得大于 2 mm;

④对层焊表面重叠焊缝相交处下凹深度不得大于 1.5 mm;

⑤对接焊缝焊道宽度差在 100 mm 范围内不得大于 5 mm;

⑥焊缝表面不得存在表面裂纹、烧穿、未熔合、夹渣和未填满的弧坑;

⑦焊缝表面不允许有高于 2 mm 的淌挂的焊瘤;

⑧焊缝表面不允许存在由于熔化金属淌到焊缝以外未熔化的基本金属上的满溢;

⑨船体外板、强力甲板和舱口围板等重要部位的对接焊缝,咬边深度 d 允许值为:当板厚 $\delta \leqslant 6$ mm 时,$d \leqslant 0.3$ mm,局部 $d \leqslant 0.5$ mm;当板厚 $\delta > 6$ mm 时,$d \leqslant 0.5$ mm,局部 $d \leqslant 0.8$ mm。其他部位的对接焊缝及角接焊缝的咬边深度 d 允许值为:当板厚 $\delta \leqslant 6$ mm 时,$d \leqslant 0.5$ mm;当板厚 $\delta > 6$ mm 时,$d \leqslant 0.8$ mm;

⑩船体外板、强力甲板和舱口围板等重要部位以及要求水密性较好的焊缝不允许有表面气孔。

7.2.3　焊缝的内部检验质量

焊缝的内部质量检验应在焊缝焊接规格尺寸与表面质量检验所发现的缺陷修补完工,并复检合格后进行。焊缝的内部质量可采用射线、超声波、渗透磁粉等探伤或其他适当方法进行检验。另外水压气压、煤油试验(实际上也是渗透探伤的一种)也可作为一种内部焊缝质量检验的手段。

焊缝的内部质量检验采用射线探伤、超声波探伤等方法。具体的实施见以下规范和标准:

①中国船级社 2012《钢质海船入级规范》;

②中国船级社 2012《材料与焊接规范》;

③原中国船舶工业总公司《中国造船质量标准 CSQS(2006)》;

④GB/T3323-1987 熔化焊对接接头射线照相和质量分级;

⑤CB/T3177-1994 船舶钢焊缝射线照相和超声波检查规则;

⑥CB/T3558-1994 船舶钢焊缝射线照相工艺和质量分级；

⑦CB/T3559-1994 船舶钢焊缝手工超声波探伤工艺和质量分级；

⑧CB/T3802-1997 船体焊缝表面质量检验要求。

以上规范和标准主要体现在船厂技术部门编制的相关焊接工艺文件中，另外还需要注意以下内容，在实际工作中，小型船厂会经常疏忽。

(1)无损探伤人员必须要有相应的资格。

(2)被评定为不合格的焊缝应及时返修，注意对返修工艺的控制和检验。

(3)当无损探伤发现焊缝内部有不允许存在的缺陷，并认为该缺陷有可能延伸时，则应在其延伸方向(一端或两端)增加探伤数量，直至达到邻近合格的焊缝为止。

(4)当所有被检焊缝的一次合格率低于80%时，应对重要部位焊缝追加检查，其数量大约为10%~20%，并应对全部焊接工艺引起注意。

(5)对焊缝无损探伤数量和位置的控制，特别应注意修船时也应参照执行。

船中0.6L(此处L为船长)范围内强力甲板和外板的无损探伤数量 n 一般可按中国船级社规范规定的公式计算

$$n=0.25(i+0.1W_T+0.1W_L)$$

式中　i——船中0.6L范围内纵横向对接焊缝交叉处的总数；

　　　W_T——船中0.6L范围内横向对接焊缝的总长(m)；

　　　W_L——船中0.6L范围内分段合拢的纵向对接焊缝的总长(m)。

船底、舷侧和甲板纵骨的对接接头，在0.4L范围内每10个检查1个，0.4L范围内每20个检查1个。

除此之外，现场验船师还应根据船舶修造的具体情况适当增加探伤数量。

(6)射线拍片的布片密度应按钢材的材料级别从高到低递减，纵横向对接焊缝交叉处的布片方向应平行于横向对接焊缝。

(7)对危险化学品船焊缝的无损探伤，尚应对下列部分进行无损探伤。①液货舱舱壁板上所有的焊缝十字交叉处；②液货舱边界焊缝应探测裂纹，探测的长度至少应为液货舱边界焊缝总长度的10%；③当舷侧和船底纵骨以及纵舱壁水平扶强材在横舱壁处中断时，上述构件与横舱壁的焊缝应探测裂纹，探测的长度应至少为骨材与横舱壁连接焊缝总长度的10%；④当纵向构件和纵舱壁水平扶强材连续地通过横舱壁时，其与横舱壁的焊缝应探测裂纹，探测的长度对舷侧和船底纵向构件至少为总长度的30%，对纵舱壁水平扶强材至少为总长度的20%；⑤当横向构件连续地穿过液货舱纵舱壁时，该构件与边界连接焊缝应探测裂纹，探测的焊缝长度至少为总长度的10%。

射线探伤、超声波探伤、渗透探伤、磁粉探伤能较准确的检查到焊缝的内部和部分表面缺陷，但也存在着以下几方面的局限。

(1)检测必须要经专业培训人员进行；

(2)检测面不广，不可能对所有焊缝检测到；

(3)检测需要有定期检测的专业仪器；

(4)检测工序复杂，时间较长；

(5)对检测人员要求较高，难免有漏判现象。

针对以上的局限，目前大部分造船厂采用射线探伤、超声波探伤、渗透探伤、磁粉探伤抽查,结合大规模水压、气压、煤油试验的办法,取得了很好的效果。我国现行规范及标准也提出了水压、气压、煤油试验的具体标准。

7.3　焊接接头的常见缺陷

焊缝质量不符合技术要求规定的称为缺陷。焊缝的缺陷类型很多,按其在焊缝中的位置,可分为内部缺陷和外部缺陷两类。外部缺陷露于焊缝外表面,用肉眼或低倍的放大镜就可以看到。如焊缝尺寸不符合要求、咬边、焊瘤、弧坑、表面气孔、表面裂纹等。内部缺陷位于焊缝的内部,如未焊透、内气孔、内部裂纹、夹渣等,这类缺陷用破坏性试验或无损检验方法来发现。

1. 焊缝尺寸不符合要求

尺寸不符合要求的焊缝如图 7-2 所示。一些焊缝外观形状高低不平、宽窄不齐,焊缝过宽或过窄,余高过高或过低,角焊缝单边等。焊缝宽度不一致,除造成焊缝成形不美观外,还影响焊缝与母材的结合强度。焊缝余高过高,使焊缝与母材交界处(焊趾)形成应力集中,余高太低时,降低接头的强度。角焊缝的单边会造成应力分布不均,降低焊缝的有效截面积。

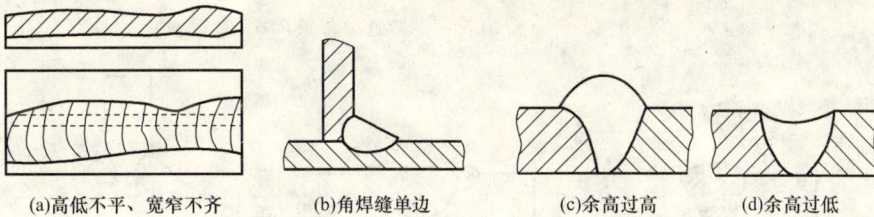

(a)高低不平、宽窄不齐　　(b)角焊缝单边　　(c)余高过高　　(d)余高过低

图 7-2　焊缝尺寸不符合要求

2. 咬边

在沿着焊趾的母材部位,由于焊接参数选择不当,或者操作工艺不正确,烧熔形成的凹陷或沟槽称为咬边,如图 7-3 所示。咬边减弱了母材的有效面积,减弱焊接接头强度,并且更严重的是造成应力集中,承受动载荷或交变载荷的结构,容易在咬边处产生裂纹,导致结构破坏。

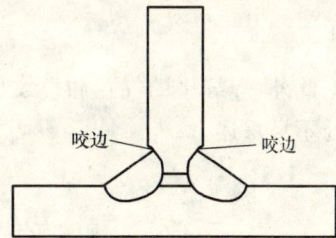

图 7-3　咬边

3. 弧坑

弧坑是焊缝收尾处产生的下陷现象。弧坑往往使焊缝强度严重降低,同时常在弧坑处产生裂纹。

4. 焊瘤

焊瘤是在焊接过程中,熔化金属流淌到焊缝以外未熔化的母材上所形成的金属瘤,该处局部未熔合,如图 7-4 所示。焊瘤经常出现在横、立、仰焊焊缝中,焊瘤不仅影响焊缝的成形美观,而且往往掩盖着夹渣和未焊透,容易导致裂纹的产生。

5. 夹渣

在焊缝金属中残留的熔渣称为夹渣,如图 7-5 所示。它的存在会降低焊缝的强度,链状夹渣更为危险。夹渣处往往容易引起裂纹。

6. 未焊透与未熔合

熔焊时,接头根部未完全熔透的现象叫未焊透,如图7-6所示。焊道与母材之间或焊道与焊道之间未能完全熔化结合的部分称为未熔合,如图7-7所示。未焊透与未熔合都降低接头的力学性能。与夹渣相似,它也容易引起裂纹。

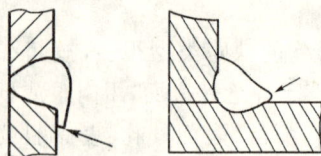
图 7-4 焊瘤

图 7-5 夹渣

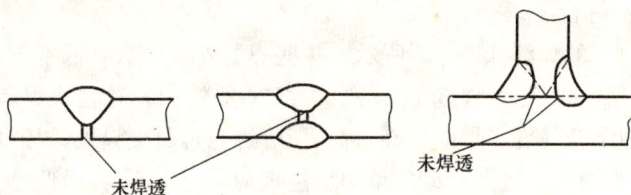
图 7-6 未焊透

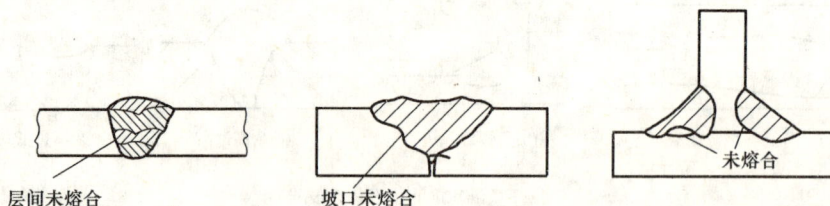
图 7-7 未熔合

此外,焊缝中的气孔和裂纹也是常见缺陷,已分别在第四章和第六章中详细讲述过,此处不再重述。

7.4 船舶焊缝常见的无损检测方法

焊接质量检验的方法,总的来讲可分为破坏性检验和非破坏性检验两大类。顾名思义,破坏性检验是破坏局部焊缝或焊接接头以查明焊接质量的方法,而非破坏性检验是采用探伤设备,无须破坏焊接接头就能发现缺陷的检验方法,所以又称为无损检验。属于无损检验的方法有:目视检测(缩写 VT),超声检测(缩写 UT),射线检测(缩写 RT),磁粉检测(缩写 MT),渗透检测(缩写 PT),涡流检测(缩写 ET);声发射(缩写 AE)等。属于破坏性检验的方法有:力学性能试验、金相分析和化学分析等。在这一节里我们只简要介绍船的焊接质量检验中常用的射线探伤、超声探伤。

1. 射线探伤(RT)

射线探伤是利用射线可穿透物质和在物质中有衰减的特性来发现缺陷的一种探伤方法,探伤中常用的射线有 X 射线和放射性同位素的 γ 射线,用 X 射线或 γ 射线穿透试件,以胶片作为记录信息的无损检测方法,该方法是最基本的、应用最广泛的一种非破坏性检验方法。

(1)射线照相检验法的原理

射线能穿透肉眼无法穿透的物质使胶片感光,当 X 射线或 γ 射线照射胶片时,与普通光线一样,能使胶片乳剂层中的卤化银产生潜影,由于不同密度的物质对射线的吸收系数不同,照射到胶片各处的射线能量也就会产生差异,便可根据暗室处理后的底片各处黑度差来判别缺陷。

(2)射线照相法的特点

射线照相法的优点和局限性总结如下:

①可以获得缺陷的直观图像,定性准确,对长度、宽度尺寸的定量也比较准确;

②检测结果有直接记录,可长期保存;

③对体积型缺陷(气孔、夹渣、夹钨、烧穿、咬边、焊瘤、凹坑等)检出率很高,对面积型缺陷(未焊透、未熔合、裂纹等)如果照相角度不适当,容易漏检;

④适宜检验厚度较薄的工件而不宜检验较厚的工件,因为检验厚工件需要高能量的射线设备,而且随着厚度的增加,其检验灵敏度也会下降;

⑤适宜检验对接焊缝,不适宜检验角焊缝以及板材、棒材、锻件等;

⑥对缺陷在工件中厚度方向的位置、尺寸(高度)的确定比较困难;

⑦检测成本高、速度慢;

⑧具有辐射生物效应,无损检测超声波探伤仪能够杀伤生物细胞,损害生物组织,危及生物器官的正常功能。

总的来说,射线探伤的特性是——定性更准确,有可供长期保存的直观图像,总体成本相对较高,而且射线对人体有害,检验速度会较慢。

2. 超声探伤(UT)

(1)超声波探伤的原理

超声波探伤是利用超声波在物体中的传播、反射和衰减等物理特性来发现缺陷的一种无损检测方法。它可以检查金属材料、部分非金属材料的表面和内部缺陷,如焊缝中裂纹、未熔合、未焊透、夹渣、气孔等缺陷。超声波探伤具有灵敏度高、设备轻巧、操作方便、探测速度快、成本低、对人体无害等优点,但对缺陷进行定性和定量的准确判定方面还存在着一定的困难。超声波是频率大于 2000 Hz 的声波,它属于机械波。在金属探伤中使用的超声波,其频率为 0.5~10 MHz,其中以 2~5 MHz 最为常用。超声波在金属材料和焊接质量检验中获得了广泛的应用。

超声波的产生和接收是利用超声波探头中压电晶体片的压电效应来实现的。由超声波探伤仪产生的电振荡,以高频电压形式加载于探头中的压电晶体片的两面上,由于逆压电效应的结果,压电晶体片会在厚度方向上产生持续的伸缩变形,形成了机械振动。若压电晶体片与工件表面有良好的耦合时,机械振动就以超声波形式传播进入被检工件,这就是超声波的产生。反之,当压电晶体片受到超声波作用而发生伸缩变形时,正压电效应的结果会使压电晶体片两表面产生具有不同极性的电荷，形成超声频率的高频电压，以回波电信号的形式经探伤仪显示，这就是超声波的接收。

（2）超声波探伤仪

超声波探伤仪的主要功能是产生超声频率的电振荡，以此来激励探头发射超声波。同时，它又将探头接收到的回波电信号予以放大、处理，并通过一定方式显示出来。按超声波的连续性可将探伤仪分为脉冲波、连续波和调频波探伤仪三种。其中，后两种探伤仪由于其探伤灵敏度低，缺陷测定有较大的局限性，所以在焊缝探伤中均不采用。目前，焊缝超声波探伤中广泛使用 A 型显示脉冲反射式单通道超声波探伤仪。

船厂中通常是将射线照相与超声探伤配合使用。当焊缝用超声探伤发现有质疑的部位时，再用射线照相最后确定缺陷的性质。这样既可提高检验效率，保证检验准确度，又能降低成本。

思考题

7-1 什么是焊接工艺评定？焊接工艺评定在造船焊接生产中的作用是什么？

7-2 试述焊接质量检验的意义、焊接检验三个阶段的具体内容。

7-3 试述咬边、焊瘤、未焊透、未熔合、夹渣等焊接缺陷对产品质量的影响。

7-4 常用的无损探伤方法都有哪些？

第8章 船舶焊接应力与变形

焊接结构生产中,由于受到局部高温加热而造成焊件上不同区域温度分布不平衡,从而使其产生不均匀受热膨胀,高温区的膨胀会受到低温区的束缚和制约而产生一定的塑性变形,并最终导致焊件在焊后产生残余应力和残余变形。焊接残余应力是引起焊接结构疲劳破坏、脆性断裂的主要原因,而焊接残余变形会使焊接结构的形状和尺寸难以达到图样技术要求。因此,焊接残余应力和应变不仅影响到船舶结构尺寸的精度和外形美观度,而且还有可能降低焊接结构的承载能力,从而影响其使用性能和使用寿命,直接影响到船舶与海洋工程结构的质量和使用安全。

8.1 焊接应力与变形的基本概念

1. 内应力与焊接应力

物体受到外力作用时,在其单位截面积上所受的力称为应力。当没有外力存在时,物体内部所出现的应力称为内应力。

在焊接过程中,由于不均匀加热和冷却,使焊件内部产生的应力,称为焊接内应力,又称焊接残余应力。焊接应力是在没有外力作用时的内应力,它在构件中自身平衡,它存在于焊件中并由焊接所引起。

构件在产生内应力的同时,将伴随着伸长、缩短、弯曲和挠曲等变形,所以变形和应力是相互联系的。

2. 焊接变形

在物体上加上一定数值的外力后,使物体形状发生变化的现象称为变形。若外力去除后,物体能回复到原来的形状,称之为弹性变形;若外力消除后,物体不能回复到原来的形状,称之为塑性变形。一般物体受到过大的外力作用后,都能产生塑性变形,变形的大小取决于所加外力的大小。

在焊接应力的作用下,结构所产生的形状和尺寸的变化称为焊接变形。焊接变形造成下一道工序施工困难,为矫正焊接变形要消耗很多人力和物力,严重的焊接变形会影响结构承受外力的能力和使用性能,甚至因变形严重无法矫正而报废。

8.2 焊接应力与变形产生的原因

焊接过程中对焊件进行局部的、不均匀的加热是产生焊接应力和变形的原因。焊接后,焊缝及其附近受热区的金属都发生缩短,即沿着焊缝长度方向的纵向收缩和垂直于焊缝长度方向的横向收缩,同时也包括焊缝附近某一部分受热区金属的收缩,最终都会导致焊接结构产生变形。

8.2.1 焊接热过程

1.焊接温度场

焊接温度场是焊接热源对焊件加热时,某一瞬时焊件上各点的温度分布情况。

$$T=f(x,y,z,t)$$

其中　　T——工件上某点某一瞬时的温度;

　　　　x,y,z——工件上某点的空间坐标;

　　　　t——时间。

2.焊接热循环

焊接过程中,焊接热源是移动的。对于焊接热影响区内任一点的温度,在热源作用时间内,随时间的推移由低到高,再由高到低的变化过程称为该点的热循环。热循环曲线描述了热影响区内各点温度随时间变化的规律,如图 8-1 所示。热循环曲线可以说明:(1)热影响区内某点可以达到的最高温度;(2)该点在高温下停留的时间;(3)该点的冷却速度。因此可以根据热循环曲线判断热影响区内各点的组织和性能。当热影响区的组织和性能不能满足要求时,可以通过改变输入焊件的线能量、改变焊件的初始温度(预热)、焊后加热或改变焊接层数等措施,调节热循环曲线来改进。

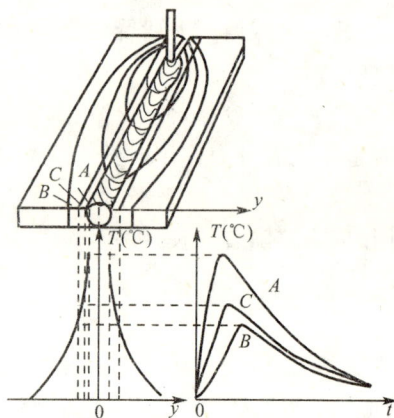

图 8-1　焊接热循环曲线

8.2.2 焊接引起的应力与变形的分析

焊接过程中,焊缝金属经受由室温到材料的熔点,再由熔点冷至室温的变化。随着温度的变化,金属的力学性能和物理性能也相应发生变化。为了便于计算焊接应力与变形,对于屈服强度与温度的关系如图 8-2 所示。

焊接时焊接接头局部区域的加热和冷却是很不均匀的,而局部区域内的各部分金属又处于液态—塑性状态—弹性状态的不同状态,并随热源的变化而变化,这就是产生焊接应力和变形的根本原因。

以平板对接焊为例进行说明,见图 8-3 所示。焊接时,由于对焊件进行局部加热,焊缝区被加热到很高温度,加热温度随离开焊缝距离的增加而降低。根据金属热胀冷缩的特性,焊件各区域的金属因温度不同将产生大小不等的纵向膨胀,如各区域的金属能纵向自由伸长而不受周围金属的阻碍,其伸长应如图 8-3(a)中 abcde 所示那样。但钢板是一个整体,这种伸长不能自由地实现,钢板端面只能比较均衡地伸长,于是被加热的高温焊缝区金属 bcd 区域因受两边金属的阻碍而产生压应力,远离焊缝区的 ab 及 de 区域则受到拉应力。此时,焊缝区(c 区)金属温度高、塑性好,当所受压应力超过屈服极限时,该区产生压缩塑性变形,这时钢板中存在着压应力和拉应力,两者平衡,同时整块钢板比原尺寸伸长 Δl。

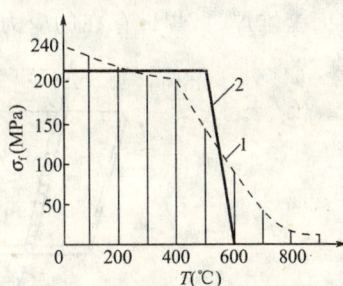

1—实测曲线;2—简化曲线
图 8-2　屈服强度与温度的关系

焊接后,焊件冷却到常温,由于中间部位的金属在加热焊接时已产生了压缩塑性变形,所以冷却后的长度要比原来尺寸短些,所缩短的长度应等于压缩塑性变形的长度(见图 8-3(b)中的圆弧线),其他只产生过弹性变形的部位应该回复到原长 l,即焊件端面应呈 lmnop 形状。但钢板是个整体,各部位互相牵制,两边的金属将阻碍中间 n 区域的局部缩短,因此焊件沿整个宽度比较平均地一起收缩到比原来小 $\Delta l'$ 的位置,此收缩变形 $\Delta l'$ 即称之为焊接变形。此时,两边金属由于受压缩而产生压应力,中间焊缝区被拉长而产生拉应力并相互平衡。这些应力焊后残留在构件内部亦称焊接残余应力,简称焊接应力。

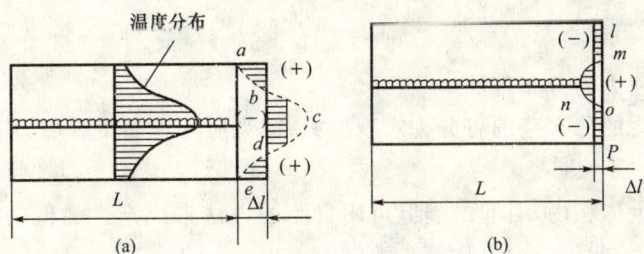

图 8-3　平板对接焊时的应力与变形

8.3　焊接应力

8.3.1　焊接应力的种类

1. 根据焊接应力在结构的空间位置划分

根据焊接应力在结构的空间位置不同可划分为单向应力、双向应力和三向应力等。

(1)单向应力

应力在焊件中只沿着一个方向发生,如图 8-4(a)。如焊接薄板的对接焊缝以及在焊件表面上堆焊时,焊件存在的应力是单方向的,也称线应力。

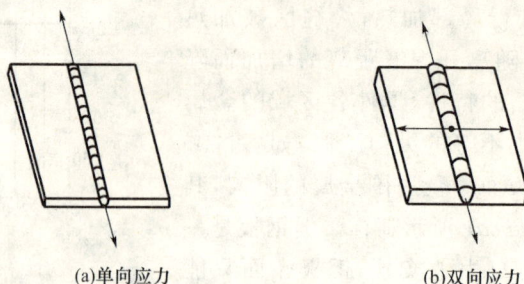

(a)单向应力　　　　　　(b)双向应力

图 8-4　单向应力和双向应力

(2)双向应力

双向应力存在于焊件中一个平面的不同方向上,如图 8-4(b)。如焊接较厚板对接焊缝或具有拘束条件时,焊件存在的应力虽不同向,但均在一个平面内,也称平面应力。

(3)三向应力

在焊件中的应力是沿空间三个方向存在的,如图 8-5。如焊接厚大焊件对接焊缝和三个方向焊缝的交叉处时,都存在三向应力,三向应力也称体积应力。

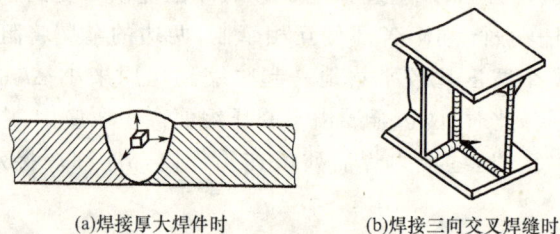

(a)焊接厚大焊件时　　　　　　(b)焊接三向交叉焊缝时

图 8-5　三向应力

2. 根据焊接应力的分布范围

根据焊接应力的分布范围可分为宏观应力、微观应力和超微观应力。

(1)宏观应力

它作用在较大体积内,引起的裂缝可用目测的方法来决定。如低碳钢焊接时起主要作用的是宏观应力,此类应力也称第一类应力。

(2)微观应力

它作用在金属的晶粒之间,所生成的裂缝需用金相显微镜观察,主要出现于合金钢中,此类应力也称第二类应力。

(3)超微观应力

它作用在金属的晶格之间,生成的裂缝难以用一般方法观察到,此类应力也称第三类应力。

3. 根据焊接应力在焊缝中的方向不同

根据焊接应力在焊缝中的方向不同可分为沿焊缝方向的纵向应力和垂直焊缝方向的横向应力以及沿厚度方向上的应力等。

(1)纵向应力

它的作用方向与焊缝的长度方向平行。在低碳钢和普通低合金钢的焊接结构中,焊缝及近缝区的压缩塑性变形区内的纵向应力为拉应力,其数值一般达到材料的屈服点。

(2)横向应力

横向应力的作用方向与焊缝的长度方向垂直。它是由焊缝及其附近塑性变形区的纵向收缩所引起的横向应力和由焊缝冷却的先后不同所形成的横向应力合成的结果。

(3)厚度方向上的应力

在厚板的焊接接头中,除纵向和横向焊接应力外,还存在较大的沿厚度方向上的焊接应力。

它们在厚度上的分布是不均匀的,分布状况与焊接工艺方法密切相关。

4. 根据焊接应力形成的原因

根据焊接应力形成的原因可分为温度应力、组织应力和拘束应力等。

(1)温度应力

焊接时,由于工件受热不均匀,使各部分的热膨胀不一样而引起的应力,称之为温度应力,亦称热应力。

(2)组织应力

焊接时,由于不同的焊接热循环的作用,引起局部金属金相组织发生转变出现体积变化。当这种体积变化受到阻碍时便产生了应力,此种内应力称为组织应力。

(3)拘束应力

由于焊件热变形受到拘束引起的应力。

8.3.2　焊接应力的分布

焊接应力是影响焊接结构或焊接部件疲劳强度、压曲强度、脆性断裂强度和抗腐蚀性能的重要因素。因此分析焊接应力的分布是必要的。在船体如此复杂的焊接结构中,焊接应力的分布显然是很复杂的。从分析简单焊接接头的应力分布情况就可定性地分析具体结构中的焊接应力分布。

在焊件厚度≤15～20 mm 的常规焊接结构中,焊接应力基本是纵、横双向的,如图8-6所示。

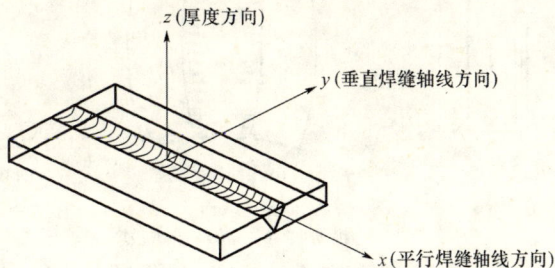

图 8-6　板材的空间坐标位置

厚度方向的焊接应力很小,只有在大厚度的焊接结构中,厚度方向的焊接应力才有较高数值。为了便于分析,通常将平行于焊缝轴线方向的应力称为纵向焊接应力,用 σ_x 表示。将垂直于焊缝轴线方向的应力称为横向焊接应力,用 σ_y 表示。厚度方向的焊接应力用 σ_z 表示。以下将分别加以讨论。

1. 纵向焊接应力的分布

对接接头中纵向焊接应力沿板宽方向的分布如图 8-7(a)所示,在焊缝及其附近塑性变形区为拉伸应力,该部分应力往往达到屈服强度,而远离焊缝的母材则为压应力,根据板的宽度不同压应力逐渐减小到零(宽板)或维持某个值,甚至有所增加。纵向应力沿焊缝长度方向的分布如图 8-7(b)所示,中段的纵向应力保持为常值,但在焊缝的两端,因受自由边界的影响,应力由常值逐渐趋向于零值。

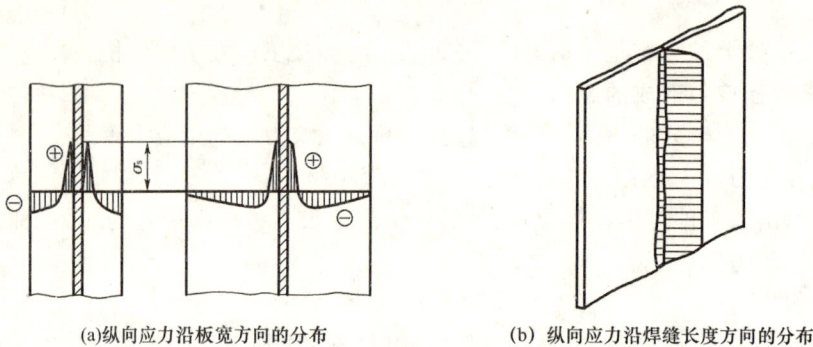

(a)纵向应力沿板宽方向的分布　　　　　　(b) 纵向应力沿焊缝长度方向的分布

图 8-7　对接接头的纵向焊接应力

2. 横向焊接应力的分布

横向焊接应力的产生及其影响比较复杂,一般认为,沿焊缝中心线的横向焊接应力主要由两个方面所引起。一是由于焊缝及其附近的塑性变形区的纵向收缩引起的,二是由于焊缝及其附近的塑性变形区的横向收缩引起的。图 8-8 为平板对接焊缝,如果沿焊缝中心将构件一分为二,则两块钢板都相当于板边堆焊,它们将分别因焊缝的纵向收缩而向外侧弯曲。可以想象,平板对接焊缝的两端必然存在着横向压应力,中心部位产生横向拉应力。通常端部压应力的最大值比拉应力大得多,这就是纵向收缩引起的横向应力。

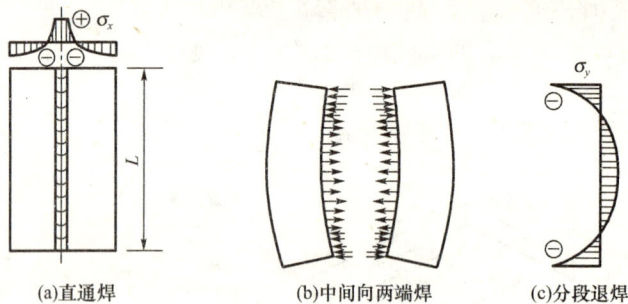

(a)直通焊　　　　　　(b)中间向两端焊　　　　　　(c)分段退焊

图 8-8　纵向收缩引起的横向应力

由于焊缝有先焊和后焊之分,先焊部分先冷却,后焊部分后冷却。先冷却部分又限制后冷却部分的横向收缩,这种限制和反限制作用就构成了横向应力的出现。可见这部分横向应力与焊缝的焊接方法、焊接方向及焊接顺序有关。图 8-9 所示为不同焊接方向的横向应力分布情况。其中图(a)为直通焊的应力分布,焊缝中间为压应力,两端为拉应力,后焊部分拉应力较大。这是由于随着焊缝的完成刚性变的越来越大,后焊焊缝冷却收缩受阻碍越来越大而形成的。图(b)为从中间向两端焊的应力分布,这种焊接方法的应力分布比直通焊应力分布均匀。图(c)为分段退焊的应力分布,这种焊法每一段焊道都形成拉应力和压应力,可将大面积的拉、压应力区分散,而且应力峰值有所降低。图(d)为从两端向中间焊的应力分布,中间区域受拉应力,两端区域受压应力,应力分布与图(b)的应力分布正相反。

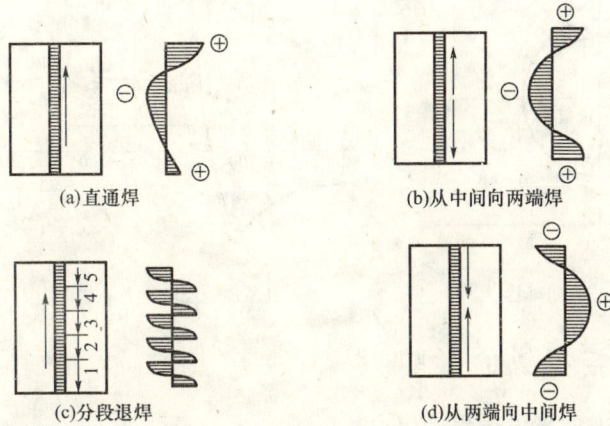

(a)直通焊   (b)从中间向两端焊

(c)分段退焊   (d)从两端向中间焊

图 8-9   不同焊接方向时焊缝横向收缩引起的横向应力

上面分析的对接接头中的横向应力分布图适用于焊条电弧焊。因为焊条电弧焊中,电弧缓慢地沿焊缝移动,在焊接下一段时,前一段来得及冷却。在埋弧自动焊时,采用的电弧功率较大,并且速度很高,因此沿焊缝长度方向的温度差不像焊条电弧焊那样大,焊缝的冷却发生得比较均匀。因此,埋弧自动焊中横向应力比焊条电弧焊的小一些,均匀一些。

3. 拘束状态下焊接应力的分布

上述所讨论的两种应力都是焊件在自由状态下焊接时产生的。在生产实际中,焊接结构往往是在受拘束的情况下进行焊接。

例如在石油化工设备中,经常会遇到接管、人孔、镶块等封闭焊缝的焊接,如图 8-10 所示。这些环绕着接管、镶块等的焊缝构成一个封闭回路,称为封闭焊缝。

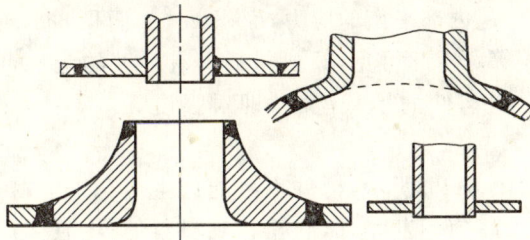

图 8-10   容器接管焊缝

在船体焊接中,所谓封闭焊缝是指船体中的人孔、窗孔等四周的焊缝,以及修理船舶使用圆形补板进行镶板的焊缝。此类焊缝是在较大的拘束情况下焊接的,因此其焊接应力与自由状态下焊接应力相比有较大的差别。如图 8-11 所示,一直径为 1 m,厚度为 12 mm 的圆盘,在其中心开孔并焊接直径为 300 mm 的镶块,其焊缝的焊接应力分布情况如图 8-12 所示。可以看出,径向应力均为拉应力。切向应力在焊缝附近最大,为拉应力,由焊缝向外侧逐渐下降为压应力,由焊缝向中心达到一均匀值。在镶块中部有一个均匀的双轴应力场,镶块直径越小,外板对它的约束越大,这个均匀双轴应力值就越高。

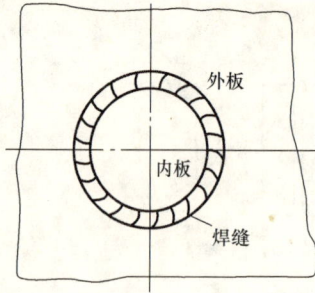

图 8-11 封闭焊缝

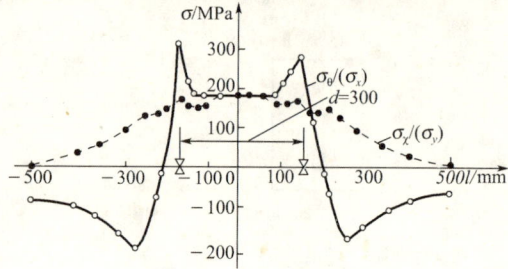

图 8-12 径向应力和切向应力的分布

8.3.3 焊接应力的影响

以下将从几个方面来讨论焊接应力的影响。

1. 焊接应力对静载强度的影响

假设一构件中间部分为拉应力,两侧为压应力,如图 8-13 所示。构件在拉力 P 作用下产生拉应力 σ。由于 σ 的作用,构件内部的应力分布将发生变化,随着 σ 的增加,构件两侧部分原来的压应力逐渐减少而转变为拉应力,而构件中部的拉应力则与外力叠加。若材料具有足够的塑性,当应力的峰值达到 σ_s 后,该区域的应力就不再增加,而产生塑性变形。其余区域应力未达到 σ_s,则随着外力的增加应力还继续增加,整个截面上的应力逐渐均匀化,直到构件截面上的全部应力都达到 σ_s,应力就全面均匀化了。此时外力大小可用面积 $abcdefghi$ 来表示。若构件内没有焊接应力,要同样使整个截面应力都达到 σ_s,所需要的外力 $P = \sigma_s \times F = \sigma_s \times B \times \sigma$,其数值可用矩形面积 $abhi$ 表示。因为内应力是内部平衡的应力,面积 $def =$ 面积 $bcd +$ 面积 fgh,故面积 $abcdefghi$ 和面积 $abhi$ 相等。由此可见,只要材料具有足够的延性,能进行塑性变形,焊接应力的存在并不会影响构件的承载能力,即对强度无影响。

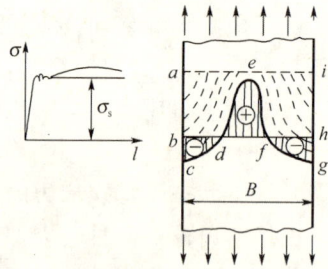

图 8-13 载荷作用下平板中应力变化
（塑性好的材料）

对于脆性材料,如图 8-14 所示,构件不可能产生应力的均匀化过程。应力峰值不断增加,直至达到材料的强度极限,发生局部破坏,而最后导致整个构件断裂。

2. 焊接应力对结构疲劳强度的影响

这是人们广为关心的问题,截至目前为止已进行了大量试验研究,但由于其影响因素较多,诸如结构形式、焊接次序、焊缝截面形状、应力集中程度、焊后是否热处理、疲劳载荷的应力循环特征系数、内应力在外载作用下变化等,而每项实验仅侧重反映

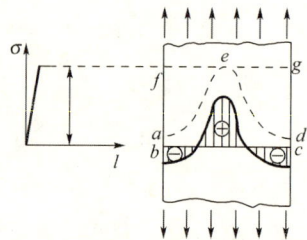

图 8-14 载荷作用下平板中应力变化
（脆性材料）

有限个因素的影响,不能包罗全部影响因素,所以尚未得出一致结论。虽然如此,但是大量的疲劳试验表明,压应力有可能阻止疲劳断裂的发生和疲劳裂纹的扩展,因此对于承受交变载荷的构件,往往在表面造成压应力层,以防止疲劳断裂。

3. 焊接应力对机械加工精度的影响

焊件在不经过焊后消应力处理,内部存在着相互平衡的应力,当进行机械加工时,如切削掉焊件一部分承受残余应力的金属,则焊件会重新变形(二次变形)以使残余应力重新分布来保持平衡,焊件不断的切削,就会不断的变形,加工精度难以保证。

4. 焊接应力对受压构件稳定性的影响

焊件受压时,截面内的应力将与外在压应力叠加。应力叠加使压应力区的应力先达到屈服极限 σ_s,该区应力不再增加,从而丧失了进一步承受外力的能力。这样就相当于减少了构件的有效截面积,致使结构产生波浪式变形。

实验证明,焊接 H 形受压构件,焊后不处理的比焊后高温回火消除内应力处理的临界应力低 20%～30%。而焊后在边缘进行堆焊则临界应力可提高,其数值几乎与高温回火消除内应力的构件相等。

5. 焊接应力对应力腐蚀开裂的影响

应力腐蚀开裂(简称应力腐蚀)是拉应力和腐蚀共同作用下产生裂纹的一种现象。应力腐蚀大致可分为三个阶段。第一阶段,局部腐蚀造成小腐蚀坑和其他形式的应力集中,以后又逐渐发展成为微小裂纹。第二阶段,在腐蚀作用下,金属从裂纹尖端面不断地被腐蚀掉,而在应力作用下又不断地产生新的表面,这些表面又进一步被腐蚀,这样在应力和腐蚀的交替作用下裂纹逐渐扩展。第三阶段,当裂纹扩展到某一临界值,裂纹就在应力作用下以极快的速度扩展,造成脆性断裂。

应力腐蚀引起断裂所需的时间与应力大小有关。应力越大,发生断裂所需时间越短。应力越小,发生断裂所需时间越长。此种应力不分工作应力和焊接应力,它们均对应力腐蚀起作用。有些结构的工作应力比较低,本不至于在固定使用年限内产生应力腐蚀,但是焊接后由于焊接应力较大,焊接应力和工作应力叠加,促使焊缝附近很快产生应力腐蚀。对于此种结构,采取适当的消除焊接应力措施,有利于提高抗腐蚀能力。

8.3.4　减小和消除焊接应力的措施

在通常情况下,焊接应力对于可焊性良好的材料影响不大,但是如果结构的刚度较大,且焊接顺序和方法不当,也可能在焊接过程中产生裂纹,这就需要设法减少焊接应力。减少焊接应力要与防止和减少焊接残余变形同时考虑,因为有的措施既可减少应力又可减少变形,而有的措施造成相反效果。因此必须注意统筹兼顾,否则会造成顾此而失彼。例如采用刚性固定法,利用增加结构刚性可以减少结构的焊后残余变形,但因为收缩受阻较大,因而在结构中形成很大内应力。在这种情况下,就应抓住主要矛盾,区别对待。对于低碳钢的船体结构来说,由于材料的塑性较好,内应力的影响较小,而焊接变形是主要矛盾。

船体以外一些结构,如铸—焊或锻—焊的尾柱、船用柴油发动机的焊接机体,通常需要消除焊接应力。常采用的减少焊接应力的方法有如下几种。

1. 合理的结构设计

一个不良的结构制造时很难不产生严重的焊接应力。工艺师在进行图纸审查时,必须注意结构的接头应避免焊缝的交叉和过分密集,是否尽量采用了对接而避免了搭接,是否能用刚度更小的结构代替,因为刚度越大,结构焊接应力越大。

2. 选择合理的焊接顺序

为减少焊接应力而采用合理的焊接顺序,大体有以下几个原则:

(1)尽可能使焊缝自由收缩。对大型的立体结构焊接时,焊接应从中间向四周进行,以便使焊缝具有自由收缩的可能性,减少焊接应力。图 8-15 所示为甲板结构的焊接顺序,焊接都是从中间向四周进行,并且双数焊工同时施焊。先焊立体交叉构件间的角焊缝,如图 8-15(a)所示;再焊立体构件与平板间的角焊缝,如图 8-15(b)所示。

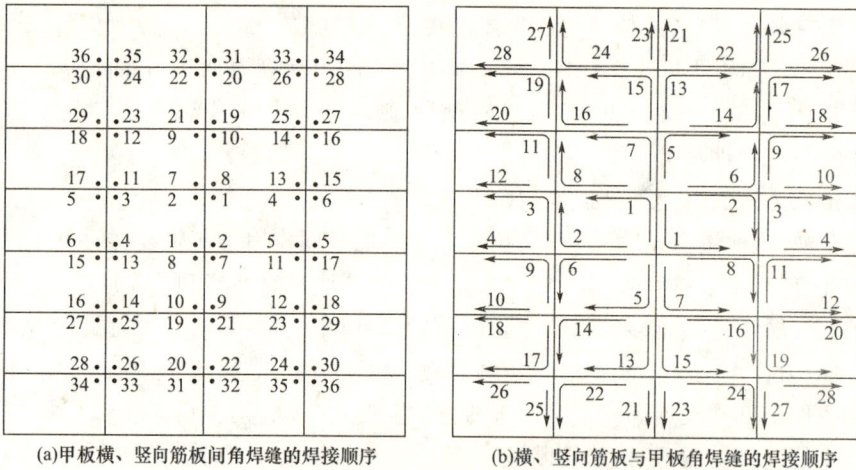

(a)甲板横、竖向筋板间角焊缝的焊接顺序   (b)横、竖向筋板与甲板角焊缝的焊接顺序

图 8-15 甲板结构的焊接顺序

(2)收缩量大的焊缝应该先焊。由于收缩量大的焊缝容易产生较大的焊接应力,同时也由于先焊焊缝的收缩一般比较自由些,因此结构上收缩量大的焊缝先焊,就可以减少其中的应力。例如图 8-16 所示的工形梁焊接,板与腹板上都有对接焊缝,彼此之间用角焊缝连接,对这种构件就应当先焊对接焊缝①,后焊焊缝②,最后焊角焊缝③,因为对接焊缝的收缩量比角焊缝大。

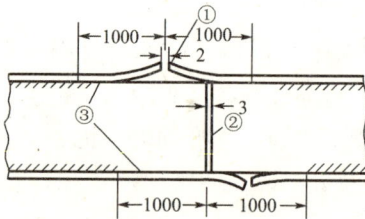

图 8-16 工形梁焊接

(3)焊接平而交叉焊缝时应先焊短的横向焊缝,然后再焊接长的纵向焊缝。在焊缝交叉点上产生的焊接应力较大,因此,应采用合理的焊接顺序以减少焊接应力。如图 8-17所示。

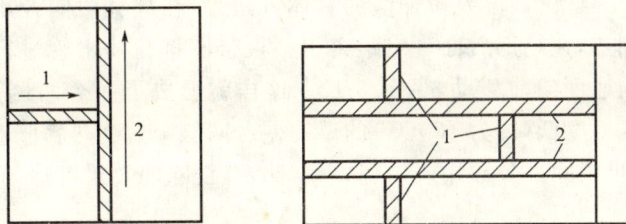

图 8-17　交叉对接焊缝的焊接

3. 选择合理的焊接工艺参数

根据焊接结构的具体情况,应尽可能采用较小的焊接线能量,即采用小直径的焊条和偏低的电流,或用较大电流、较快焊速,以减小焊件受热范围,从而减小焊接应力。这一方法可同时减小焊接变形。

4. 预留变形余量

船舶与海洋工程结构的建造中,在最后装焊补板和嵌补分段时,由于不能自由收缩产生很大应力,在过大应力作用下可能产生裂纹。预留变形余量,焊接时由于焊缝收缩把板拉平,这样起到了减小焊接应力的作用。

5. 采用预热焊接

对于一些厚大工件,如海上平台的圆筒形桩腿等,可以采用预热方法,降低工件中焊接的温度梯度,从而减小焊接应力。焊后消除焊接应力常用热处理方法和机械方法。焊后热处理虽然效果不错,但加工费用昂贵,对某些钢材还不适用。焊后消除应力的热处理程序是将焊件加热到某一温度(如通常 650 ℃左右),并保持一定时间,利用蠕变产生新的塑性变形来消除焊接应力。对大多数结构钢而言,这种热处理还能提高焊件热影响区的性能。对于某些压力容器、桥梁、船体结构可以采用加载的办法消除焊接应力。利用加载所产生均匀拢应力与焊接应力叠加,使存在高拉伸应力区应力达屈服强度,材料流动卸载后,该区应力得以完全或部分消除。

消除焊接应力的方法有如下几种:

(1)整体高温回火(消除应力退火)

将焊接结构整体放入加热炉中,并缓慢地加热至一定的温度。对低碳钢结构来说大约在 600~650 ℃左右,并保温一定时间(一般按每毫米厚度温度 4~5 分钟计算,但不少于一小时),然后在空气中冷却或随炉缓冷。考虑到自重可能引起构件的歪曲等变形,在放入炉子时要将构件支垫好。

整体高温回火消除焊接应力的效果最好,一般可把 80%~90%以上的残余应力消除掉,是生产中应用最广的一种方法。

(2)局部高温回火

就是对焊接结构应力大的地方及周围加热到比较高的温度,然后缓慢冷却。这样做并不能完全消除焊接应力,但可以降低残余内应力的峰值,使应力分布比较平缓,起到部分消除应力的作用。

(3)低温处理

温差拉伸法消除焊接残余应力的基本原理与机械拉伸法相同,主要差别是利用局部加热的温差来拉伸焊缝区。温差拉伸法的具体方法是:在焊缝两侧各用一个宽度适当的氧乙炔焰炬进行加热,在焰炬后面一定距离用一根带有排孔的水管进行喷水冷却。乙炔焰和喷水管以相同速度向前移动,见图 8-18。这样就形成了一个两侧温度高(其峰值约为 200 ℃)、焊接区温度低(约为 100 ℃)的温度差。两侧金属受热膨胀对温度较低的区域进行拉伸,所以就可消除部分焊接残余应力,据测定,消除的效果可达 50%～70%。

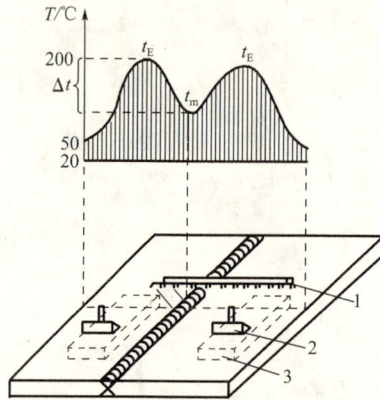

t_E—加热区温度;t_m—焊缝区温度;Δt—温度差

1—冷却水管;2—火焰喷嘴;3—加热区

图 8-18　低温消除焊接应力示意图

（4）整体结构加载法

把已经焊好的整体钢结构根据实际工作情况进行加载荷,使结构内部应力接近屈服强度,然后卸载,能达到部分消除焊接应力的目的。例如容器结构可以在进行水压试验的同时消除部分残余应力。但应注意,用这方法后结构会产生一些残余变形。

8.4　焊接变形

焊接过程中焊件产生的变形称为焊接变形。焊接后焊件中残留的变形称为焊接残余变形。

8.4.1　焊接变形的种类

焊接变形的种类较多,按其对结构影响的大小可分为以下两种。

1. 整体变形

整体变形是指整个结构形状和尺寸发生变化,它是由于焊缝在各个方向收缩而引起的。整体变形包括直线变形、弯曲变形和扭曲变形。直线变形是指结构的长、宽、高尺寸的改变,按其方向可分为纵向变形和横向变形。纵向变形是指平行于焊缝方向的变形;横向变形是指垂直于焊缝方向的变形。由焊缝的纵向和横向收缩造成整个结构的长度缩短和宽度变窄。弯曲变形和扭曲变形是由于焊缝在结构中布置不对称时产生，也可能由于装配质量不好、焊件搁置不当、焊接程序和施焊方向不合理而造成。通常弯曲变形、扭曲变形与纵向和横向收缩相伴发生，使整个结构的尺寸和形状发生变化。

(1)纵向变形

如图 8-19(a)所示，纵向变形是指平行于焊缝方向的变形。其变形量(ΔL)随焊缝及其两侧压缩塑性变形区和构件长度(焊缝长度)的增加而增大；随构件截面积的增大而减小。一般随着焊接热输入的增加，压缩塑性变形区也扩大。大截面的焊缝所产生的变形量也较大。对于截面尺寸相同的焊缝，多层焊采用较低的热输入，它产生的变形量比单层焊小。

(2)横向变形

如图 8-19(b)所示，横向变形是指垂直于焊缝方向的变形。角焊缝和对接焊缝焊后都会引起横向变形。其中角焊缝的横向收缩量随焊脚高度的增加而增大，而随面板厚度的增加而减小。对接焊缝的横向收缩量比角焊缝和堆焊缝大，它的大小与板厚、坡口角度与形式有关。在坡口相同的情况下，板厚越厚，则横向收缩量越大。V 形坡口比同厚度的 X 形坡口或 U 形坡口的横向收缩量大。

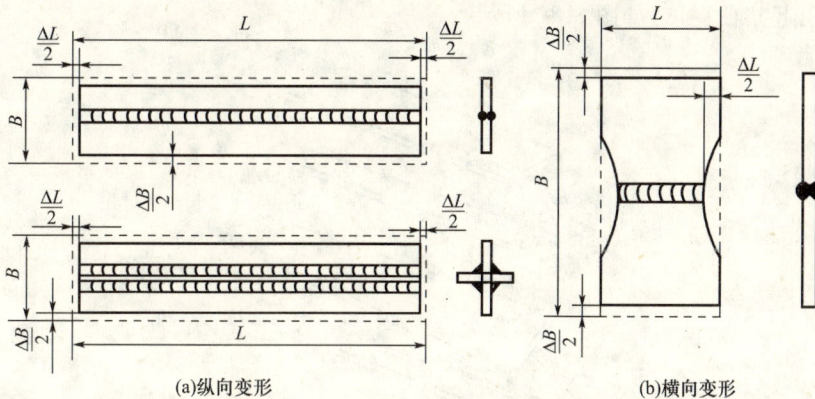

图 8-19　纵向变形和横向变形

(3)弯曲变形

如图 8-20(a)所示，弯曲变形是由纵向收缩和横向收缩引起的。如图 8-20(b)所示，不在 T 形构件截面中性轴上的纵向焊缝，不但会引起构件的纵向缩短，还会引起构件的弯曲。如船体结构件中的 T 形梁、强肋骨、强横梁以及纵桁等，这些构件的角焊缝不分布在中性轴上，由于焊缝纵向收缩所产生的力与构件中性轴之间的距离 f(挠度)形成一个力矩的作用，使焊件产生纵向弯曲变形。由横向收缩引起的弯曲变形见图 8-20(c)，其中短肋板、面板以及腹板和 T 形接头的焊缝都集中在构件截面中性轴的上方，因此焊后其横向收缩将使构件向下弯曲。焊缝横向收缩量越大，焊缝数量越多，偏离截面中性轴越远，则弯曲变形就越大。

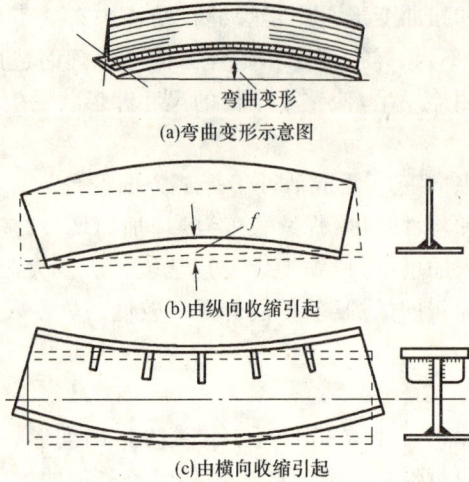

(a)弯曲变形示意图

(b)由纵向收缩引起

(c)由横向收缩引起

图 8-20　弯曲变形

（4）扭曲变形

扭曲变形是指焊缝的纵向或横向缩短所引起的。它与角焊缝所造成的角变形沿焊接方向逐渐增大的现象有关。工件装配质量不好、搁置不当以及焊接顺序和焊接方向不合理，都可能引起扭曲变形，如图 8-21 所示。

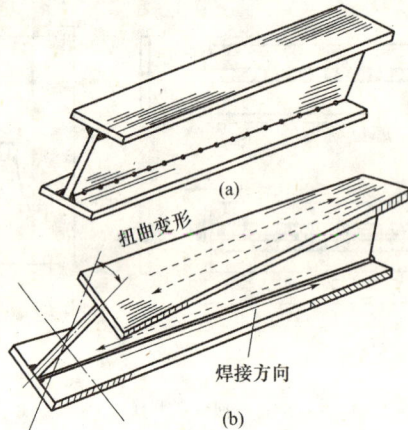

图 8-21　焊接工形梁的扭曲变形示意图

2. 局部变形

局部变形是指结构某部分发生的变形，它包括角变形和波浪变形。焊后变形将影响到结构的外形和它的承载能力，其中整体变形对结构的影响较大，而局部变形对结构的影响较小。

（1）角变形

角变形是横向收缩在厚度上的分布不均匀而引起的。堆焊、搭接接头、T 形接头和对接接头都可能产生角变形。但角变形在 T 形接头中最为常见和明显，其中焊缝的外表面横向收缩大，里面则收缩小，如图 8-22 所示。角变形的大小与焊缝截面、焊接规范、接头形式以及坡口角度等因素有关。

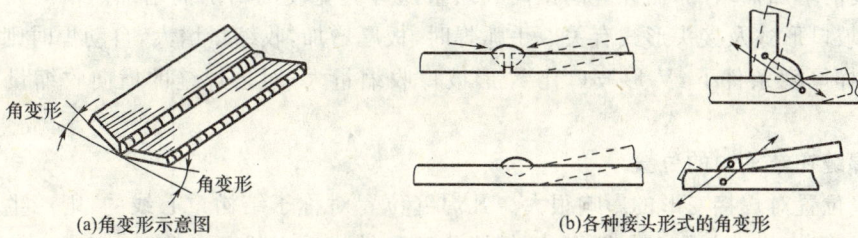

(a)角变形示意图　　　　　　　　　(b)各种接头形式的角变形

图 8-22　角变形示意图

（2）波浪变形

波浪变形是由于焊缝的纵向或横向缩短而对薄板边缘造成的压应力所引起的一种局部变形，如图 8-23 所示。在船体结构中，有很多平面板材、甲板、内底板和船底板等，在大面积的拼板焊接时，便显得板薄而刚性不够，在压应力过大的情况下，板材丧失了稳定性，就会出现波浪变形。

一般压应力越大、薄板的宽度与厚度之比越大，就越易失稳而产生波浪变形，而压应力随焊缝尺寸和焊接热输入的增加而增大。

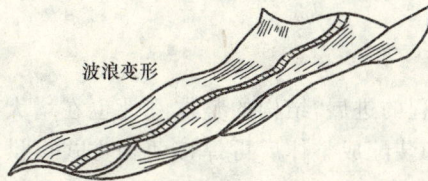

波浪变形

图 8-23　波浪变形示意图

8.4.2　影响焊接变形的因素

焊接结构中产生的焊接变形是个很复杂的问题，涉及的因素很多，也不可能针对船体结构各部件产生的焊接变形逐一加以讨论，而只能分析引起焊接变形的一些主要因素。并在此基础上再讨论几种焊接变形的规律。

1. 金属材料的热物理性能

金属材料的热物理性能对焊接变形有一定的影响，这种影响是材料本身特性所引起的，与工艺因素无关。通常材料的膨胀系数越大，则焊接时产生的塑性变形越大，冷却后的纵横向收缩也越大。如不锈钢和铝的线膨胀系数都比低碳钢大，因而焊后变形也大。导热性大的金属，焊后的变形也较大，铝及其合金即属此类。

2. 施焊方法和焊接工艺参数

不同施焊方法引起的收缩量也不同。当焊件的厚度相同时，单层焊的纵向收缩量要比多层焊收缩大，这是因为多层焊时，先焊焊道冷却后阻止了后焊焊道的收缩。逐步退焊比直通焊收缩小，这是因为前者可使焊件温度比较均匀，产生压缩塑性变形比较分散的缘故。焊接工艺参数的影响主要为线能量。一般规律是，随着线能量的增加，压缩塑性变形区扩大，因而收缩量增大。

3. 焊缝长度及其截面积

焊缝的长度和截面积的大小对收缩量有很大影响。一般来说，焊缝的纵向收缩量随焊缝长度的增加而增加,而焊缝的横向收缩量随焊缝宽度的增加而增加。横向收缩量还与板厚、坡口形式及接头形式有关。手弧焊时,板厚增加,收缩量增大,自动焊时则有所不同,在同样厚度条件下,V形坡口比X形坡口收缩量大;对接焊缝的横向收缩量比角焊缝大。

4. 焊缝在结构中的位置

焊缝位置对焊接变形的影响很大。凡焊缝位置对称于结构重心线的,则产生的变形比较简单,只有纵向与横向的缩短,而焊缝位置与结构重心线不对称的,则产生的变形比较复杂,除纵向与横向缩短之外,还产生了弯曲变形。焊缝距构件或结构中和轴越远,焊缝收缩力对中和轴的力矩越大,焊件的弯曲变形也越大,所以焊缝布置在中和轴上或尽量靠近中和轴,是可以减少弯曲变形的。船舶在船台上装配时,甲板及上层建筑的焊接工作对船体首尾上翘的影响较大,这就是由于这些焊缝在中和轴以上,并距中和轴较远的缘故。

5. 结构的刚性和几何尺寸

结构的刚性大小决定于结构的截面形状和尺寸,截面积越大,则结构抗弯刚度越大,弯曲变形越小。在同样截面形状和大小时,结构的抗弯刚度还决定于截面的布置,即决定于截面惯性矩。

6. 装配和焊接顺序

船体结构随着装配过程的进展,结构的整体刚性也在增大。因此就整个结构生产而言,这就有边装配边焊接和装配成整体后再焊接两种方式可供选择。如果仅从增加刚性以减少变形的角度看,采用后一种方式,即先装配成整体再焊接的方式对于结构截面和焊缝布置都对称的简单结构来说,可以减少其弯曲变形。

对于复杂结构来说,全部构件装配后再焊接的方式往往是不合理的。一则是边装配边焊接方式所产生的变形不一定都反映到总变形量中去,二则是有些零部件因施工上的需要,只能采用边装配边焊接的方式进行。因此需根据实际情况决定采取的装焊方式。

焊接顺序对变形的影响也很大。由于先焊焊缝引起的变形最大,后焊焊缝引起的变形逐渐减小。而最终变形方向往往与最先焊的焊缝引起的变形方向一致。因此,合理的焊接顺序可以减少结构的变形,消除大量的矫正工作量,有利于生产成本的降低。

8.4.3 控制焊接变形的措施

焊接变形可以从设计和工艺两个方面来解决。设计上如果考虑得比较周到,注意减少焊接变形,往往比单纯从工艺上来解决问题方便得多。相反,如果设计考虑不周,则往往给生产带来许多额外的工序,大大延长生产周期,提高产品成本。因此,除了要研究工艺措施外,还必须重视设计措施。

1. 结构设计方面

(1) 尽量选用对称的构件截面和焊缝位置

在设计时,安排焊缝尽可能对称于截面中和轴,或者使焊缝接近中和轴,这对减少梁、柱等一类结构的挠曲变形有良好的效果。焊缝对称于中和轴有可能使焊缝所引起的挠曲变形互相抵消。而焊缝接近断面中和轴,可以减少焊缝所引起的挠曲。

（2）合理地选择焊缝长度和焊缝数量

在设计焊接结构时，常常需要采用筋板来提高板结构的稳定性和刚性。但是为了减轻重量采用薄板，不适当地大量采用筋板反而不经济。因为这样做不但增加了装配和焊接工作量，而且因焊接变形大，增加矫正工时。如果适当加厚壁板、减少筋板，即使结构的重量稍重一些，还是比较经济的。合理地选择筋板的形状，适当地安排筋板的位置，也可以减少焊缝，提高筋板加固的效果。

（3）尽量减小焊缝的截面尺寸

焊缝尺寸直接关系到焊接工作量和焊接变形的大小。焊缝尺寸大，不但焊接量大，而且焊接变形也大，因此，在保证结构的承载能力的条件下，设计时应该尽量采用较小的焊缝尺寸。设计焊接坡口时，要根据钢结构的形状、尺寸大小等选择坡口形式。如平板对接焊缝，一般选用对称的坡口，对于直径和板厚都较大的圆形对接筒体，可采用非对称坡口形式控制变形。在选择坡口形式时还应考虑坡口加工的难易、焊接材料用量、焊接时工件是否能够翻转处理等问题。

不合理地加大焊缝尺寸，在角焊缝上表现得更为突出。角焊缝在许多情况下往往受力不大。例如在相当多的结构上，筋板与腹板间的焊缝并不承受很大的应力，没有必要采用大尺寸的焊缝。但并不是说焊缝越小越好，这里有一个工艺上可能性的问题。因为焊接尺寸太小的焊缝，冷却速度过大，容易产生一系列焊接缺陷，如裂纹、热影响区硬度过高等等。因此，应该在保证焊接质量的前提下，按照板的厚度来选取工艺上可能的最小焊缝尺寸。

2. 工艺措施方面

在上节中就影响焊接变形的各种因素进行了分析，接下来着重于介绍具体结构生产中预防变形的工艺措施。

（1）刚性固定法

利用外加刚性拘束来减少焊接变形的方法称为刚性固定法。

在拼板时，将拼接的钢板用定位焊固定在平台上，可以减少钢板的波浪变形，如图8-24（a）所示。为了防止角变形，可以在拼接焊缝的两端焊接两块端板，如图 8-24（b）所示。在船体建造过程中，还经常沿拼接焊缝焊接若干工艺加强板（俗称"马"）以防止角变形，如图 8-24（c）所示。

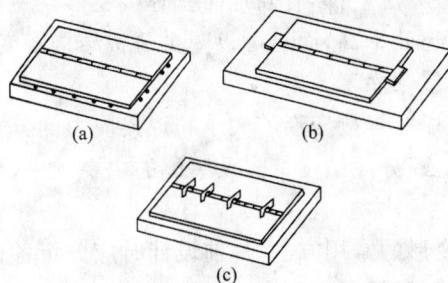

（a）　　　　　　　（b）

（c）

图 8-24　拼板对接焊防止变形的措施

在装配焊接大型构件时，经常采用胎卡具以减少焊接变形。如在分段胎架上进行船体分段的装配焊接，既可减少焊接变形又可保证外形光顺、尺寸准确。装配时用定位焊将分段壳板强制固定在胎架的模板上，这样可以大大提高结构的刚度，减少焊接残余变形。

应用刚性固定法时必须注意,由于胎卡具的拘束作用,必然会增加焊接应力,增加产生焊接裂纹的可能性。因此,这种方法常用于焊接性比较好的钢材结构上,对于铸铁和某些高强度钢则不宜采用。

(2)反变形法

反变形法是根据焊件的变形规律,焊前预先将焊件向着与焊接变形的相反方向进行人为的变形(反变形量与焊接变形量相等),焊后,焊接残余变形抵消了预变形量,使构件回复到设计要求的几何型面和尺寸,从而达到抵消焊接变形的目的。反变形法在生产平板对接焊、工形梁的焊接以及薄壳结构焊件的生产中应用很广泛。

采用此方法必须先掌握工件焊接变形规律以确定反变形的数据,这样才能取得有效的成果,否则不但达不到要求,甚至还会引起变形增加的不良后果。目前反变形的数据一般根据统计所得的经验数据或者实测所得。如甲板分段、双层底分段、船体总段装焊前都可采用反变形法。

如图 8-25(a)是 V 形坡口单面对接焊的变形情况。当采用反变形后,变形就被基本上消除。如图 8-25(b)所示。

图 8-25　钢板对接焊时的反变形

(3)留余量法

无论采取何种措施,焊接结构的收缩变形总是要发生的。生产中为了弥补焊后尺寸的缩短,在备料加工时预先留出收缩余量进行控制。由于收缩量大小受许多因素的影响,所以加放余量的大小往往采用经验数据或经验公式进行近似估计。一般焊缝的纵向收缩量按焊缝的长度来计算。当试件的宽度为板厚的 15 倍时,对接焊缝为每米 $0.15 \sim 0.3$ mm,连续角焊缝为每米 $0.2 \sim 0.4$ mm;间断角焊缝为每米 $0 \sim 0.01$ mm。焊缝的横向收缩则随着焊缝宽度的增加而增加,一般每条焊缝横向收缩 $1.3 \sim 1.5$ mm。留余量法主要是用来补偿焊件的收缩变形。

(4)合理地选择焊接方法和规范

选用线能量较低的焊接方法,可以有效地防止焊接变形。例如采用 CO_2 半自动焊来代替气焊和焊条电弧焊,不但效率高,而且可以减少薄板结构的变形。

(5)合理地选择装配焊接顺序

当结构装配后,焊接次序对焊接变形的大小和焊接应力的分布有很大影响。因此,在施工设计时,要按照建造方法、分段结构特点及装配的主要顺序,预先制定出分段、总段和船台合拢的焊接次序。

以上所述为控制焊接变形的常用方法,焊前设计时应分析各种变形的变形规律,灵活选择措施,使焊接变形降低到最低程度。在焊接结构的实际生产过程中,应充分估计各种变形,并且结合现场具体条件,选用有效措施来控制焊接变形。

8.4.4　焊接结构变形的矫正

1.机械矫正法

利用外力使构件产生与焊接变形方向相反的塑性变形,使两者互相抵消。

船舶与海洋工程结构建造中制造的梁和细长构件的变形矫正通常在撑床上进行,矫正原理如图 8-26 所示。

除了采用上述方法外,还可用锤击法来延展焊缝及其周围压缩塑性变形区域的金属,达到消除焊接变形的目的。此种方法比较简单,经常用来矫正不太厚的板结构。劳动强度大及表面质量不好是锤击法的缺点。

当薄板结构的焊缝比较规则时(例如直焊缝或圆周焊缝),采用碾压法消除焊接变形效率高、

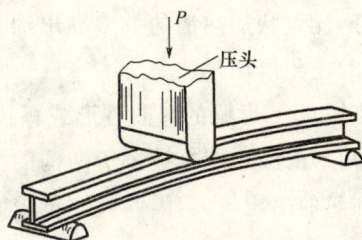

图 8-26　工字梁焊后变形的机械矫正

质量好,具有很大的优越性。此种方法是利用圆盘形辊轮来碾压焊缝及其两侧,使之伸长达到消除变形的目的。

2.火焰矫正法

火焰矫正法是利用火焰局部加热,在高温处材料的热膨胀受到构件本身刚性制约,产生局部压缩塑性变形,冷却后收缩,抵消了焊后在该部位的伸长变形,达到矫正变形的目的。火焰加热可使用普通的气焊焊炬,不需要专用的设备,操作方便、工艺灵活、适应性强,在船舶焊接结构的变形矫正上使用广泛。

火焰矫正的效果取决于火焰加热的部位和加热温度,不同的加热部位可以矫正不同的变形。加热温度可根据板厚决定,一般火焰局部加热温度为 $500 \sim 800$ ℃,金属呈暗红色。要防止加热温度过高,否则会使金属炽热甚至熔化。

(1)点状加热法

点状加热是采用多个点状火焰对变形构件进行大面积加热的矫正方法。加热点的直径和数目应根据焊件的结构形状和变形情况而定。对于厚板,加热点的直径应大些;薄板的加热点直径则应小些。变形量大时,加热点之间距离应小些;变形量小时,加热点之间距离应大些。这种加热方式尤其适用于对薄板波浪变形的矫正。

(2)线状加热法

火焰沿直线缓慢移动或同时作横向摆动,形成一个加热带的加热方式,称为线状加热。线状加热有直线加热、链状加热和带状加热三种形式,如图 8-27 所示。线状加热是应用最广泛的火焰加热方式,它可用于矫正角变形、波浪变形和弯曲变形等。

火焰沿直线方向移动,为了使加热线增宽,也可同时作横向摆动,形成长条形加热,此即为线状加热法。加热线横向收缩一般大于纵向收缩,因此应尽可能发挥加热线横向收缩的作用。横向收缩量随加热线宽度的增加而增加。加热线宽度一般为钢板厚度的 $0.5 \sim 2$ 倍。线状加热法多用于变形量较大或刚性较大的结构,如矫正板架结构的"瘦马"

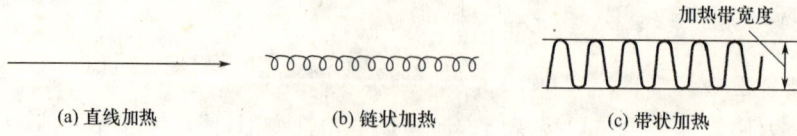

(a) 直线加热 (b) 链状加热 (c) 带状加热

图 8-27　线状加热示意图

变形或波浪变形,有时也用于矫正薄板,但效果较差。线状加热法的优点是矫正效率高、质量好,比点状加热法的效率高出约 3～5 倍,矫正后钢板表面没有局部增厚现象。

(3)三角形加热法

当矫正 T 形梁的弯曲变形或板边的波浪式变形时,往往采用三角形加热方式。加热时,三角形的底边应在被矫正结构的拱边上,顶端朝焊件的弯曲方向,如图 8-28 所示。三角形加热的面积较大,因此收缩量较大。采用两个或两个以上焊炬同时进行加热,则矫正效率可大为提高。

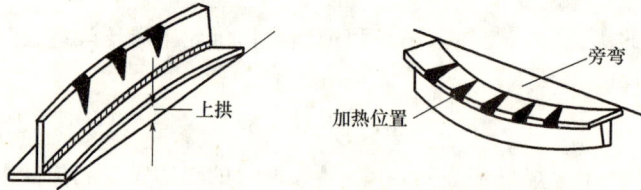

图 8-28　三角形加热

在矫正薄板结构的变形时,为了提高矫正效果,有时在火焰加热的同时用水急冷。这种方法在一般情况下对低碳钢和部分低合金钢(如 16Mn 钢、15MnV 钢、15MnTi 钢)的性能没有不良影响,但对于厚度较大而又比较重要的结构或淬硬倾向较大的钢材则不能采用。为了提高矫正效果和质量,在加热过程中,可施加外力。

应该指出,用火焰矫正变形的方法,并不是所有的船用钢材都能适用,如对加热后其性能会发生变化的调质钢等,则不能使用。

(4)影响火焰矫正效果的因素

火焰加热矫正的效果主要取决于加热的方式、位置、温度及加热区的面积等因素。

①加热方式。加热方式的确定取决于焊件的结构形状和焊接变形形式,一般薄板的波浪变形应采用点状加热;焊件的角变形可采用线状加热;弯曲变形多采用三角形加热。

②加热位置。加热位置的选择应根据焊接变形的形式和变形方向而定。

③加热温度和加热区的面积。加热的温度和面积的大小应根据焊件的变形量及焊件材质确定,当焊件变形量较大时,加热温度应高一些,加热区的面积应大一些。

在船体结构发生焊接残余变形后,矫正工作量大,而且是相当困难的,有时甚至是不可能的。因此,从焊接结构的设计开始,就应考虑预防变形的产生。进入焊接生产阶段,也应主动采取工艺措施来控制焊接变形,从而保证产品的生产质量和生产效率的提高。

思 考 题

8-1　什么是焊接变形？什么是焊接内应力？

8-2　焊接变形有哪几种？

8-3　影响焊接应力和变形的因素有哪些？

8-4　减小焊接应力和变形应采取哪些措施？

8-5　焊接变形矫正的方法有哪几种？

第9章 焊接结构的脆性断裂

本章在简要介绍船舶及海洋工程结构出现的断裂事故及其特征的基础上,重点讲述影响金属材料断裂及其影响因素、金属材料和焊接结构断裂的评定方法以及结构断裂失效的预防措施。

9.1 概 述

焊接结构的失效可能由多种因素引起,它不仅与设计、选材有重要关系,还与焊接这种特殊的热加工工艺有密切的关系。焊接会产生各种对结构有危害的缺陷,特别是裂纹,它往往会成为焊接结构失效的根源,焊接接头在热循环的作用下,其性能会有所下降,加之该区往往又成为应力集中的部位,有时还产生各种形态的变形,以致对结构造成不同程度的尺寸失效,造成许多严重的灾难性事故。

工程中焊接结构主要有三种断裂形式,脆性断裂(又称低应力断裂)、疲劳断裂和应力腐蚀断裂,其中,脆性断裂一般都在应力不高于结构的设计应力和没有明显的塑性变形的情况下发生,并瞬时扩展到结构整体,具有突然破坏的性质,不易事先发现和预防,破坏性非常严重。

9.2 焊接结构断裂事故及其特证

自从焊接结构获得广泛应用以来,发生过许多焊接结构的断裂事故。这些断裂事故包括脆性断裂、疲劳断裂、应力腐蚀断裂。尽管出现断裂的焊接结构与安全工作着的焊接结构相比数量上少得多,但由于它使结构可靠性出了问题,其断裂破坏将造成人的生命和财产的巨大损失。特别是脆性断裂具有突发性,疲劳断裂裂纹的发展虽有一个过程,但如没有及时监测,或虽有监测但漏检时,也将导致断裂瞬时发生;应力腐蚀断裂也是一种典型的脆断,只要在有腐蚀介质作用下,如船舶在海水中工作,同时承受工作应力或残余应力,产生应力腐蚀裂纹,裂纹经过一定时间扩展,如未被及时监测到,并未及时修复也可能发生突然断裂,故这些形式的断裂后果同样严重。了解焊接结构,特别是船舶断裂事故的概貌,对于从事船舶设计、建造和研究工作是有所裨益的。

焊接船舶发生断裂与焊接大规模应用于船舶几乎同时开始于 1900 年。1920 年以来,不断出现焊接结构的破坏事故,直到目前,还时有发生。虽然事故逐年下降,但由于焊接结构的应用范围十分普遍,有些结构又极为重要,少数破坏事故会造成人身和财产的重大损失。1912 年 4 月 10 日,泰坦尼克号从英国南安普敦出发,途经法国瑟堡—奥克特维尔以及爱尔兰昆士敦,计划中的目的地为美国纽约,开始了这艘"梦幻客轮"的处女航。4月 14 日晚 11 点 40 分,泰坦尼克号在北大西洋撞上冰山,两小时四十分钟后,4 月 15 日凌晨 2 点 20 分沉没,由于只有 20 艘救生艇,1523 人葬身海底,造成了当时在和平时期最严重的一次航海事故。从材料学的角度讲,经调查研究发现,泰坦尼克号所用的钢材具有冷脆性,即在 -40~0 ℃ 的温度下,钢材的力学行为由韧性变成脆性,从而导致灾难性的脆性断裂。而用现代技术炼的钢只有在 -70~-60 ℃ 的温度下才会变脆。当时的造船工程师为了增加钢的强度而往炼钢原料中增加大量硫化物,大大增加钢的脆性,以致酿成了"泰坦尼克号"沉没的悲剧。

根据 1946 年美国海军部资料,二战期间美国为开辟欧洲战场,共生产 EC2 自由轮 4697 艘,二战结束后统计 970 艘自由轮 1442 处裂纹,24 艘甲板全部横断,一艘船底完全断裂,8 艘从船中断为两半,4 艘沉没。

这批船使用中,装载和压载操作没有引起巨大弯曲力矩,但船只经常航行在高纬度冷水中,冬季气温低而风浪大。油轮断裂与材料中存在缺陷有关。

第二次世界大战后船舶脆断最典型的例子是:1956 年英国最大油轮"世界协和号",在爱尔兰海的一次大风暴中轮船破裂成两段,当时海上温度为 10.5 ℃。后经调查表明:裂纹发生在船腹中部,裂纹由船底开始沿船的两侧向上扩展,并穿过甲板。裂纹是不连续的,而是由若干单独的裂纹所组成。

通过对大量脆断事故的分析,总结出脆性断裂有以下一些特点:

1.具有突发性。没有显著塑性变形情况发生,裂纹以极高速度(1500~2000 m/s)瞬时扩散到结构整体,因而不易发现和预防。

2.断裂的名义应力低,往往低于设计应力,故称为低应力脆性破坏。

3.绝大多数发生在较低温度下。

4.裂纹总是从缺陷或几何形状突变处、应力集中部位开始,裂纹进入高韧性区或低应力区时,可能停止扩展。

5.破坏后对材料复验,其强度和塑性等主要力学性能符合当时规范要求。

9.3 金属材料的断裂类型及其影响因素

9.3.1 金属材料的断裂类型及形态特征

金属在各种载荷作用下,当应力达到材料所能承受的极限应力时便发生断裂。断裂是裂纹萌生和发展的结果。由于材料化学成分、组织性能、状态及温度、环境介质、载荷特征、加载速率以及设计与加工情况等不同,影响到断裂类型和断裂方式不同。通过对断裂的大量研究,可以认为断裂过程通常分为裂纹起源(裂纹萌生、成核、裂纹缓慢发展)和裂纹快速发展(瞬时断裂)两个阶段。

1.脆性断裂和韧性断裂

脆性断裂前没有明显的塑性变形。最典型的脆性断裂是沿一定结晶平面的劈裂和晶界断裂,前者是最典型的解理断裂,分离的结晶平面称为解理面。解理脆性断口平齐,断口形态是闪烁金属光泽的结晶状,断口平面垂直于主应力方向,如图 9-1(a)所示。从断口可看到放射状的撕裂痕迹,并且呈现人字纹(山脊状花样),人字纹的尖端指向裂纹源。用电子显微镜观察,可以看到河流状花纹、解理舌、扇形花纹、羽状花纹或鱼骨结构等。

事实上,除解理断裂以外,应力腐蚀断裂、疲劳断裂也都具有脆性断裂的典型特征。如断裂应力低、断口平齐并垂直于外力等,但这些断裂又有不同于一般脆断口的特征。

韧性断裂前有明显塑性变形,与解理断裂一样也是穿晶断裂,也是在位错和外力作用下发生的,只是有相当的塑性变形。断裂缓慢发生,塑性断口呈纤维状,颜色较暗。断口边缘有脆性断裂所没有的剪切唇,断口附近有显著塑性变形和滑移线,试件拉断(圆柱形试件)时出现杯状断口或 45°斜断口(平板形试件),如图 9-1(b)所示。

塑性断口在电子显微镜下可以看到明显的韧性窝坑(或称珠状波纹)。一般情况下呈等轴状波纹,受剪切与撕裂而形成的断口则可观察到拉长成抛物线韧窝状波纹。

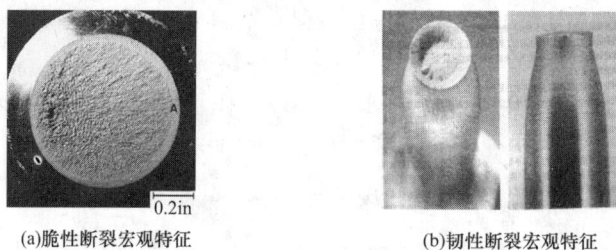

(a)脆性断裂宏观特征   (b)韧性断裂宏观特征

图 9-1　断口宏观特征

2. 疲劳断裂和应力腐蚀断裂

疲劳破坏的实质就是疲劳裂纹的成核和长大。在交变载荷下,结构的某些薄弱环节首先形成裂纹(产生或"成核"),随后在交变载荷下裂纹逐渐扩展,直至达到某一临界值,结构突然破坏。它的断裂过程可以分为三个阶段:即裂纹成核、裂纹扩展和瞬时断裂,如图 9-2 所示。除上述与脆性断裂相似的特征,如断裂应力低、断口平齐并垂直于外力等

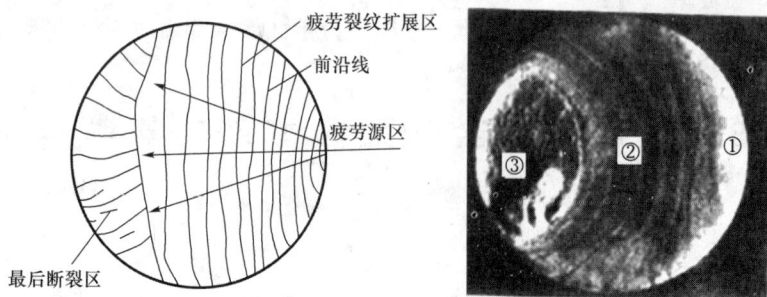

图 9-2　疲劳断口形貌及其特征

外,疲劳断裂的断口上还有各自的点:疲劳裂纹的成核形成"断口焦点",这是进行结构失效分析时可以找到的裂纹源。该断口处可用肉眼观察到晶粒的粗滑移,利用放大镜能看到工程尺寸的裂纹源。疲劳裂纹的扩展阶段在断口上形成疲劳区——疲劳裂纹扩展区,其断口表面有宏观可见的条带和贝壳状花纹。如用电子显微镜观察可在条带或贝壳状花纹中观察到很多更细更窄的平行花纹,称为疲劳条纹。条纹的取向与向前推进的疲劳条纹前缘平行,这是疲劳裂纹尖端在交变载荷下反复张合(钝化—锐化)并向前扩展的结果。

一般认为每一条纹代表每一次应力(应变)循环及裂纹逐次向前推进的位置,两条纹间距是一次循环裂纹扩展距离,由此可以推算裂纹扩展速率。与断裂阶段相对应的瞬时断裂区的断口呈现粗晶状或放射状棱线,外观与脆性失稳断口相似;如果材料韧性很好,可出现塑性断裂,断口可能具有纤维状,并可能出现45°的剪切唇。

由于有上述断口特征,同时疲劳破坏总是在工件承受多次交变载荷之后才能发生。因此结构失效分析时可以明显地与脆性破坏区别开。

结构金属受到环境介质(其浓度也可能很低,如大气腐蚀,而且很不均匀)的腐蚀,主要是电化学腐蚀,同时又受到一定的拉应力(可能由载荷产生,也可能是包括焊接残余应力在内的内应力),二者共同作用结联产生应力腐蚀。应力腐蚀开裂也分成裂纹成核、裂纹扩展和快速断裂三个阶段。由于金属的晶界有碳化物及 N、P、S 等元素的偏析,二相粒子聚集等,形成应力腐蚀裂纹发展过程中的电化学反应的阳极,故晶界处就先被溶解,应力腐蚀裂纹将沿晶界发展,形成沿晶的应力破裂。这就使应力腐蚀破坏断口呈现颗粒状或粗晶状,并有闪光(晶粒),断口平齐,与外载荷方向垂直,没有剪切唇等塑断特征。断口在电子显微镜下可观察到明显的多面体,称为冰糖块或岩石花样。

9.3.2　影响断裂类型的主要因素

不同的金属材料,或虽属同种金属材料但组织构造不同,在同样负载条件下,将会发生不同形式的断裂。甚至一些同样组织构造的材料,在不同的工作条件下,也可以发生不同形式的断裂。影响断裂的因素可归结为:

(1)外部原因,包括温度、环境介质、载荷特征(包括静载荷或交变载荷、应力状态等)、加载速率、设计及加工情况等;

(2)材料本身的原因,包括材料化学成分、组织性能及状态等。

1. 温度

影响金属材料断裂类型为脆断或韧断的主要外在因素中,温度起决定性作用,它是材料固有的反映特性。这就是说,在某一定温度下,材料对应力状态和加载速度呈脆性状态;而在另一温度下,材料又呈韧性状态。温度增加,材料的屈服强度和抗拉强度均增加,而断面收缩率减小,在 $-200 ℃$ 时为零,由延性转为脆性。对于一定的加载方式(应力状态),当温度降至某一临界值时,将出现由延性到脆性断裂的转变,这个温度 T_K 称之为韧脆转变温度。温度 T_K 愈低,材料处于韧性状态的温度范围愈大。韧脆转变温度 T_K 是材料的一个重要性质。

如果把一组开有相同缺口的同一材料试样在不同温度下试验,就会看到随着温度的降低,它们的破坏方式会发生变化,如图 9-3 所示,即从延性破坏变为脆性破坏。应当注意,同一材料用不同试验方法将会得到不同的韧脆转变温度。

2. 应力集中

实验表明,许多材料处于单向或双向拉伸应力下呈现韧性,当处于三向应力下因不易发生塑性变形而呈现脆性。在实际结构中三向应力可能由三向载荷产

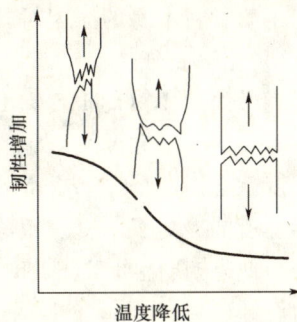

图 9-3　温度与破坏方式关系示意图

生,但更多情况下是由于结构的几何不连续性引起的。虽然整个结构处于单向或双向拉伸应力状态下,但其局部由于设计不佳或工艺不当,往往形成局部三向应力状态的缺口效应,如图9-4所示。

焊接结构产生应力集中的原因很多,主要原因就是缺口效应所造成不易变形的三向应力状态。这一点可以认为是材料有较高的有效屈服应力,同时也可以用力学状态图加以说明。为了模拟实际结构的受力情况,脆性断裂试验所用的试件几乎都是带有预制缺口的。

应力集中程度可以用应力集中系数 K_1 表示。K_1 是局部增大应力和平均应力的比。随应力集中的增大,结构的疲劳强度降低。如对接焊缝的余高愈大,应力集中愈大,过渡圆弧半径愈小,疲劳强度愈低。比对接接头应力集中大的角接接头、T 形和十字接头,它们的疲劳强度要比对接接头小得多。应力集中对于应力腐蚀和腐蚀疲劳也都是不利的。

图 9-4 试件缺口尖端处形成的三向应力

缺陷在构件中引起很大应力集中,尤其是二维缺陷(如裂纹、未焊透、未熔合等)对预防脆性断裂、防疲劳和应力腐蚀断裂都很不利。

3. 加载速度和载荷类型

大量试验证明,高的加载速率会使材料出现脆断的危险增加,一般认为其影响与降低温度相当。随着变形速率的增大,材料的屈服强度将会增加,其原因是材料来不及进行塑形变形和滑移,因而位错摆脱束缚进行滑移所需的热激活时间减少,使脆性转变温度提高,所以易于产生脆断。

应当指出,在同样的加载速度下,当结构中有缺口时加载速度的不良影响更突出。因为缺口根部应力集中,应变速率也比无缺口结构高得多,因而大大降低了材料的局部韧性和塑性。一旦缺口根部开裂,就形成高的应变速率,无论原来是静载还是动载,随着裂纹的扩展,应变速率随之急剧增加,致使结构很快破坏。

承受各种交变载荷的试件,以交变弯曲疲劳破坏的寿命最短。加载方式和频率也对疲劳破坏有影响,实验室程序加载比实际随机加载寿命高,频率愈低,疲劳裂纹扩展速率愈高。

4. 材料本身的原因

了解材料本身的原因对其性能的重要影响,对选择焊接结构的材料非常必要。

(1)化学成分

钢中的 C、K、O、H、S 和 P 等元素增加钢的脆性,其中 H 的影响尤为严重,而另一些元素 Mn、Ni、Cr 和 V 等,如含量适当,可减少脆性。试验证明,如果含 C 量增加 0.1%,临界温度就会提高 14 ℃;含 Mn 量增加 0.1%,临界温度可降低 6 ℃;含 P 量增加0.01%,临界温度能提高了 7 ℃。镇静钢比沸腾钢含有害元素少,所以镇静钢的临界温度比沸腾钢低。此外,碳化物、P、S、N 等元素常在晶界偏析,杂质形成的第二相粒子,这些都加剧应力腐蚀破裂。

(2)板材厚度

通过断裂力学的研究,我们知道加大板件厚度将使其塑性约束加大,断裂将从塑性向

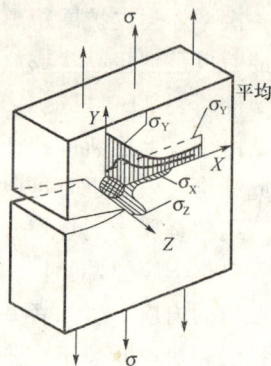

脆性转变,并由平面应力状态向平面应变状态转变。厚度增大,发生脆断可能性增大。一方面原因已如前所述,厚板在缺口处容易形成三向拉应力,沿厚度方向的收缩和变形受到较大的限制而形成平面应变状态,约束了塑性的发挥,使材料变脆;另一方面是因为厚板相对于薄板受轧制次数少,终轧温度高,组织较疏松,内外层均匀性差,抗脆断能力较低,不像薄板轧制的压延量大,终轧温度低,组织细密而均匀,具有较高抗断能力。

（3）晶粒度

对于低碳钢和低合金钢来说,晶粒度对钢材的脆—韧性转变温度有很大影响,晶粒度细,转变温度低。

（4）金相组织

材料的冷脆性发生在具有体心立方晶格的 α 铁和 δ 铁中,而不发生在具有面心立方晶格的 γ 铁中。一般船用碳素钢及低合金钢为铁素体—珠光体组织,所以有冷脆的可能。

此外,金相组织、晶粒度不同,还影响了材料的强度、硬度,对疲劳断裂的影响也是显而易见的。

9.4　金属脆性断裂的抗裂性能试验方法

9.4.1　脆性断裂的产生、扩裂和停止

如前所述,脆性断裂过程分为断裂产生和扩展两个阶段。

在外载作用下,在结构的缺陷（如焊接裂纹、未焊透和夹渣等）前沿及附近产生少量塑性变形,同时缺陷的尖端产生一定量的张开位移,这就是断裂的产生阶段。由此可见,断裂总是从缺口（或初裂纹）处开始。

当外载继续增加,结构中内应力 σ 超过临界应力 σ_c 时,初裂纹就会自动扩展。裂纹扩展后,σ_c 也相应下降。故裂纹继续扩展所要求的应力条件就更降低了。同时,裂纹扩展所需要的能量与温度有关,低温时需要的能量少。因此,在低温下工作的结构,载荷不太大时,结构中积存的能量便使裂纹以极高的速度（可达 2000 m/s）失稳扩展,进入第二阶段。如果失稳扩展的裂纹不能止住而继续扩展下去,便形成结构的脆性断裂。

失稳扩展的裂纹在一定条件下也可能停止下来,即止裂。止裂的条件是:裂纹进入了拉应力较低的区域,没有足够的能量维持裂纹继续扩展;也可能是裂纹进入韧性较好的材料（或同一材料但工作温度较高,因而韧性较好）,其继续扩展需要较大的能量,这些能量必须由外力供给,如果能量不足,裂纹就不再继续扩展。

对一种材料来说,有一个脆断产生的临界温度,在这一温度以上不可能产生脆性断裂。用这个温度的高低来衡量材料的抗开裂性能,这一临界温度越低,材料的抗开裂性能越好。临界温度的高低取决于材料的性能、缺陷的尖锐度及加载速度。材料的韧性好,临界温度低,缺陷的尖锐度及加载速度增加,临界温度升高。止裂也有一个临界温度,在这个温度以上,失稳裂纹可以被止住。止裂临界温度随着材料韧性提高而降低,随着应力提高而升高。一种材料的开裂临界温度通常低于止裂临界温度。因此,要保证材料的止裂性能往往要求材料具有更高的韧性。

为了防止船舶结构的脆性破坏,设计中要遵循两个原则:一为防止断裂产生原则,一为止裂原则。前者要求结构具有一定的抗开裂性能,后者要求一旦产生裂纹,材料或结构应具有将其止住的能力,后者比前者要求更高。

9.4.2 抗裂性能试验方法

材料断裂性能评定方法有两种,即转变温度评定法和断裂力学评定法。此两种评定方法还可按其试验所采用的方法细分,现分别讲述如下。

1.转变温度法

这种方法是用转变温度作为标准来评定钢材的脆性—韧性行为。确定金属材料的脆性—韧性的转变温度可有多种试验方法,例如冲击试验、静弯试验和落锤试验等。同一种材料用不同方法得到的转变温度是不一样的,即使是同一试验方法,但试件缺口形状和尺寸不一样时,其结果也不同。

目前生产中采用最广泛的是冲击试验,其次是落锤试验。

(1)冲击试验

按照国标(GB229-84 及 GB2106-80)规定,冲击试验试样可采用夏比 V 形缺口试样和梅氏 U 形缺口冲击试样,它们的试件形状如图 9-5 所示。由图可见,两种试件的区别仅在于缺口形状不同。缺口的作用是:在缺口附近造成应力集中,使塑性变形局限在缺口附近不大的体积范围内,并保证在缺口处发生破坏,以便正确测定材料承受冲击负荷的能力。同一种材料,试件的缺口越深、越尖锐,塑性变形的体积越小,冲击功 α_K 值(或 A_K)越小,材料表现脆性越显著。正因为这样,不同类型和尺寸试件的冲击值不能互换和比较。

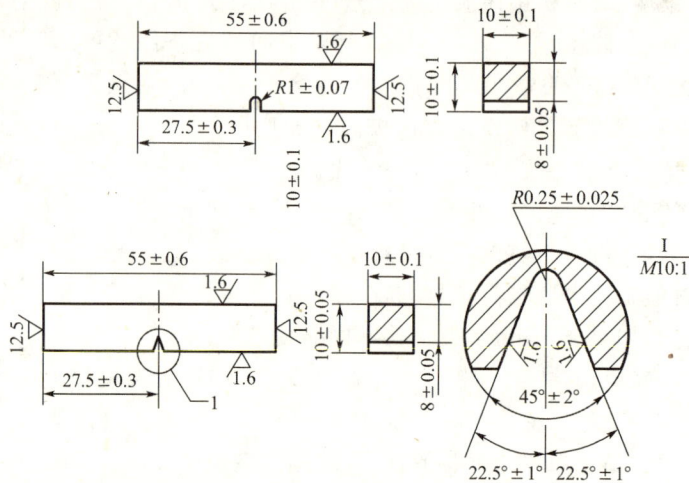

图 9-5 冲击试样

根据系列冲击试验(低温冲击试验)可得冲击功与温度的关系曲线,找出材料的韧脆转变温度。据此可以评定材料的低温脆性倾向,供选材时参考或用于抗脆断设计。设计时,要求构件的服役温度高于材料的韧脆转变温度。夏比 V 形缺口冲击试验,在研究焊接船舶脆断事故中曾被大量采用,积累了许多有参考价值的数据。许多试验结果表明,V 形缺口夏比冲击试件比梅氏 U 形缺口冲击试件更能敏感地反映材料的抗脆断能力。

图 9-6 所示为两种典型的冲击断裂功和试验温度关系曲线。曲线 A 为在某一温度下冲击断裂功突然下降,这是一种理想化了的曲线,在实际材料中不常见到。在工程上一般取试样的断口形貌和塑性变形量等来确定韧脆转变温度,具体可参考相关文献。

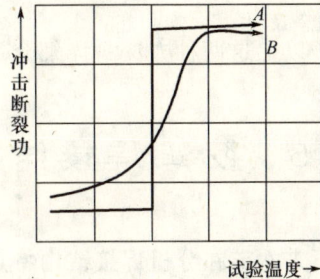

图 9-6　冲击断裂功与试验温度关系示意图

(2)落锤试验

落锤试验是测试动载简支弯曲试验,其试验情况示意于图 9-7。试验时,将锤头沿着一个导向架升高到一定高度,使其具有势能,然后令其自由下落,撞击到支在砧座上的试件,使试件产生一定挠度。由于试验前试件拉伸面开有缺口,被撞击后此缺口可能扩大、延展以致试件断裂。在一系列温度下对被试材料的一组试件进行逐个冲击(通常为 4~8 个),以求出试件断裂的最高温度,此温度称为无塑性转变温度(NDT)。如试验温度低于NDT,则裂纹就可自拉伸面横穿板的宽度直至边缘,NDT 是产生无塑性破坏的最高温度。目前,在中国船级社规范中已经明确金属落锤试验仅限于铁素体钢,不能用于奥氏体钢。

试验时将试件有焊道的表面朝下,放在砧座上。根据试件的屈服强度、板厚和尺寸选择锤头重量,支座的跨距与实验终止挠度,以限制试验时试件的变形量。这种试验方法的最大优点是试验条件比较符合焊接结构的实际情况,且方法简便,设备简单。

2. 断裂力学方法

断裂力学不是本课程的内容,不予讲述,这里只介绍断裂力学评定材料断裂性能的两个判据。

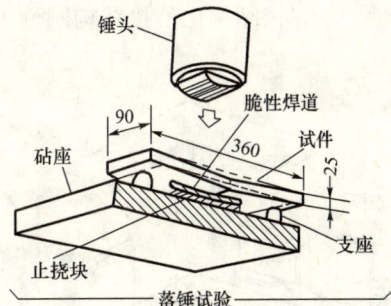

图 9-7　金属落锤试验示意图

(1)应力强度因子

断裂力学中有一种理论叫做线弹性断裂力学,基于这一理论所确定的脆性断裂判据为

$$K_1 \geqslant K_{1c}$$

式中 K_1 叫做应力强度因子,它描述含有裂纹的机构在外力作用下裂纹尖端附近应力场的强弱,是个力学量;而式中 K_{1c} 叫做平面应变断裂韧性,它是材料的一种力学性能指标。当 $K_1 \geqslant K_{1c}$ 时,试件发生脆性断裂。因此,试验要测定金属材料的 K_{1c}。

（2）裂纹尖端张开位移

断裂力学中的另一种理论叫做弹塑性断裂力学，由这一理论所确定的脆性断裂判据为

$$\delta \geqslant \delta_c$$

式中 δ 表示裂纹尖端的张开位移（英文缩写 COD），δ_c 为裂纹张开位移的临界值，所以 δ_c 就是材料的断裂韧性指标，即当 $\delta \geqslant \delta_c$ 时，试件发生脆性断裂。同样，也要用试验方法测定 δ_c。

关于以上这两种方法的详细介绍以及相关的测试方法参见专业文献，此处不再详述。

9.5 防止焊接结构脆性断裂的工程技术措施

接下来本节在分析焊接结构特点及其对脆断影响之后，提出一些预防船体结构脆性断裂的措施。

9.5.1 焊接船体结构的特点及其对脆断的影响

1. 与铆接结构相比，焊接船舶结构刚性大、整体性强

焊接为刚性联接，连接构件之间不能产生相对位移。由于结构刚性大，所以对应力集中的影响非常敏感。

首先，焊接为刚性联接，联接构件不易产生相对位移。而铆接结构接头具有一定相对位移的可能性，而使其刚性相对降低，从而减少附加应力。在焊接结构中，由于在设计时没有考虑到这个因素，往往引起较大的附加应力。

另外，焊接结构比铆接结构刚性大，所以焊接结构对应力集中因素特别敏感。

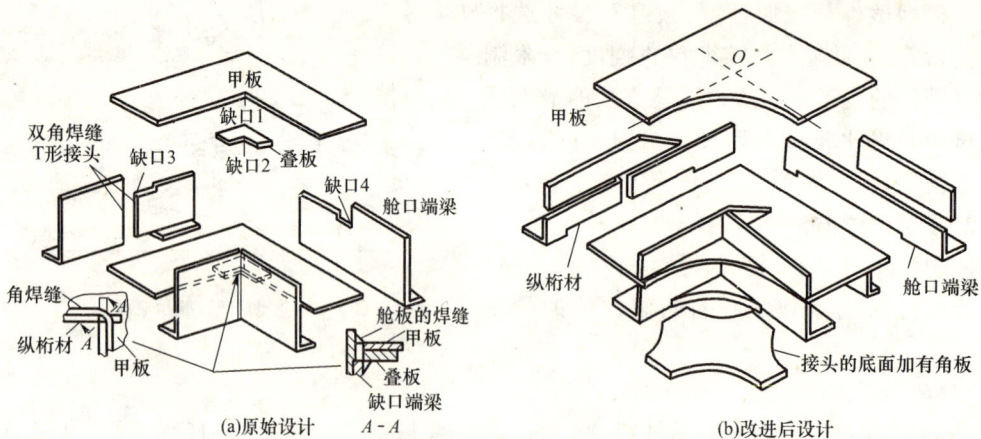

图 9-8 "自由轮"甲板舱口设计对比

美国"自由轮"所发生的破坏事故就很能说明这个问题。以往，当这种形式的轮船采用铆接结构时，虽然应力集中很大，但并未发生过脆性破坏事故。在采用了焊接结构后，却发生了一系列脆性破坏事故。对这个问题进行了深入研究后发现，船体设计不合理是造成破坏的重要原因之一。铆接船虽然存在应力集中区，但很少产生脆断事故，改为焊接

以后,船体结构未作相应改变。致使原来存在的严重应力集中区在刚性的影响下导致脆性断裂。图 9-8 为"自由轮"的舱口结构,其中图 9-8(a)为原始设计,图 9-8(b)为改进后的结构形式。前者在舱口角隅处为一直角,所以角隅处应力集中大大增加。而舱口角隅改为圆弧过渡之后,应力得到缓和,应力集中现象降低。结构设计改进后,脆性断裂事故大大减少。用与实船舱口尺寸相等的模型进行的拉伸试验也证明了改进后的舱口的合理性。

焊接结构的整体性可能使船体结构设计更为合理,但是如果不掌握焊接结构的特点,设计不当或制造不良,这一优点反而转化为不利因素,给裂纹扩展创造了条件。整体性的特点是当焊接结构一旦产生脆性裂纹时,就有可能扩展到结构整体,使结构破坏,无法继续使用。而铆接结构由于其整体性较差,出现裂纹后一般只扩展到接头处,不容易传播到相连接的钢板上,因而裂纹的扩展自动终止,避免更大的损坏。

在钢质海船建造规范中总结了焊接船体结构的这一特点,规定舷侧顶列板与甲板边板连接处的结构形式(见图 9-9)和使用的材料。图 9-9(b)为采用焊接连接,圆弧舷板应采用比舷侧板或甲板板高一级的钢材,当圆弧舷板厚度大于 25 mm 时,必须用优质的 E级钢(止裂钢)。图 9-9(a)为采用铆钉连接,即舷侧顶列板与甲板边板借助角钢用铆钉连接在一起,或甲板边板先焊一条扁钢,然后用铆钉与舷侧顶列板铆接在一起。采用铆钉连接的目的在于不使裂纹扩展,而能终止于铆钉孔处,防止其扩展酿成灾难性的折断。

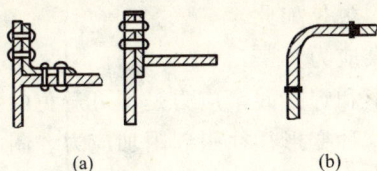

(a)　　　　　　　(b)

图 9-9　舷侧顶列板与甲板边板的连接形式

2. 焊接结构制造工艺的特点

焊接工艺本身给焊接接头的金相组织和性能带来许多不良影响,如果认识不到,没有采取相应措施,那么焊接接头往往是焊接船舶脆性破坏事故的起源点。因此在船舶设计与建造过程中,必须对焊接接头予以充分注意。一般地说,焊接生产过程给焊接接头带来如下一些不良影响。

(1)应变时效引起结构局部脆性

船体结构钢材应变时效有两种情况,第一种情况是,船体结构在制造过程中,钢材要经过冷作矫形(如钢板辊平、型钢顶直等)、剪切、弯曲成形等加工过程,在随后的装配焊接过程中,那些被加热到 150～450 ℃的部位,便会产生冷作应变时效;另一种情况是,在已经焊过的焊道中,如果有裂纹、夹渣、未焊透等缺陷,那么在以后的焊接过程中,就在这些缺陷的尖端附近产生焊接应力—应变集中,引起更大的塑性变形。在一定热循环下也会引起应变时效,这种时效称为热应变时效。冷作应变时效与热应变时效都使材料塑性和韧性下降(亦即材料脆化),提高材料的韧—脆转变温度。

研究表明,对许多低强度结构钢应变时效引起的局部脆化是非常严重的。它降低了材料延性,提高材料的转变温度,使材料的缺口韧性和断裂韧性值下降。

(2)金相组织改变对脆性的影响

焊接过程的快速加热和冷却,使焊缝的本身和近缝区发生了一系列金相组织的变化,因而就相应地改变了接头部位的缺口韧性。

热影响区的显微组织主要取决于钢材的原始显微组织、材料的化学成分、焊接方法和线能量。对于一定的钢种和焊接方法来说，热影响区的组织主要取决于焊接工艺参量，也就是线能量，因此合理选择线能量十分重要，特别是对高强钢更是如此。实践证明，过小的线能量造成淬硬组织并易产生裂纹，过大的线能量则造成晶粒粗大和脆化，降低材料的韧性。

（3）焊接缺陷

焊缝和热影响区容易产生各种缺陷，这对船舶的安全影响很大。据美国对船舶脆断事故调查表明，40%的脆断事故是从焊缝缺陷处开始的。

产生焊接缺陷的原因是多方面的，设计不当、施工不良、检验不力都是重要原因，而忽视一些次要结构件的焊接也往往酿成严重后果。

裂纹的影响程度不仅与其尺寸、形状有关，而且与其产生的部位有关。如果裂纹处于高值拉伸应力区就容易引起低应力破坏，如果裂纹处于应力集中区，其后果当然更为严重。因此最好将焊缝布置在应力集中区以外，是船舶设计及建造人员应当注意的。

（4）角变形和错边的影响

在焊接接头中，角变形和错边都引起附加弯曲应力。因此对结构脆性破坏有影响。尤其是对塑性较低的高强钢，更是如此。

（5）焊接变形和焊接残余应力

在焊接结构中，焊接变形和焊接残余应力是不可避免的，它们对材料的脆性都有不良影响。以焊接角变形为例，这种变形往往引起附加应力。图 9-10 所示为承受拉伸应力而有角变形的接头，由于轴线不通过重心，接头除受拉伸外，还受弯曲作用，因而应力增大。装配不良引起错边有同样影响。如果焊缝余高过大，在焊缝趾端造成应力集中，则所产生的影响更为不利。

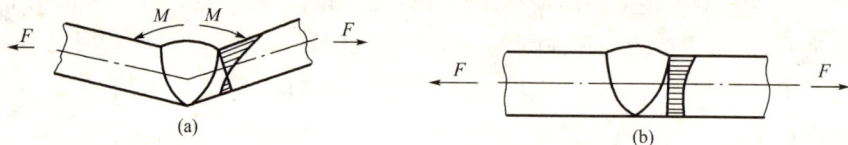

图 9-10　角变形产生的附加弯矩

焊接残余应力对材料性能的影响分为两种情况。当温度较高时（在材料转变温度以上），残余应力对材料没有不良影响；而温度低于材料的转变温度时，则拉伸残余应力将产生不良影响。这时残余应力与工作应力叠加共同起作用，因此，在外载荷很低时即产生脆性破坏。

9.5.2　预防船体结构脆性断裂的措施

材料在工作条件下韧性不足，结构上存在严重应力集中（包括设计上和工艺上）和过大的拉应力（包括工作应力、残余应力和温度应力）是造成结构脆性破坏的主要因素。若能有效地解决其中一方面因素所存在的问题，则发生脆断的可能性将显著减小。通常是从选材、设计和制造三方面采取措施来防止结构的脆性破坏。

1.正确选用材料

所选钢材和焊接填充金属材料应保证在使用温度下具有合格的缺口韧性。为此选材时应注意以下两点：

(1)在结构工作条件下,焊缝、熔合区和热影响区的最脆部位应有足够的抗开裂性能,母材应具有一定的止裂性能。也就是说,首先不让接头处开裂,万一开裂,母材能够制止裂纹的传播。

钢材的强度和韧度要兼顾,不能片面追求强度指标。

在《钢质海船入级规范》中虽然对船体结构各构件的用材作了明确规定,设计时要严格遵守,但作为理论学习,还应当了解规范规定的道理。

(2)在船舶航行航区的最低温度条件下,船体结构所用钢材和焊接填充金属要有足够的韧性,尤其需注意：

①焊缝、熔合线、热影响区及热应变时效区等最脆部位应有足够的抗开裂性能,舷侧顶列板和甲板边板要有一定的止裂性能；

②冷、热加工工艺(特别是焊接)对钢材韧性所造成的不良影响。例如,冷作硬化、焊接热应变时效、焊接变形和应力等对钢材临界转变温度的影响；

③《钢质海船入级规范》中将船体结构用钢按其强度高低分为一般强度钢和高强度钢两种,进而按其冲击韧性的高低再分级别。

2.合理设计结构

从预防船舶脆断角度来说,在船体结构设计中要注意以下几点。

(1)尽量减少结构及焊接接头的应力集中。在结构或构件截面改变的地方,必须设计成平缓过渡,绝不要形成尖角。例如船楼端部的舷侧板采用弧形肘板延伸,便能和船体的舷侧顶列板光顺过渡。该弧形肘板的长度不小于船楼高度 h 的 1.5 倍。另外,还应尽量采用应力集中系数小的对接接头,而不用搭接接头,因为搭接接头的应力集中系数较大。

不同厚度船体板的对接接头,若其厚度差大于或等于 4 mm 时,则应将厚板的边缘削斜,削斜的宽度应不小于厚度差的 4 倍,并且焊缝以圆滑过渡最好。

结构中的焊缝要便于施焊,这样可减少焊接缺陷,也便于检验。

(2)避免焊缝聚集。钢船建造规范规定,两条平行对接焊缝之间的距离应不小于100 m,曲对接焊缝与角焊缝之间平行距离应不小于 50 mm,以免两个脆化区连在一起,加大脆化范围。

(3)在保证结构强度的前提下减小结构刚度,切勿随意增加钢板厚度降低工作应力来防止脆断。因为这样做,不仅不能防止脆断,相反却增加了脆断的可能性。钢板厚度增加,其临界转变温度升高,韧性降低。

3.重视焊接工艺,严格执行工艺规程和质量监督

对于附件或不受力焊缝的焊接,也应给以足够重视,而不能马虎从事。无数断裂事故说明,裂纹起源点不一定在主要焊缝,相反却往往在次要焊缝。脆性裂纹一旦由这些不受重视的焊缝产生,就会扩展到主要受力的构件中去,使结构破坏。

减少和消除焊接残余拉伸应力的不良影响。在制订船体建造工艺规程时,应当考虑减少焊接应力的措施。在施焊方式、焊接顺序和焊接方向等方面想办法。像船体这样大的结构,一旦产生了过大的焊接残余应力,就难以再想办法排除,只有较小的结构才有可能采取退火办法以消除应力。无论结构设计和工艺制造如何合理和正确,但总是文件上的规定,如制造时不能严格遵照执行,则可能使精心设计和合理选材等工作无效。严格执行制造工艺、加强生产管理和质量监督则非常重要,以下列举几条原则可供参考:

(1)严格执行制造工艺。由于任何原因使原设计不能执行时,必须经同样手续协商修改并获批准才可执行。

(2)严格按规定工艺参数施工,禁止使用过大线能量。不仅对主要部件焊缝如此,对次要零部件焊缝也不能放松要求。

(3)加强质量检验,及早消灭严重缺陷。

(4)充分利用装焊卡具和机械化装置进行组焊,避免在施焊过程中增加次要的临时附属装置。禁止在结构主体上任意点焊附件和引弧。

(5)采取适当的焊后处理。焊接结构在施焊时受到的热循环能造成局部材料性能的恶化和产生残余应力,如果结构在焊后能够进行热处理,这些因素大部分都可能得到改善。对一些结构必要时可以考虑采用低温热处理。对于重要的有脆断危险的结构,最好通过试验来决定是否需要焊后热处理。

4.设备使用中的管理

设备在长期的使用过程中,不仅原有的缺陷会进一步发展,还会产生大量新的缺陷,成为脆性断裂源,因此在设备使用过程中严格操作、维护、检查,进行状态监测是十分重要的。

(1)严格贯彻岗位责任制

岗位责任制是企业各项规章制度的核心,直接影响到产品的质量和寿命,如生产中违章操作形成的严重超温、超压都将对设备造成严重损伤以致破坏。严格贯彻岗位责任制可保证设备使用维护规章制度的贯彻,使设备处于良好的运行状态。

(2)认真贯彻设备使用维护

要明确操作、维修和管理等各个岗位对设备维护的责任,要有行之有效的日常维护和定期维护规程,在日常运行中注意设备的音响、振动、温升、异味、压力、油位指示及限位安全装置的情况。

(3)加强对设备的检查

对运转设备必须定期检查,以掌握设备的技术状态,及时发现和消除设备的隐患,防止事故发生。

思考题

9-1 金属材料的断裂类型及形态特征有哪些?

9-2 影响断裂类型的主要因素有哪些?

9-3 防止结构脆断的试验研究方法有哪些?

9-4 防止焊接结构脆性断裂的工程技术措施有哪些?

参考文献

[1] 孙维善.船舶焊接.国防工业出版社[M].北京:国防工业出版社,1992.

[2] 孔祥鼎,夏炳仁.海洋平台建造工艺[M].北京:人民交通出版社,1993.

[3] 陈家本.我国造船焊接技术的发展与展望[J].机械工人(热加工),2000,8:3-5.

[4] 周业基.我国造船高效焊接与自动化的发展[J].广船科技,2001,2:9-13.

[5] 黄维,张志勤,邢娜,高真凤,何立波.中国海洋平台制造业现状及钢企对策[J].冶金经济与管理,2012,3:24-27.

[6] 陈家本.中国船舶工业形势严峻—高效焊接是未来发展趋势[J].金属加工(热加工),2012,12:10-11.

[7] 赵为松.海洋工程结构焊接技术[J].电焊机,2012,42(12):63-65.

[8] 关国伟.海洋钻井平台主体结构建造工艺问题探究[J].中国新技术新产品,2013,1:1.

[9] 姜锡瑞.船舶与海洋工程材料[M].哈尔滨:哈尔滨工程大学出版社,2000.

[10] 王广戈,王笃其,陈捷.船舶与海洋工程材料[M].上海:上海交通大学出版社,1996.

[11] 侯增寿,卢光熙.金属学原理[M].上海:上海科学技术出版社,1990.

[12] 刘永铨.钢的热处理[M].北京:冶金工业出版社,1981

[13] 中国船级社.材料与焊接规范(2012)[M].北京:人民交通出版社,2012.

[14] 中国船级社.钢质海船入级规范(2012)[M].北京:人民交通出版社,2012.

[15] 陈冰泉.船舶与海洋工程结构焊接[M].北京:人民交通出版社,2001.

[16] 杨春利.电弧焊基础[M].哈尔滨:哈尔滨工业大学出版社,2003.

[17] 别里丘克.船体焊缝及焊接接头[M].北京:机械工业出版社,1957.

[18] 杨富.民用核承压设备焊工培训教材[M].北京:中国电力出版社,2003年09月第1版.

[19] 王洪斌.船舶焊接工艺[M].北京:人民交通出版社,2006.

[20] 应潮龙,周国胜,张孔群等.实用高效焊接技术[M].北京:国防工业出版社,1995.

[21] 约翰 H.尼克松著,房晓明,周灿丰,焦向东译.水下焊接修复技术[M].北京:石油工业出版社,2005.

[22] 马陈勇,赵继文,宋文强.水下焊接技术在海洋工程中的应用及发展趋势[A].第十三届中国海洋(岸)工程学术讨论会论文集[C].北京:中国海洋出版社,2007:659-662.

[23] 周振丰,张文钺.焊接冶金与金属的焊接性[M].北京:机械工业出版社,1988.

[24] 张文斌,谢群集.造船焊接工艺的评定与实施[J].广东造船,2005,4:41-45.

[25] 吕玮庆,王铁.中小船厂焊接工艺的认可与实施[J].江苏船舶,2011,28(2):33-35.

[26] 邵泽波,刘兴德.无损检测[M].北京:化学工业出版社,2011.

[27] 刘洪林.焊接应力和焊接变形的产生原因与控制措施[J].机械与电子,2012,1.

[28] 陈倩清.船舶焊接工艺学[M].哈尔滨:哈尔滨工程大学出版社,2005.

[29] 忻鼎乾,芮树祥.船舶焊接工工艺学(中级)[M].哈尔滨:哈尔滨工程大学出版社,2006.

[30] 王宽福.焊接与化机焊接结构[M].浙江:浙江大学出版社,1992.

[31] 天津大学中国石油化工总公司第四建设公司编著.焊接结构与生产[M].北京:机械工业出版社,1993.

[32] 邢晓林.焊接结构生产[M].北京:化学工业出版社,2009.

[33] 孟广喆.焊接结构强度与断裂[M].北京:机械工业出版社,1986.

[34] 黄国定.怎样防止焊接应力与变形[M].北京:机械工业出版社,1982.

[35] 田锡唐.焊接结构[M].北京:机械工业出版社,1982.

[36] 郑学祥.船舶与海洋工程结构的断裂与疲劳分析[M].北京:海洋出版社,1988.

[37] 张彦华.焊接强度分析[M].陕西:西北工业大学出版社,2011.